Gabriel Strobl

Flora von Admont

Gabriel Strobl

Flora von Admont

ISBN/EAN: 9783743334670

Hergestellt in Europa, USA, Kanada, Australien, Japan

Cover: Foto ©berggeist007 / pixelio.de

Manufactured and distributed by brebook publishing software
(www.brebook.com)

Gabriel Strobl

Flora von Admont

Ein und dreissigster

Jahres - Bericht

des

kaiserl. königl. Obergymnasiums

zu

MELK.

Im Schlusse des Schuljahres 1881 veröffentlicht

vom

Direktor des Gymnasiums

Isidor Krenn.

Inhalt:

I. Flora von Admont, von Professor P. Gabriel Strobl.
II. Nekrolog, von Professor Dr. Berthold Hoffer.
III. Schulnachrichten, vom Director.

WIEN, 1881.

Selbstverlag des Gymnasiums.

Druck von Ludwig Mayer in Wien.

Flora von Admont.

Von

Professor P. Gabriel Strobl.

Das alte Hofgericht Admont umfasste nicht blos das untere Ennsthal (etwa von Liezen bis Hieflau), sondern auch das Paltenthal nebst den zum Wassergebiete der beiden Flüsse gehörigen Höhen; in diesem weiteren Sinne wurde von den älteren Admonter Botanikern die Flora von Admont stets aufgefasst, in dieser Ausdehnung war vor dem Brande 1865 das Herbarium Admontense angelegt, wurde es seit dem Brande von mir wieder hergestellt, und dieselbe Ausdehnung bildet auch das Object vorliegender Arbeit. Viele Mitglieder des Stiftes Admont (besonders hervorzuheben sind † P. Ignaz Sommerauer, P. Mauritius de Angelis, P. Anton Hatzi, † P. Gabriel Strobl sen., mein seliger Oheim, † P. Hartnid Dorfmann, † P. Theodor Gassner, † P. Thassilo Wegmayr, † P. Friedrich Schäfer, P. Blitmund Tschurtschenthaler) haben sich mit der Erforschung dieses Gebietes beschäftigt und bedeutende Herbarien angelegt, mehrere von ihnen, vorzüglich die drei zuerst genannten und Gassner haben auch Tauschverbindungen angeknüpft und mit den Resultaten ihrer Forschungen grössere botanische Werke, wie Maly (Flora von Steiermark), Koch und Martens, Koch Synopsis, Reichenbach (Flora und Icones) bereichert; in der Regensburger „Flora" finden sich auch mehrere selbstständige Artikel Sommerauer's und in Wegmayr's „der Tourist in Admont" eine kleine Aufzählung besonders interessanter Pflanzen aus unserem Gebiete. Eine genaue Darstellung der Admonter Flora aber wurde von keinem der genannten Capitularen in Angriff genommen.

Vom Jahre 1866 bis 1872 beschäftigte ich mich eingehend mit der Erforschung des Gebietes und stellte in dieser Zeit das Herbarium Admontense im Naturalienkabinet des Stiftes Admont wieder her; seither konnte ich allerdings nur in den Ferien vereinzelte Excursionen unternehmen. Ausserdem studirte ich die Herbarien, in denen grösseres Materiale aus der Admonter Flora angesammelt war, besonders das grossartige Maly'sche Herbarium der Flora Styriaca im Johanneum zu Graz (66 Fascikel), die äusserst instructiven Sammlungen des Prof. P. Anton Hatzi, des verstorbenen Gymnasialdirectors P. Theodor Gassner, meines verstorbenen Oheims G. Strobl, die aus dem Brande geretteten und die seitdem neu angelegten Sammlungen des emeritirten Priors und Kreisdechants M. de Angelis und die Sammlungen des Stiftes S. Lambrecht, dessen Capitular Raimund Steyrer ebenfalls viel um Admont botanisirt hatte. Auch das Herbar Oberleitner's, Pfarrers in S. Pankraz, enthält vieles aus unserem Gebiete, namentlich vom Pyrgas. — Die einschlägige Literatur beschränkt sich — abgesehen von meinen Arbeiten in der österr. bot. Zeitschrift (Jahrgang 1869, 1870, 1871, 1873), im „österr. Tourist" (1871), im „österr. Alpenverein" (1873) und meiner „Flora der Hallermauern" (1878) — auf einige kleinere Artikel in der Regensburger „Flora", in der „steiermärkischen Zeitschrift" (1828), Wilhelm Schleicher's „Aus den obersteyrischen Bergen", einzelne Notizen in den Werken Stur's, Gebhard's alphabetisch geordnete Flora von Steiermark und die zwei Auflagen der „Flora von Steiermark" Maly's (1838 und 1868); doch ist zu beachten, dass Maly niemals in unserem Gebiete botanisirte, sondern seine Angaben von den oben genannten Capitularen Admonts stammen und nicht selten unrichtig oder zu allgemein wiedergegeben wurden. — Alle Angaben, hinter denen kein Findername steht, beruhen auf eigener Beobachtung und das Zeichen ! hinter einem Findernamen bedeutet Autopsie der Exemplare.

Bevor ich zur Aufzählung der in unserem Gebiete indigenen oder häufig kultivirten Arten nach Endlicher's „Genera plantarum" übergehe, dürfte es von Nutzen sein, die häufiger vorkommenden Fundorte in topographischer Ordnung nebst einigen Notizen über geognostische Unterlage vorzuführen. Die Höhenangaben in Fuss sind Gobanz und Zollikofer, die in Metern der Generalstabskarte entnommen.

Das Ennsthal. Die Ebene desselben von Liezen (Westen, 2023′, 659^m) bis zum Beginne des Gesäuses (Osten, 1900′, 600^m) ist fast ausschliesslich Alluvium. Am linken Ufer folgen sich die

Gemeinden Reithal, Ardning, Frauenberg, (Mühlau), Hall, Weng; am rechten Selzthal, Aigen, Admont, Krumau. Botanisch wichtig sind besonders die grossen Torfmoore (mit mehr als 500 Joch); von Westen nach Osten kommen: das Selzthaler-, Ardninger-, Frauenberger-, Wolfsbacher-, Hofmoor (unmittelbar bei Admont), Krumauermoor (152 Joch, zwischen Admont und Gesäuss). Die wichtigsten Zuflüsse der Enns sind: Die Palte (bei Selzthal), der Ardningbach bei Ardning, der Lichtmessbach und die Essling (auch Oessling) bei Admont. Seen fehlen; die wichtigeren Teiche sind: der Bichelmayrteich bei Frauenberg, der Temmelteich zwischen Frauenberg und Admont, der grosse und die kleinen Stiftsteiche im Stiftsgarten, der Scheiblteich (36 Joch) in der Krumau. Sonst noch häufiger vorkommende Fundorte aus der nächsten Umgebung Admonts sind: das Oberhoffeld, Frauenfeld, Hoffeld, die Schultering (= Hofwiese, unterhalb des Hoffeldes), die Sautratte (eine mit Weiden bewachsene Fläche zwischen der Enns und einem stagnirenden Ennsarme), die Griesmayrlache und die Griesmayrwiesen (zwischen Admont und Weng), das Mühlauerwäldchen unmittelbar vor Mühlau (Untergrund Kalkgerölle).

Die nördliche Begränzung des Ennsthales wird von Liezen bis Admont durch mässig hohe, meist kuppelförmige oder in sanften Linien fortlaufende Berge aus Werfnerschiefer gebildet; die wichtigsten derselben sind: der Saalberg bei Liezen (1395^m, ausnahmsweise Grauwacke), der Frauenberg = Kulm (766^m, 2476'), die Plesch (1718^m, 5413') und der Leichenberg (1068^m, zunächst Admont). Bei Ardning schneidet sich der Ardninggraben (mit dem Ardningbache) tief in dieses Gebirge ein und hier baut sich hinter den Schieferbergen ein hohes, ausserordentlich steiles, botanisch noch fast unbekanntes Kalkgebirge, der Bosruck (2009^m, 5943') auf. Von Admont bis Weng wird das jetzt viel breitere ($^3/_4$ Meilen) Thal nördlich begrenzt von den berühmten Hallermauern, einem 6—7000' hohen mauerartigen Kammgebirge aus Dachsteinkalk (in tieferen Regionen auch wohl Dachsteindolomit, am Fusse der Kette auch vereinzelte Lagen von Werfnerschiefer und Belvedereschotter). Die Kette beginnt westlich mit dem Pyrgas (2244^m, 7199'), welchen der tiefe Ardningsattel (= Arling, 4471', 1461^m) vom Bosruck scheidet; von der Plesch scheidet ihn das „Pyrgasgatterl" = Pyrgassattel

(1348^m), ein vielbenützter Uebergang von Admont nach S. Spital am Pyrn. An den Pyrgas schliesst sich der Scheiblstein (= Scheiblingstein, 2200^m, 6932', mit der tief gelegenen Gstadtmayrvoralm und der hoch gelegenen Gstadtmayrhochalm), die Kreuzmauer (2079^m), der Hochthurm (1959^m), der Hexenthurm (= Bärenkarmauer 2181^m, 6618'), der Natterriegel (2064^m, 6548'), getrennt durch das Grabnerthörl vom Grabnerstein (1843^m, 5820'). An den Abhängen dieser Kette folgen sich die wichtigeren Fundorte: Folkernotgraben mit dem Mühlauerwasserfall (= Mühlauerfall), die Kochenalm am Fusse des „Mühlauerstadls" (1701^m), der Waschenberg (1454^m) und die Griesweberalm unterhalb des Hexenthurms, der tief eingerissene Schwarzenbachgraben, der fast isolirte Dörflstein (= Pitz, 1063^m), hinter demselben die üppigen Pitzweiden und das Lärcheck (1495^m), alle drei links vom Rabengraben am Aufstiege zum Natterriegel, die Moseralm und Grabneralm unterhalb des Grabnerthörl. Bei Weng werden die Hallermauern durch die ausserordentlich tiefe Depression der Buchau (850^m), eines Ueberganges nach S. Gallen, vom Buchstein geschieden; dieser Berg gehört schon zum Gesäuss.

Die südliche Gränze des Ennsthales wird vom Durchbruche des Paltenbaches in das Ennsthal bis nach Admont gebildet durch ein waldreiches, sanft gewölbtes und meist geradlinig fortlaufendes Mittelgebirge aus silurischen Gesteinen (meist Grauwacke, seltener silurischer Kalk, Talkschiefer, Quarzblöcke, Conglomerate). Der höchste Punkt desselben ist das Dürrenschöberl (5430') ob Aigen (mit der Messneralm an der Südseite); andere Höhen sind: der Blahberg (mit der Pesendorfer Siderit-Erzgrube) westlich davon, der Klosterkogel (4932') mit dem auf einem Kalkvorsprunge desselben liegenden Schlösschen Röthelstein (817^m) und der Lichtmessberg = Dittmannsberg, beide unmittelbar ob Admont; über letzteren führt eine Fahrstrasse nach Kaiserau und in's Paltenthal. Von der Höhe des Ueberganges (c. 4340') gegen Admont hinab zieht sich der romantische Veitlgraben, an dessen Ausgange das Sensenwerk Adam liegt, und östlich von der Fahrstrasse zieht sich durch einen Wald der schattige „Schafferweg", welcher in das Oberhoffeld und Frauenfeld mündet.

Oestlich vom Lichtmessberge verengt sich der Grauwackenzug und zieht sich etwas südlich, während die unmittelbare Thalgrenze durch eine grossartige Dachsteinkalk-Gruppe gebildet wird. Un-

mittelbar ob Admont beginnt diese Gruppe mit der schroffen Bärnkoppe (unterhalb derselben die Stumpfnagleralm = Saupichleralm)
links, dem grotesken Hahnstein und der Kemetenwand rechts;
zwischen beiden zieht sich eine tiefe, gewundene Schlucht, in deren
Tiefe der Scheibleggerbach rauscht, empor. An den tieferen Abhängen
wäre noch zu erwähnen der Admonter Kalkofen, die Weberalm und
die Scheibleggervoralm, von der ein Pfad zum Schafferweg führt.
Die erwähnte tiefe Schlucht führt zur Scheibleggerhochalm; von da
erreicht man das Scheibleck, die Höhe des Grates (1708ᵐ), und gelangt längs desselben auf gefährlichem Stiege zur Schafleithen, von
dieser endlich zur bekanntesten Erhebung der Gruppe, zum Kalbling (6300′), welchen ein grünes Kahr (der „Speikboden") von dem
noch höheren Sparafeld (7083′) scheidet. Ausserdem führen noch
drei Wege auf den Kalbling: der erste zweigt sich als sogenannter
„Almweg" in halber Höhe der Lichtmessberger Fahrstrasse nach
Osten ab, führt an der Siegelalm vorüber zu einer Schäferhütte
und von da als „Schafweg" zwischen Gerölle nnd Felsmauern zur
südlichen Abdachung der Schafleithen empor. Der zweite beginnt in
dem 108 Joch grossen Thale der Kaiserau (4320′?), welches beim
Nagelschmied- und Kaiserauerteiche auf der Höhe des Lichtmess-
berg-Ueberganges anfängt und noch ganz in der Grauwackenzone
liegt; verfolgt, am Schlosse Kaiserau, später an einem Kalkofen
vorüber, allmählig ansteigend, das ganze Thal nach Osten, und führt
zu einem Jagdhause (daher der Jägerweg genannt); von da ersteigt
er zwischen Krummholz und Krummholzwiesen die niedrigste Stelle
der Kalblingvormauer und zieht sich um die hohe Kalblingmauer
allmählig aufwärts, bis er auf der Einsattlung zwischen Schafleithen
und Kalbling mit den zwei früher beschriebenen Wegen zusammen-
trifft. Der vierte, fast nie benützte Aufstieg zum Kalbling beginnt
in der Krumau und führt, anfangs durch das Gaisenthal, am Nordabhange der Schafleithen empor. — Oestlich vom Sparafeld, durch
die „böse Scharte" getrennt, erhebt sich der fast unersteigliche,
botanisch noch wenig erforschte „Admonter Reichenstein" (6829′);
zwischen ihm und dem Sparafeld beginnt der Flietzengraben und
Flietzenbach, der südwärts in's Paltenthal mündet. Südlich vom
Reichenstein liegt die Treffneralm, über welche man von Kaiserau
nach Johnsbach gelangt.

Das Gesäuss und seine Gränzen. Etwa 1¼ Stunde östlich von Admont beginnt das Gesäuss (1900', 600ᵐ), der berühmte, hochromantische Engpass der Enns und dauert bis Hieflau (1366').

Ausser dem Schienenwege durchzieht ihn noch eine Kunststrasse und vom Eingange („dem oberen Stein") führt zum „unteren Stein" bis Gstatterboden ein stellenweise gefährlicher Fusssteig. Das Gesäuss wird zu beiden Seiten von kolossalen Dachsteinkalkmassen begränzt, im Norden zuerst von der Buchsteingruppe, später vom Damischbachthurm, im Süden zuerst von den Ausläufern und Vorbergen des Reichenstein, dann von den wildzerrissenen Johnsbachermauern (= Kammgebirge).

Der Buchstein (7020') ist von vielen kleineren Kalkbergen umringt; unter ihnen sind hervorzuheben gegen das Ennsthal hin der Stockerkogel und Augenstein, gegen das Gesäuss hin der direct am Eingange liegende Himbeerstein (1183ᵐ), weiter drinnen der Bruckstein mit dem interessanten Bruckgraben, dessen Höhe Brucksattel heisst; über diesen führt ein Pfad durch den Rauchboden- und Laffawald (= Laferwald) nach Weng; an der Nordseite des Buchstein (gegen S. Gallen hin) liegt ein grossartiges Kalk-Geröllbett, die „Buchauerschütt." Der Damischbachthurm (6408') wurde nur wenig erforscht und dürfte kaum Seltenheiten besitzen.

Von den Vorbergen des Reichenstein ist hervorzuheben die Heindlmauer (1415ᵐ), welche, dem Himbeerstein gerade gegenüber, den Eingang in's Gesäuss begrenzt und das Kaderalbl, ein Fussweg, der über Vorgebirge vom Heindl zum „Amtmannsgalgen" (2 isolirten Felssäulen) im Johnsbachgraben führt. — Etwa in halber Weglänge zwischen dem Gesäusseingange und der Bahnstation Gstatterboden öffnet sich nach rechts der äusserst romantische, vom Johnsbache durchströmte Johnsbachgraben und von nun an wird die südliche Gesäussgränze gebildet von den Johnsbachermauern. Sie sind auf dieser Seite unersteiglich. Um sie zu ersteigen, geht man in der Tiefe des eine Stunde langen Johnsbachgrabens zum Dörfchen Johnsbach (2314'), verfolgt das schön begrünte, links von den kahlen Johnsbachermauern, rechts von üppig bewaldeten Grauwackenbergen umrahmte Johnsbachthal bis zum Wolfsbauern (½ Stunde), steht so im Rücken der Johnsbachermauern und steigt neben dem 100' hohen Wolfsbauer-Wasserfalle in die Höhe. Die höchsten Gipfeln der Kette sind von West nach Ost: der Oedstein, der Festkogel, das Hochthor (7200'), der Zinödl. Tiefer liegen die öfters erwähnten Fundorte: Der Rinnstein, Gamsstein, der „untere, mittere und obere Boden", die Kaderalm, Farchneralm, der Hund, das Sulzkahr; von letzterem gelangt man, den schroffen Lugauer (6952') rechts lassend, durch den Hatlersgraben an der Seite des Hatlersbaches zwischen Gstatterboden und Hieflau wieder in's Gesäuss; ein anderer Weg führt durch den Waaggraben und mündet unterhalb Hieflau.

Das Paltenthal. Es erstreckt sich von Südost nach Nordwest und führt seinen Namen von der Palte, einem bedeutenden Zuflusse der Enns. Am rechten Ufer liegen die Gemeinden Gaishorn, Dittmannsdorf (= Lichtmessdorf), Bärendorf, Büschendorf, (das ehemalige Schloss Grünbüchel), Viehmannsdorf; am linken liegt Trieben, S. Lorenzen, Singsdorf, S. Georgen, die Stadt Rottenmann (2136'), das Gewerke Klamm. Die ergiebigsten Fundorte liefert der obere Theil; besonders reich ist die Umgebung des von der Palte durchströmten Triebnersee's (= Triebnermoor) und des Gaishornsee's. Die Tiefe des Thales ist Alluvium, die nächst angränzenden Höhen sind beiderseits grösstentheils Grauwacke. Die Nordgränze des Thales bildet derselbe Grauwackenzug, der zugleich die Südgränze des Ennsthales bildet; er wurde schon oben besprochen und ist botanisch von geringem Belange.

Als **Südgränze** hingegen thürmen sich die hochinteressanten „niederen Tauern", hier speziell Rottenmannertauern genannt, zu bedeutenden Höhen auf. Die Vorberge bestehen theils aus silurischem Kalke, besonders der Berg, auf welchem Schloss Strechau (2537'), umschlossen von dem „Hauswalde", liegt; ferner eine Felspartie in der Klamm, eine Partie am Steinamandl ob Rottenmann, Partieen an der Hochhaide und einige mächtige Felspartien unterhalb Hohentauern, die als Sunk und Triebenstein (5711') bekannt sind; theils bestehen sie aus ächten Grauwackengesteinen, wie im Oppenbergerthale, in der Strechen, zwischen S. Lorenzen und Wald bis hinauf nach Hohentauern; theils aber reicht das Hauptgestein des Tauernzuges, der Gneiss (öfters auch Granit und Glimmerschiefer) bis in's Thal herab.

Die wichtigsten Fundorte und Berge dieses Zuges sind von Westen nach Osten: der Klammgraben (unterhalb Strechau), welcher

sich tiefer innen in zwei Gräben theilt, den Strechen- und Oppen-
bergergraben; letzteren bewässert die Gulling, die sich aus der
Weiss- und Schwarz-Gulling zusammensetzt; im innersten Winkel
des Grabens liegen die Ursprungsstellen und der Lärchkahrsattel
(= Plinten = Plintensattel). Im Strechengraben erreicht man, an
einer Menge grüner Alpen und Berge (z. B. dem „Blahberg in der
Strechen") vorüber, schliesslich die Reiteralm, den Reitersee (5600')
und den pflanzenreichsten Berg des ganzen Tauernzuges, den Hochschwung (c. 6800'). Unmittelbar ob Rottenmann liegt das Steinamandl
(6445') und der Kampl; oberhalb Singsdorf die terrassenförmig auf-
steigenden Singsdorferalpen mit der gleichnamigen Alm, dahinter die
Hochhaide; das Thal zwischen ihr und dem Steinamandl heisst Globuke.
Von Lorenzen steigt man auf zur Pfarrerhub, von da links zur Hölleralm, zu den „Kothhütten", zum Ochsenkahr und „gefrornen See";
mehr rechts zur Bacheralm (und Pesendorferalm), höher hinauf zum
Grünsee, Gemeinsee, Mitterstein, endlich zur Hochhaide und zu den
dreizackigen „drei Strecken" (c. 7300').

Von Trieben führt ein breiter Fahrweg und der romantische
„Wolfsgraben" gegen Hohentauern empor; beim Ausgange der
Schlucht kann man entweder längs des Fahrweges oder durch das
Kalkgebiet der Sunk auf einem kleinen Umwege das Dorf Hohentauern und somit die Passhöhe (3957') erreichen; vom Fahrwege
zweigt sich tiefer unten (nahe am Gasthause „Brodjäger") nach links
das langgestreckte Triebenthal ab, in dessen Hintergrunde als Gränzen
gegen das Sekauergebiet die Ketterthaleralm, Schaunitzeralm, der
Grieskogel und der noch wenig erforschte Griesstein (7379') liegen.

Von Hohentauern führt, an den Tauernteichen vorüber, ein
Weg zur Scheiplalm, zum grossen (15 Joch) und kleinen Scheiplsee;
hinter ihnen thürmen sich die höchsten Erhebungen des Zuges: der
Hengst, das Hauseck, der kleine und der grosse Bösenstein (7784'),
letztere durch ein langgestrecktes Hochalpenkahr von einander
geschieden.

Melk, 31. Mai 1881.

Phanerogamae.

～～～

I. Fam. Coniferae Juss.

1. **Taxus baccata** L. In Bergwäldern des Ennsthales auf Kalk und sil. Schiefer hie und da, sehr selten und vereinzelt: Bei Hall, Röthelstein, am Schafferwege.

2. **Juniperus communis** L. Auf trockenen Haiden, dürren Waldrändern der Ebene und Vorberge bis an und über die Gränze der nana sehr häufig, vorzüglich auf Kalkschotter: Im Wäldchen vor Mühlau, im Gesäuss, Rauchboden, um die Gstattmayrvoralpe, am Almweg des Kalblingvorgebirges etc. Bildet das „Kranawetterwäldchen" bei Rottenmann.

3. **Jun. alpina Clus.** (nana W.) Auf steinigen oder buschigen Plätzen der höheren Berg- und Voralpenregion bis 6000' sehr häufig im Kalk-, Gneiss- und Schieferzuge, in den tieferen Regionen nicht selten neben communis und theilweise in dieselbe übergehend; α Kalk: Am Almweg des Kalbling zuerst mit communis, dann alleinig, ebenso am Jägerweg, unter der Bärnkoppe, Scheibleggerhochalpe, um die Gstattmayrvoralpe am Scheiblstein und hoch hinauf, um die Griesweberalm, Hölleralm, im Sunk etc. β Gneiss: Um den Scheiplsee, ob der Bacheralm zum Grünsee hinauf, am Bösenstein, Steinamandl, Kampl, Hochschwung; γ Werfner Schiefer: auf der Plösch. Häufig auch auf dem Hofmoose im Ennsthale.

4. **Jun. Sabina** L. „Am Kalbling (Angelis)" Maly, Fl. v. Steiermark. Ist dem „Finder" selbst nicht mehr erinnerlich, wurde auch von mir niemals daselbst beobachtet; wird übrigens in Bauerngärten häufig cultivirt.

5. **Pinus silvestris** L. Auf kalkschotterigen Flächen des Ennsthales, in Torfmooren, auf steinigen Bergen der Kalk-, Schiefer- und Centralzone bis 3000', selten höher: Bildet ziemlich reine Bestände im Mühlauerwäldchen, auf dem Krumauermoore, am oberen Ende des Schafferweges; mehr vereinzelt am Rottenmannertauern, z. B. am Kampl noch bei 5600'.

6. **Pinus Mughus** Scop. Auf den steinigen Abhängen, Felskämmen und Kuppen aller Kalkalpen bis 6000' äusserst gemein

und oft die grössten Flächen überdeckend, selten höher hinauf; sehr häufig jedoch in den Schuttbetten und längs der Giessbäche bis in die Ebene herabsteigend, z. B. im Schwarzenbachgraben, Bruckgraben, Gesäuss, Johnsbachgraben, am Mühlauerbach, auf der Buchauerschütt. Ferner sehr häufig (als v. uliginosa Koch) auf Torfmooren (Hof-, Krumauer-, Frauenberger-, Ardninger-, Triebnermoor); endlich auch ziemlich häufig auf Schiefer- und Gneissgebirgen, z. B. Plösch-Kuppe, von der Plinten zum Sattel hinauf, ob der Bacheralm, am Grün- und Scheiplsee; ob der Kettelthaleralm sogar gemein.

7. **Pinus Cembra L.** Auf höheren Bergen und Voralpen des Gneisszuges zerstreut, bisher nur von Hohentauern zum Scheiplsee und von da gegen den Bösenstein hinauf, sowie von den Kothhütten aufwärts in grösserer Menge beobachtet: am Lichtmessberg ob Bärndorf fraglich. Hie und da gepflanzt, z. B. 4 Bäume im Stiftsgarten und eine sehr lange, uralte Allee hinter Schloss Strechau.

8. **Abies pectinata** (Lam.) DC. In Berg- und Voralpenwäldern des Kalk-, Schiefer- und Gneisszuges bis 4000' zwar häufig, aber zwischen Fichten, Buchen etc. zerstreut, nie in reinen Beständen.

9. **Abies excelsa** (Lam.) DC. Auf Kalk, Schiefer und Gneiss von der Ebene bis an die Baumgränze äusserst gemein und die grössten Wälder bildend.

10. **Larix europaea** DC. In Berg- und Voralpenwäldern des Kalk- und Schieferzuges, einzeln oder truppweise zwischen anderen Holzarten sehr gemein, nicht selten auch in eigenen Beständen, z. B. am Bruckstein, Buchstein, im Laffawalde.

II. Fam. Gramineae Juss.

11. **Zea Mais L.** Sehr selten cultivirt, z. B. bei Trieben.

12. **Digitaria sanguinalis (L) Scop.** Auf bebautem Boden in Gärten und Aeckern sehr selten, z. B. in Gemüsegärten um Rottenmann.

13. **Setaria viridis (L) Bv.** Auf wüsten Plätzen, sandigen oder unbebauten Aeckern, an Strassenrändern sehr häufig, z. B. am Triebnerbache, am Wege nach Frauenberg, auf Aeckern um Admont. Glauca wurde im Gebiete noch nicht gefunden.

14. **Phalaris arundinacea L.** In Sümpfen, Gräben, an Flüssen und Teichen sehr gemein.

15. **Anthoxanthum odoratum L.** Auf Wiesen, Feldern, Waldplätzen und grasigen Abhängen bis in die Alpenregion des Kalk-, besonders aber des Urgebirges sehr gemein.

16. **Alopecurus pratensis L.** Ist in einem alten Verzeichnisse der Admonter Flora angeführt, doch kamen mir Exemplare nie zu Gesicht; übrigens ist das Vorkommen wahrscheinlich.

17. **Al. fulvus Sm.** An lehmigen Ennsufern, in Lachen der Torf- und Wiesenflächen, im Schlamme abgelassener Teiche stellen-

weise massenhaft, z. B. in Stiftsteichen, in Lachen beim Ziegelstadl, am Hofmoore, an der Enns unterhalb Aigen.

18. **Phleum Michelii All.** Auf Voralpen- und Alpenwiesen des Kalkzuges bis zur oberen Krummholzgränze sehr häufig am Pyrgas, Scheiblstein (— 6500'), Kalbling, ob der Scheibleggerhochalpe, am Reichenstein (Angelis), Gamsstein (Hatzi), vom Mitterboden auf den Hund etc.; auch am Hochschwung (Gneiss, 5500—6400') häufig.

19. **Phleum alpinum L.** Auf Triften und Weiden der Voralpen bis hoch in die Alpenregion der Tauern- und Kalkkette überall sehr gemein, besonders um die Almhütten: höchster Standort im Kalkzuge der Speikboden des Kalbling (circa 6200'); im Tauernzuge steigt es noch viel höher.

20. **Phleum pratense L.** α caespitosum Nlr. u. γ nodosum (L) Gd. α: Auf Wiesen, Feldern, Rainen, Grasplätzen bis in die Voralpen der Kalk- und Tauernkette äusserst gemein; γ besonders an steinigen Wegrändern im Gesäuss etc., aber auch an feuchten Wiesengräben der Schultering; β stoloniferum (Host) wurde noch nicht beobachtet.

21. **Agrostis stolonifera L.** α coarctata Hffm. (floribus albis et coloratis) und β diffusa Nlr. (dazu die sehr üppige Form A. gigantea Rth.) α: An sandigen, steinigen Wegrändern, trockenen Rainen; β: Auf Wiesen, Mooren, an Ufern und Lachenrändern gemein: die Riesenform besonders auf Getreideäckern des Ennsthales sehr häufig.

22. **Agr. vulgaris With.** Auf Wiesen, Feldern, Rainen, in lichten Wäldern der Schieferberge bis in die Voralpen höchst gemein; besonders massenhaft auf Sumpfwiesen des Paltenthales.

23. **Agr. canina L.** Auf Wiesen der Krumau, auf grasigen subalpinen Abhängen der Gneisskette, z. B. beim Aufstieg zu den Kothhütten, beim Steiner im Triebenthale (Angelis!), von der Bacheralpe zum Gemeinsee (Angelis!); nirgends häufig.

24. **Agr. alpina Scop.** Auf felsigen und steinigen Alpentriften (5500—7500') der Kalk-, sowie der Tauernkette (Gneiss, Glimmerschiefer) stellenweise sehr häufig; α Kalk: Von der Schafleithen bis auf das Sparafeld (6—7000'), sehr häufig mit der schönen Spielart var. aurata (All.), vom Fusse bis auf die Höhe des Hund (5—5500'); β: Am Kamme des Bösenstein (6—7600') s. hfg., um den Grünsee und hinauf zur Hochhaide ziemlich häufig, am Steinamandl seltener; auch v. aurata wurde von Angelis am Tauern gesammelt.

25. **Agr. rupestris All.** Auf Alpen- und Hochalpentriften der Kalkkette nicht häufig, z. B. am Scheiblstein (6500'), Pyrgas (Angelis!), Kalbling, Hund bei Johnsbach (5500'); höchst gemein aber auf allen Gneiss- und Schieferbergen von 4000' bis auf die höchsten Spitzen, z. B. Bösenstein, Hochhaide, Steinamandl, Hochschwung, Plintensattel, Plösch; var. virescens (eine ganz grünährige Spielart) findet sich zwischen der Normalform und in sie übergehend häufig am Steinamandl etc.

26. **Agr. Spica Venti L.** Auf Aeckern unter Getreide bei Admont selten, auch zwischen Lorenzen und Trieben (Angelis!)

27. **Calamagrostis littorea (Schrd.) DC.** β laxa (Host.) An
niedrigen, sandigen Ufern der Enns in der Sautratte und Krumau
äusserst gemein, auch an der Essling, an Bächen bei Trieben und
Lichtmessdorf; die Normalform mit mehr zusammengezogener Rispe
selten auf Kalkgries im Gesäuss.

28. **Cal. Halleriana DC.** In Wäldern, zwischen Strauchwerk
von der Berg- bis in die Alpenregion der Schieferberge (Grauwacke,
Gneiss, Werfner- und Glimmerschiefer) meist sehr häufig, z. B. im
Wolfsgraben bei Trieben (2200—2600'), von der Schaunitzeralpe im
Triebenthale zur Seckauergränze (Angelis!), um Hohentauern, vom
Scheiplsee auf die umliegenden Höhen bis 6500', um die Bacheralpe,
am Steinamandl, Kampl, Hochschwung, auf der Plösch unter Krumm-
holz; var. mutica mihi: Ziemlich häufig zwischen Krummholz am
Scheiblstein ob der Gstattmayrvoralpe (Kalk).

29. **Cal. tenella (Schrad.) Host** α mutica. In Voralpenwäldern
und auf Alpentriften der Gneisskette von 4000'—5500' selten:
Ob der Singsdorferalm am Aufstiege zur Hochhaide, unterhalb des
gefrornen See's am Bösenstein, von der Pfarrerhub ob Lorenzen zur
Bacheralm (Angelis!), von der Schaunitzeralm im Triebenthal gegen
die Seckauergränze (Angelis!).

30. **Cal. montana DC.** Auf Kalkgries, an steinigen, buschigen Abhängen, in Schluchten und lichten Wäldern des Kalkzuges (2—5000')
gemein, z. B. durch's Gesäuss, im Rauchboden, Laffawalde, Schwarzenbachgraben, am Mühlauerwasserfalle, Scheiblstein, Pyrgas, Aufstieg zur Kemetenwand, Hochthor, in der Klamm, im Sunk etc.

31. **Cal. arundinacea (L) Roth.** In Schluchten, Holzschlägen und
Wäldern der Schieferberge (Werfner-, Grauwackenschiefer und Gneiss,
2000—4000') sehr häufig: Auf der Plösch, im Wolfsgraben, an der
Tauernstrasse, am Aufstiege zum Steinamandl, von der Klamm in den
Strechengraben (hier auch die üppige var. pyramidalis (Host) Rchb.).

32. **Milium effusum L.** In feuchten, schattigen Schluchten und
Wäldern, an Waldbächen (2500—5000') zerstreut: Sehr häufig im
Hatlersgraben vor Hieflau (Kalk), im Arduinger- und Wolfsgraben
(Schiefer), am Aufstiege zur Farchneralm in einer Seitenschlucht
(Kalk); höchster Standort ob dem Grünsee um die Felswände der
Hochhaide (Gneiss, c. 5500').

33. **Phragmites communis Trin.** In Sümpfen, Lachen, an Flüssen
und Teichen beider Hauptthäler höchst gemein; an sandigen Ufern
oft mit 6—10ᵐ langen Wurzelstöcken.

34. **Sesleria coerulea (L) Ard.** Auf Felsen, steinigen, buschigen
Abhängen, in lichten Wäldern der Kalkzone überall von 2000—5000'
gemein, vereinzelt sogar bis über 7000', z. B. am Festkogel, Sparafeld, Natterriegel; auch sehr häufig an Felspartieen des Hochschwung
(5500—6000' auf Kalkglimmerschiefer?).

35. **Sesl. microcephala (Hffm.) DC.** An Felsen und felsigen Abhängen der Hochalpen (6—7100') selten: Am Pyrgas (Strobl sen.),
Kalbling, hier am Nordabhange der Schafleithen und des Spara-
feldes häufig (Kalk); zerstreut auch am Hochschwung (Glimmer-

schiefer, circa 6000'); am Rottenmannertauern (Maly Flor. v. Steierm.).

36. **Sesl. disticha (Wlf.) Pers.** Auf Triften, Haiden und steinigen Höhen der Gneisskette (5—7500') sehr gemein, z. B. vom Scheiplsee auf die umliegenden Höhen, auf der Hochhaide, am Steinamandl, Hochschwung, Plintensattel: auch häufig am Rücken und im Speikboden des Kalbling (Dachsteinkalk).

37. **Koeleria cristata (L.) Pers.** Auf trockenen Wiesen und steinigen Abhängen des Ennsthales bis auf die Voralpen nicht häufig: Bei der Griesmayrlache an der Wand, auf der Wirthswiese, in der Essling (Angelis!), auf Wiesen beim Laffawalde.

38. **Deschampsia caespitosa (L.) Beauv.** Auf Wiesen, Waldplätzen und grasigen Abhängen bis in die Alpenregion der Kalk-, besonders aber der Schiefer- und Gneissberge sehr gemein.

39. **Desch. flexuosa (L.) Gris.** In Wäldern, Holzschlägen, an trockenen Abhängen der Schiefer- und Gneissgebirge von 2000 bis 7000' sehr gemein, z. B. Plösch (Werfner Schiefer), Lichtmessberg, Röthelsteiner Wäldchen, Strechengraben (Silur. Schiefer), Bösenstein, Hochhaide, Steinamandl (Gneiss); viel seltener auf Dachsteinkalk, z. B. am Kalbling, unter der Farchneralm bei Johnsbach; ziemlich selten auch in der Thalsohle, z. B. unter den Eichen des Hoffeldes; in der Alpenregion meist var. montana (L) mit dunkler, zusammengezogener Rispe.

40. **Holcus lanatus L.** Auf Wiesen, Rainen, an Wegen bis 4000' sehr gemein.

41. **Holcus mollis L.** Auf sonnigen, buschigen Rainen, an Bergabhängen, in Holzschlägen (2—3000') stellenweise häufig: Am Wege nach Frauenberg (Werfner Schiefer), am Südabhange des Lichtmessberges, innerhalb der Klamm gegen die Strechen hinein (silur. Schiefer).

42. **Arrhenatherum elatius (L.) M. K.** Auf Wiesen, Grasplätzen, an Wegrainen gemein, auch gebaut.

43. **Avena sativa L.** Allgemein gebaut, selbst noch sehr häufig um Hohentauern (4000'); an Wegrändern und wüsten Plätzen auch oft verwildert.

44. **Avena pubescens L.** Auf Wiesen, an Wegen und Rainen nicht häufig: Von Lorenzen gegen Bärndorf (Angelis!), im Stiftsgarten (Hatzi).

45. **Av. pratensis L.** Auf dem Frauenfelde bei Admont von Hatzi und Angelis gesammelt!.

46. **Av. Scheuchzeri All.** Auf trockenen Weiden und steinigen Abhängen der Centralkette (5—7500') höchst gemein, z. B. ob der Kettenthalalm im Triebenthal, am Griesstein (Hatzi!), vom Scheiplsee auf die umliegenden Höhen, vom Grünsee auf die Hochhaide, am Steinamandl, Hochschwung, Plintensattel: auch häufig am Kalbling unter der hohen Mauer, am Speikboden und hinauf zum Sparafeld (5—7000', Dachsteinkalk).

47. **Av. Hostii Boiss.** (sempervirens Host, non Vill.) Auf Triften und steinigen Abhängen der Kalkalpen von 6000' bis in die Krumm-

2

holzregion herab sehr häufig am Pyrgas, Scheiblstein, Kalbling, Hochthor, Gamsstein, Hund; am Hund auch var. viridis mihi (mit einfach gelblichgrünen Aehrchen) zwischen der violett gescheckten Normalform häufig.

48. **Trisetum flavescens (L) Bv.** Auf trockenen Wiesen, an Grasplätzen, im Stiftsgarten ziemlich häufig.

49. **Tris. alpestre (Host) Bv.** Auf Kalkgries, steinigen Abhängen und an Felsen der Kalkkette (2—6000′) sehr gemein: im Gesäuss, Johnsbachgraben, auf der Pitz, am Wege nach St. Gallen, im Laffawald, — am Scheiblstein. Pyrgas, Hochthor, Hund etc. Auf Alpen sind die Aehrchen zierlich gescheckt, an Bergfelsen aber ganz oder beinahe grün und die Pflanze fast in nichts von flavescens verschieden; daher wohl Varietät derselben.

50. **Danthonia decumbens (L) DC.** Auf Rainen, Waldwiesen, besonders aber in Wäldern der Schiefer- und Gneissberge (2—4000′) überall sehr häufig, z. B. auf der Plösch, am Lichtmessberg, unter Röthelstein, am Aufstieg zum Pitz, von der Kemetenwand zur Scheibleggervoralpe. in der Tauernkette bis um Hohentauern; auch im Wäldchen vor Mühlau häufig (Kalkschotter).

51. **Melica nutans L.** Zwischen Gebüsch, an steinigen Waldrändern der Berg- und Voralpenregion auf Dachstein- und Grauwacken-Kalk (2—4000′) überall sehr häufig, z. B. im Gesäuss, Johnsbachgraben, Rauchboden, Laffawald, am Scheiblstein, Kalbling, Aufstieg zur Scheibleggervoralpe, — in der Klamm, im Sunk etc. Selten auf Alluvium und tertiärem Gerölle, z. B. im Stiftsgarten.

52. **Briza media L.** Auf Wiesen des Enns- und Paltenthales stellenweise sehr häufig, wie in der Sautratte, bei den Eichen des Hoffeldes, um Rottenmann; an schattigen Waldstellen vor Johnsbach auch mit ganz grünen Aehrchen.

53. **Poa annua L.** An Wegen, Rainen, Grasplätzen, in Gärten, Feldern und Triften überall höchst gemein bis auf die Alpen des Kalk- und Urgebirges, hier besonders um die Almhütten. In alpinen Regionen sind die Aehrchen meist bunt gescheckt (v. varia Gd.), z. B. schon um die Kaiserau.

54. **Poa laxa Haenke.** Auf Alpentriften der Gneisskette von 5500′ bis auf die höchsten Kuppen meist sehr gemein, z. B. ob der Schaunitzer- und Kettenthaler-Alm, vom Scheiplsee auf den Bösenstein, ob der Bacheralm, auf der Hochhaide, am Steinamandl, Hochschwung etc. Blüten gescheckt, selten (z. B. am Steinamandl) grün.

55. **Poa minor Gd.** Auf Gries, Felsschutt und steinigen Abhängen hoher Kalkalpen stellenweise sehr häufig, z. B. am Hochthor (5500—6500′), Scheiblstein (6500′, unter der letzten Erhebung), unter der hohen Kalblingmauer und am Uebergang vom Scheibleck zur Schafleithen, von hier auch sehr häufig hinabgeschwemmt bis in die Triften der Kaiserau (4000′), ebenso am Nordabhange des Kalbling s. hfg. im Gaisenthale (Angelis); von den Hallermauern durch den Schwarzenbach und die Essling nicht selten sogar bis in's Ennsthal herabgeschwemmt.

56. **Poa alpina L.** und β vivipara (W.) Auf Triften, steinigen Abhängen und im Gerölle der Kalkkette von 2500' bis 6000' beide Varietäten höchst gemein, besonders um die Almhütten; steigt sogar, z. B. am Scheiblstein, bis 7000' und ist auch (aber meist var. β) sehr häufig auf Kalkschotter des Ennsthales vor Mühlau, im Gesäuss etc.; in der Gneisskette findet sie sich viel seltener, z. B. ob der Kettenthalalm, von der Bacheralm zur Hochhaide, am Steinamandl, Hochschwung, am Tauernbache.

57. **Poa nemoralis L.** In Hainen, Vorhölzern, an Rainen und Bachrändern, sowie auf Felsen und Triften von der Ebene bis in die Voralpenregion der Kalk-, Schiefer- und Gneissgebirge sehr verbreitet. Variirt ausserordentlich: Auf schattigen, feuchten Orten z. B. unter den Linden des Stiftsteiches, im Wolfs-, Veitl-, Strechen-Graben etc. sind die Halme dünn, schwach, die Rispen weit ausgebreitet und überhängend (= α vulgaris Koch); an sonnigen, trockenen Stellen sind die Halme steif, die Rispen aufrecht, spärlicher mit reicherblüthigen Aehrchen besetzt (= β firmula Gd. Koch); auf subalpinen, steinigen Abhängen der Kalkzone sind die Halme schlank mit langen, zusammengezogenen Rispen (v. montana Koch); auf Schiefer-Voralpen ist die Pflanze dunkler grün mit meist reichblüthigen, zierlich gescheckten Aehrchen, z. B. ob der Pfarrerhub bei Lorenzen (v. glauca Koch?); dieser ähnlich ist auch eine äusserst armährige, niedrige Form (var. subuniflora Rchb. 403), welche sich am Reiterbach unterhalb des Hochschwung häufig findet; sie scheint einen Uebergang zu bilden zu Poa glaucescens Kerner, welche ich im Gebiete noch nicht, wohl aber in südlichen Seitenthälern des oberen Ennsthales mehrmals antraf.

58. **Poa serotina Ehrh.** Auf sumpfigen Wiesen (z. B. Hofwiese), an Grasplätzen, Wegrändern (in der Krumau, gegen Frauenberg, um Lorenzen etc.), an sandigen oder überschwemmten Uferstellen der Enns und Palte meist häufig.

59. **Poa hybrida Gd.** In Hochwäldern, an steinigen, buschigen Abhängen, zwischen Krummholz der Kalkkette (3—4500') stellenweise häufig. Im Hatlersgraben vor Hieflau sehr häufig, ob der Gstattmayrvoralm am Scheiblstein z. hfg., am südwestlichen Fusse der Kemetwand bei 4000' häufig, um die Kalblingvormauern, unterhalb der Schäflerhütte. Auch in der Voralpenregion des Blahberges in der Strechen an üppigen, buschigen Stellen häufig (Gneiss).

60. **Poa trivialis L.** Auf Wiesen, Grasplätzen, zwischen Gebüsch gemein bis in die Voralpenregion des Kalk-, Schiefer- und Gneissgebirges.

61. **Poa pratensis L.** α vulgaris Gd., β latifolia humilis (Ehrh.) und γ angustifolia (L) Sm. Auf Wiesen und Weiden bis 4000' höchst gemein: β mehr in subalpinen Lagen, z. B. um die Kaiserau; γ besonders typisch unter den Eichen des Hoffeldes und im Stiftsgarten.

62. **Poa distichophylla Gd** α cenisia All. (Die Form mit gedrungener Rispe). Selten im Kalkschutte des Schwarzenbachgrabens bei Hall (c. 2500').

63. **Poa compressa** L. α contracta Nlr. An sandigen Uferstellen bei Trieben, am Einflusse der Essling, bei der Johnsbacherbrücke (Angelis!), auf trockenen Rainen, z. B. bei der Schlageralm
im Laffawald (Kalk), auch auf Schieferfelsen der Central-Voralpen
hie und da, meist truppweise.

64. **Glyceria fluitans** (L.) R. Br. An Sümpfen, Teichen, Gräben,
Waldbächen bis in die Voralpen sehr gemein.

65. **Catabrosa aquatica** (L.) Bv. An Lachenrändern beim
Uebergange unterhalb des Griesmayrhauses sehr häufig.

66. **Molinia coerulea** (L.) Mnch. Auf Mooren, Torf- und Sumpfwiesen äusserst gemein, sehr häufig auch in Wäldern, an Bächen
und feuchten Bergabhängen bis in die Voralpen des Kalk-, Schiefer-
und Gneisszuges.

67. **Dactylis glomerata** L. Auf Wiesen, Grasplätzen und Rainen
sehr gemein; bei Trieben fand ich auch spärlich var. vivipara mihi.

68. **Cynosurus cristatus** L. Auf Wiesen und Grasplätzen bis
in die Voralpen, z. B. am Pyrgasübergange.

69. **Festuca ovina** L. Unter den Birken der Schultering auf
trockenen, torfigen Stellen, im unteren Stiftsgarten beim Schutthügel
und in Holzschlägen gegen den Strechengraben häufig.

70. **Fest. Halleri** All. Auf Triften und steinigen Abhängen der
Kalkalpen (5—6500′); gemein am Kalbling, Hochthor, Festkogel,
Hund, Scheiblstein, Hexenthurm etc.

71. **Fest. duriuscula** L. var. alpestris Godr. Auf Triften und
steinigen Abhängen der Gneisskette (6—7700′) sehr häufig; z. B.
am Bösenstein, Hauseck, Steinamandl, Hochschwung, auf der Hochhaide; sehr selten var. vivipara.

72. **Fest. glauca** Lam. Auf Felsen der Klamm bei Rottenmann
und einwärts gegen den Strechengraben häufig (silurischer Kalk und
Schiefer).

73. **Fest. heterophylla** Lam. α laxa Nlr. (Schlaff, mit langen,
feinen Blättern, überhängenden Rispen und grünen Aehrchen). Nicht
häufig an Waldrändern um Admont und auf üppigen Rainen unterhalb der Pfarrerhub bei Lorenzen.

β rigida (Steifer, mit kürzeren, dickeren Blättern, gerader
Rispe, violett überlaufenen Aehrchen, vielleicht = rubra var caespitosa
Hackel.) An Kalkblöcken um den Gamsstein bei Johnsbach und auf
Schiefervoralpen, selten.

74. **Fest. violacea** Gd β major Hackel (nigrescens Lam.). Auf
feuchten Alpenwiesen der Gneisskette sehr häufig, so z. B. vom
Scheiplsee auf die umliegenden Höhen, von der Bacheralpe aufwärts,
am Hochschwung.

75. **Fest. rubra** L. α repens Hackel. Auf Triften, Grasplätzen,
Rainen, an Weg- und Waldrändern bis in die Voralpenregion der
Kalk-, Schiefer- und Gneissberge fast überall sehr häufig, z. B. unter
den Linden des Stiftsteiches, an den Rändern des Hoffeldes, am
Wege in's Gesäuss, am Lichtmessberge, von Lorenzen zur Bacheralm,
durch den Strechengraben etc. Variirt sehr in der Länge der Aus-

läufer, in Farbe und Indument der Aehrchen, z. B. bald kahl, bald weichhaarig (var. villosa Kch.), im Schatten grün, an der Sonne etwas gescheckt.

76. **Fest. varia Hnke.** Auf Felsen, an steinigen Abhängen, auf Triften der Gneisskette von 5000' bis auf die höchsten Kuppen sehr gemein, z. B. vom Scheiplsee und Grünsee auf die umliegenden Höhen, am Steinamandl, Hochschwung, Plintensattel, Blahberg. Sehr gemein auch im Kalkgebirge am Hund, häufig auch am Kalbling zwischen Scheibleck und Schafleithen, sowie am nordöstlichen Abhange vor den Schneegruben, am Sparafeld sogar über 7000' hinauf mit pumila.

77. **Fest. alpestris R. S.** (varia γ crassifolia Huter, varia v. mutica mihi in herb.) Sehr häufig an Waldfelsen ob dem Wolfsbauer bei Johnsbach (Dachstein-Dolomit, c. 3000'); stimmt genau mit Tyroler Exemplaren.

78. **Fest. pumila Vill.** Auf steinigen Triften der Hochalpen im Kalkzuge (55—7000') sehr gemein: Am Kalbling, Scheiblstein, Pyrgas, Natterriegel, Hochthor, Festkogel etc. Viel seltener im Gneisszuge: Auf den höchsten Abhängen des Bösenstein (7500') und am Hochschwung.

79. **Fest. Scheuchzeri Gd.** Auf Kalkgries und Kalkschutt in der höheren Krummholzregion der Kalkalpen: Sehr gemein unter den Felswänden der Schafleithen und des Kalbling, zwischen Pyrgas und Scheiblstein, von der Treffneralpe zum Reichenstein (Angelis), am Fusse des Rinnstein bei Johnsbach; die Essling schwemmt sie bisweilen bis in das Ennsthal herunter. Im Gneisszuge bisher nur auf Felspartien des Hochschwung (6000') beobachtet.

80. **Fest. pratensis Hds.** Auf Wiesen, Feldern, Grasplätzen und Rainen überall höchst gemein; an sonnigen Stellen mit gefärbten, an schattigen mit grünen Aehrchen.

81. **Fest. gigantea (L.) Vill.** In schattigen Auen, an buschigen Wegrändern, in Holzschlägen, Hainen und Wäldern auf Kalk und Schiefer sehr häufig, z. B. im Stiftsgarten, am Weg in's Gesäuss, Aufstieg zur Scheibleggervoralpe, in Erlenwäldchen bei Trieben, Holzschlägen innerhalb der Klamm.

82. **Brachypodium pinnatum (L.) Bv.** α vulgare, Koch β rupestre (Host.) Auf buschigen Rainen, au Waldrändern, in Holzschlägen, Hainen und lichten Wäldern sehr gemein auf Kalk, seltener auf Schiefer und tertiärem Gerölle; β seltener, z. B. Krumau (Angelis!).

83. **Brach. sylvaticum (DC.) Bv.** An schattigen Uferstellen, auf Rainen, in Holzschlägen, Hainen und Wäldern bis 3000', besonders auf Kalkschotter sehr verbreitet, z. B. im Rauchboden-, Laffa-, Mühlauer-Walde, ob der Gstattmayrvoralpe, am Wege in's Gesäuss, Aufstieg zur Scheibleggervoralpe, an Ufern der Enns, des Tauernbaches etc.

84. **Serrafalcus secalinus (L.) Godr** α microstachys Godr. Auf Aeckern unter Getreide, an Grasplätzen und wüsten Stellen hie und da, z. B. im Frauenfelde, Hoffelde.

85. Serr. arvensis (L.) Godr. An Eisenbahndämmen im Hoffelde, am Stationshause beim Reitmeier, am Bachfluder zu Admont (Angelis!); scheint von der Bahn eingeschleppt zu sein.

86. Serr. mollis (L.) Parl. An wüsten Wegrändern, auf Aeckern und Schuttplätzen hie und da, z. B. am Wege nach Frauenberg, um Dittmannsdorf.

87. Bromus asper L. fil. An waldigen Bachrändern ob dem Kalkofen beim Aufstiege zur Kemetenwand häufig (Kalk, c. 2800′).

88. Brom. erectus Hds. und 89. inermis Leyss. Beide von Angelis um Admont spärlich gesammelt, doch sah ich nur erstere.

90. Triticum vulgare Vill α aestivum, β hybernum L. Im Enns- und Paltenthale häufig kultivirt.

91. Trit. repens L. β firmum Presl. An Wegen, Rainen, Grasplätzen, Sümpfen und auf Wiesen sehr gemein.

92. Trit. caninum (L.) Hds. An denselben Standorten, wie Brachypodium sylvaticum, doch seltener.

93. Secale cereale L. Viel häufiger, als der Weizen, gebaut; steigt bis 4300′ und verwildert auch häufig.

94. Lolium perenne L. Auf Grasplätzen, an Wegen und Rainen gemein.

95. Lol. italicum A. Br. Häufig auf Grasplätzen im Stiftsgarten.

96. Lol. temulentum L. α macrochaeton A. Br. Unter Getreide, auf versandeten Aeckern bei Admont, Lichtmessdorf etc. ziemlich häufig.

97. Nardus stricta L. Auf der Hofwiese, in Torfmooren der Krumau, auf dürftigen Abhängen und Waldplätzen der Centralkette, (z. B. am Bösenstein, Steinamandl, Hochschwung, Blahberg, auf der Hochhaide), auf der Plösch (Werfner Schiefer), auf Schiefereinlagerungen der Kalkkette (z. B. am Kalbling, besonders am Almsteig, auf der Höhe des Brucksattels), stellenweise höchst gemein und weite Strecken überziehend; geht bis 5500′.

III. Fam. Cyperaceae DC.

98. Cyperus flavescens L. Auf nassen, sumpfigen Wiesen, besonders an den hindurchführenden Fusssteigen, an Lachen und auf Mooren stellenweise höchst gemein, z. B. im Selzthale beim Kornberger, im Hofmoore (Angelis!).

99. Cyp. fuscus L. α nigricans, β virescens Hffm. An überschwemmten Stellen, Lachenrändern, in Mooren hie und da: An lehmigen Ufern der Ennsarme östlich von der Sautratte u. s. häufig, im Hofmoore (Angelis!). Sehr häufig in abgelassenen kleinen Stiftsteichen mit Uebergängen zu β, die blos als eine blasse, auf schlammigen Grunde entstandene Schattenform zu betrachten ist, während an ausgetrockneten und der Sonne stark ausgesetzten Stellen die Aehrchen schwarzbraun erscheinen (var α).

100. **Rhynchospora alba (L) Vahl.** Auf allen Torfmooren und Moorwiesen des Enns- und Paltenthales äusserst gemein, z. B. im Krumauer-, Hof-, Ardningermoore, bei Liezen, Rottemnann, Trieben, Gaishorn.

101. **Heleocharis palustris (L) R. Br.** In Sümpfen, Lachen, an Teichen, Wassergräben, schlammigen Fluss- und Bachufern überall sehr gemein bis auf die Voralpen, z. B. Pyrgasgatterl.

102. **Hel. uniglumis Link.** In Sümpfen, Lachen, an Uferstellen und Moorrändern bei Gaishorn, Trieben, Lorenzen, Admont, Krumau häufig (Sommerauer, Angelis, Strobl).

103. **Hel. ovata (Roth) R. Br.** In Teichen und Sümpfen um Admont selten, um Gaishorn (Verbniak!).

104. **Hel. acicularis (L) R. Br.** An überschwemmten Uferstellen, in halbausgetrockneten Lachen und an Teichen um Admont selten (Angelis, Strobl sen.); ich selbst fand sie nur einmal spärlich an den Ennsarmen der Krumau.

105. **Scirpus caespitosus L.** Auf moorigen oder sumpfigen Stellen, an nassen Abhängen, auf triefenden Felspartien der Tauernkette sehr häufig, besonders um den Scheiplsee und rechts von der Bacheralpe hinauf zum Felsgehänge (Gneiss, c. 5000').

106. **Sc. pauciflorus Ligtf.** Auf Mooren, nassen Wiesen, an Sümpfen, Lachen, quelligen Stellen des Enns- und Paltenthales bis auf die Voralpen zerstreut, z. B. bei Lorenzen, Trieben (Sommerauer, Angelis), im Hofmoor (Aug.), unterhalb des Griesmayr, am Pyrgasübergange (Schiefer c. 4500').

NB. Die Angabe, dass Sc. mucronatus L. in Sümpfen um Admont vorkomme, beruht auf einem Irrthume.

107. **Sc. lacustris L.** In Teichen, Seen und versumpfenden Wasserarmen des Enns- und Paltenthales sehr gemein, z. B. im Gaishorn- und Triebner-See, im Bichelmayr-, Temmel- und Krumauer-Teiche, an Ennsarmen.

108. **Sc. Tabernaemontani Gm.** Am Südrande des Temmelteiches bei Admont mit voriger nicht selten.

109. **Sc. maritimus L. α compactus Krock.** Im nordwestlichen Winkel des grossen Stiftsteiches von Admont nicht häufig.

110. **Sc. sylvaticus L.** Auf Sumpf- und Waldwiesen, an Lachen, Wassergräben, Teich-, Fluss- und Bachufern gemein; besonders üppig am grossen Stiftsteiche.

111. **Sc. compressus (L.) Pers.** In Sumpfwiesen, an Lachen, Wassergräben, quelligen Abhängen der Berge und Voralpen des Kalk- und Schieferzuges sehr häufig, z. B. bei Bärndorf, in der Krumau, beim Griesmayr (s. gemein), am Aufstieg zur Pitz, Kemeten, vor Kaiserau.

112. **Eriophorum alpinum L.** Auf dem Hofmoore an einigen Stellen sehr gemein, im Triebnermoore (Angelis), auf Sumpfwiesen um die Sägemühle vor Kaiserau (Schiefer c. 4300').

113. **Er. vaginatum L.** Auf Torfmooren (z. B. im Hof- und Ardningermoore) höchst gemein, auch in Sümpfen und Hochwäldern

der Gneiss- und Schieferzone, z. B. um den Scheiplsee sehr häufig, am Dürrnschöberl ob der Messneralm häufig zwischen Fichten unter Heidelbeeren (c. 5000').

114. **Er. Scheuchzeri Hoppe.** Auf moorigen oder sumpfigen Stellen, an Lachen der mittleren Alpenregion (5—6000') im Gneisszuge zerstreut: Gerade unter der Höhe des Kampl bei Rottenmann an moorigen Abhängen (6000') häufig; an Lachen unterhalb des Hochschwung s. hfg.; von der Plinten bei Oppenberg zum Lärchkahrsattel s. hfg.; auch in der Schwarzgulling bei Oppenberg (Gebhard in Maly 1838).

115. **Er. latifolium Hoppe.** Auf Sumpf- und Torfwiesen von der Ebene bis in die Voralpen gemein auf Kalk, Schiefer etc. z. B. beim Griesmayr, vor Kaiserau, ob dem Sunk.

116. **Er. angustifolium Rth.** Auf Sumpf- und Torfwiesen, in Mooren, an feuchten Abhängen von der Ebene bis in die Voralpen des Kalk-, Schiefer- und Gneisszuges höchst gemein, z. B. bei Bärndorf, Büschendorf, beim Griesmayr, im Hofmoos, Bruckgraben, unterhalb der Kothhütten, ob der Reiteralm.

117. **Carex Davalliana Sm.** Auf nassen Wiesen, an Wassergräben, Bächen und quelligen Abhängen von der Ebene bis in die Voralpen gemein, z. B. Hofwiese, Sautratte, Hofmoos, Kaiserau, Pyrgasübergang, Voralpen des Kalbling, Hochschwung, Bösenstein; meist Schiefergrund.

118. **C. pauciflora Lightf.** Auf Torfmooren, moorigen und sumpfigen Wiesen des Enns- und Paltenthales sehr häufig, besonders im Hofmoos, in der Krumau und um den Bichelmayrteich bei Frauenberg; seltener in Voralpen- und Alpensümpfen, z. B. um die Scheiplseen am Rott. Tauern.

119. **C. curvula All.** Auf dürren, steinigen Alpenhöhen der Tauernkette: Am Bösenstein von der Scheiplalpe hinauf (6—7000') sehr gemein, seltener auf der Hochhaide (Gneiss). Wurde nach Hatzi auch am Kalbling (Kalk) von Angelis einmal gesammelt.

120. **C. muricata L.** α densa, β interrupta Wllr. Auf sonnigen, buschigen Rainen, Hügeln, Wiesen, an Zäunen und Waldrändern ist var. α mit häufigen Uebergängen zu β (einer bleichen, unterbrochen-ährigen Schattenform) sehr verbreitet, z. B. vor'm Admonter Ziegelstadl, am Wege in's Gesäuss, nach Frauenberg; ausgesprochene β findet sich sehr häufig unter Spalieren im unteren Stiftsgarten.

121. **C. vulpina L.** α densa Nlr. β nemorosa Reb. (= β interrupta Nlr.). Auf Bergen, in Hainen von Hatzi gesammelt; β in feuchten Gebüschen bei Trieben.

122. **C. teretiuscula Good.** „Auf nassen Wiesen im Enns- und Paltenthale" (Maly 1868): von Angelis früher in der Hofwiese angegeben, doch kann er sich nicht mehr erinnern.

123. **C. paradoxa W.** Auf Sumpf- und Moorwiesen: „Im Enns- und Paltenthale" (Maly 1868); bei Admont (Strobl sen); Hatzi erhielt sie von Angelis, aber ohne Angabe des Fundortes.

124. **C. paniculata L.** Auf Sumpf- und Moorwiesen, an Bächen

und Wassergräben, sowie in Sümpfen bis auf die Voralpen sehr häufig, besonders in der Krumau, Schultering und vor Kaiserau (c. 4000').

125. **C. brizoides** L. Auf nassen und trockenen Abhängen, an Wegrainen, Waldrändern des Enns- und Paltenthales sehr häufig, z. B. ob der Sautratte unter Eichen, am Hohlwege der Krumau, am Nordrande des Hoffeldes ob der alten Enns, an den kleineren Stiftsteichen, bei Bärndorf etc.

126. **C. remota** L. An Lachen, Quellen, Bächen und sonstigen feuchten Stellen der Bergwälder auf Schiefer sehr häufig, z. B. vom Lichtmessberg nach Dittmannsdorf hinab, am Maxbichl bei Lorenzen, auf der Pitz, beim Kohlenbau im Laffawald s. gemein; seltener auf Kalk, z. B. am Brucksattel, ob dem Frauenfelde am Schafferwege.

127. **C. echinata** Murr. Auf Mooren, Sumpfwiesen, an sumpfigen oder quelligen Abhängen, sowie an Bach- und Seerändern bis in die Alpen des Urgebirges sehr gemein, z. B. in der Krumau, im Hofmoos, bei Dittmannsdorf, am Pyrgasübergang (Schiefer), an den Taurer- und Scheiplseen, ob der Bacher- und Reiteralm, am Steinamandl, vor Kaiserau (Schiefer); auf Alpenhöhen werden die Aehren braun, die Fruchtschnäbel theilweise krumm, nach Koch = v. grypus Schk.; doch unterscheiden sich meine Schweizerexemplare (Grimsel-Lagger) durch reichfrüchtige, elliptische, intensiver gefärbte Aehren, längliche Früchte und konstant gekrümmte, längere Schnäbel, so dass sie spezifisch von unserer Alpenform verschieden scheinen.

128. **C. leporina** L. Auf nassen Wiesen, an Grasplätzen, Rainen, Waldwegen des Enns- und Paltenthales ziemlich häufig, z. B. bei dem Torfhütten des Krumauer Moores, auf Wiesen daselbst, im Stiftsgarten beim Neugebäude in der blassen Form β argyroglochin (Horn) Rchb., bei der Jagdhütte des Kalbling (Angelis!), sehr häufig jedoch auf Bergen, Voralpen und Alpen des Schiefer- und Gneissgebirges, z. B. Plösch, Lichtmessberg, Strechen, Steinamandl, Aufstieg zur Bacheralm.

129. **C. elongata** L. „Auf feuchten Wiesen, an kleinen Bächen, Wassergräben zwischen Gröbming und Admont" (Gebhard); „im Enns- u. Paltenthale" (Maly 1868). Ich sah es bisher nur von Aussee.

130. **C. canescens** L. An Tümpeln, Wassergräben, auf Torfwiesen und Mooren beider Hauptthäler bis auf die Voralpen; sehr häufig im Hofmoos, am Wege von Trieben nach Dittmannsdorf (Sommerauer) und um die Tauernteiche.

131. **C. Persoonii** Sieber. An sumpfigen und moorigen Stellen der Gneiss- und Schieferalpen (5—6000') ziemlich häufig: Um die Scheiplseeen, unter den Felsen der Hochhaide, unter der Kamplhöhe bei Rottenmann s. hfg., am Steinamandl, ob der Reiteralm, um die Almhütten der Plösch; schon von Hatzi am Hengst gesammelt, aber nicht erkannt.

132. **C. mucronata** All. Auf Felsen, steinigen Abhängen und dürren Triften der Kalkkette in der Voralpen- und Krummholzregion bis 6000' sehr häufig, seltener in die Bergregion herunter-

geschwemmt: Am Kalbling, Pyrgas, Scheiblstein, zur Kochenalm hinauf, im Schwarzenbachgraben, auf der Pitz (Hatzi), an der Bärnkoppe, im Gesäuss, Johnsbachgraben, am Gamsstein, Hund etc.

133. C. stricta Good. Auf Mooren, in Sümpfen, Sumpfwiesen, an Lachen und Wassergräben durch's Enns- und Paltenthal höchst gemein, z. B. Hof-, Krumauermoor, Schultering, Sautratte, Griesmayrsümpfe, bei Trieben, zwischen Bärn- und Büschendorf.

134. C. vulgaris Fr. Auf Mooren, torfigen oder sumpfigen Wiesen, an Lachen, Seen, Bächen, bis in die Voralpenregion der Gneiss- und Schieferkette höchst gemein, z. B. Hof-, Wolfsbacher, Krumauermoos, Griesmayr-, Trieben-Sümpfe, am Scheiplsee, ob der Reiteralm; var. turfosa (Fr.) in der Krumau (Angelis!).

135. C. acuta L. In Sümpfen, an Fluss- und Teichufern sehr häufig, z. B. in den Griesmayr- und Krumausümpfen, in der Sautratte, an Ennsarmen, den Stiftsteichen, an der Palte.

136. C. nigra All. (atrata z conglomerata Nlr.) Auf mageren, steinigen Hochalpentriften, besonders an Schneefeldern und Schneegruben des Kalkgebirges nicht gemein, noch viel seltener im Tauernzuge : α am Scheiblstein von 6000 bis 7000' sehr häufig mit atrata, am Kalbling in gleicher Höhe ziemlich selten ; β vor dem Grünsee der Hochhaide (c. 5500'. Gneiss).

137. C. atrata L. (= β laxa Nlr.) Auf üppigen und mageren, feuchten und dürren Triften der Kalk- und Tauernkette, von der Krummholzregion bis zu den Hochgipfeln sehr häufig, z. B. Kalk: am Scheiblstein mit nigra und in sie übergehend gemein, am Pyrgas bis zur Pyramide (7199'), Kalbling. auf der Scheibleggerhochalpe, vom unteren Boden bis auf den Hund. Gneiss: Am Hengst (Hatzi), von den Scheiplseen auf die umliegenden Höhen, von der Bacheralpe zum Gemeinsee, am Hochschwung. Die C. aterrima Hpp. bilden eben die vom Urgebirge dunkler gefärbten Exemplare der atrata, besonders wenn sie auf fetten Triften sich üppig entwickeln, wobei die Halme meist mehr oder minder rauh erscheinen; doch gibt es im Tauernzuge auch häufig ganz glatte Ex., sowie die von Kalkalpen stammenden auch öfters etwas rauh sind.

138. C. limosa L. Auf Torfmooren und sumpfigen Wiesen des Enns- und Paltenthales nicht sehr selten: Ennswiesen bei Admont (Hatzi!), Ardningermoos (Angelis!), Paltenmoore bei Trieben (Sommerauer!).

NB. C. irrigua Sm. wird in Maly 1868 „im Enns- und Paltenthale, bei Spadeck (Angelis)" angegeben, fehlt aber in unserem Gebiete, da Angelis sie blos auf dem Spadeck fand, dieser Berg aber ausserhalb unseres Gebietes liegt.

139. C. pilulifera L. Auf Wiesen, in Wäldern und Holzschlägen bis auf die Voralpen der Schieferzone häufig, z. B. in der Schultering s. hfg., im unteren Stiftsgarten, auf Wiesen östlich von der Sautratte, vom Fuss bis zur Höhe des Lichtmessberges häufig, von Lorenzen bis gegen die Bacheralpe, ob der Reiteralm vor'm Hochschwung.

140. **C. tomentosa** L. Auf nassen Wiesen, an Lachen um Admont ziemlich selten: Am Rande eines Sumpfes von der Ziegelbrennerei gegen die Sautratte hinab nicht selten: am nordöstlichen Ufer der Griesmayrlache (Hatzi!), am Oberhoffeldbache und am Wege zu den Stiftswirthwiesen (Angelis!); auch im Paltenthale.

141. **C. montana** L. Wurde beim alten Kalkofen oberhalb des Frauenfeldes in einem älteren Verzeichnisse angegeben; dürfte wohl einheimisch sein, da sie sich bei Bruck und Judenburg noch findet.

142. **C. praecox Jacq.** Auf Wiesen, Rainen, an Waldrändern überall sehr gemein.

143. **C. umbrosa Host.** Auf buschigen Rainen und nassen Wiesen selten: In der Krumau und Schultering (Angelis!); neben der Lichtmessdorfer Paltenbrücke auf einer nassen Wiese, unter Buschwerk neben dem Wege von Lichtmessdorf nach Gaishorn, etwa beim Prechtler (Angelis!), am Ufer der Enns im Sande (Altes Verzeichniss).

144. **C. humilis Leys.** Auf sonnigen Felshöhen gegen die Stumpfnagleralm hinauf, wo ein grosses Felsstück herabgerollt ist (Hatzi!), im Gesäuss (Angelis!).

NB. C. Halleriana Asso wird in einem alten Verzeichnisse vom Kalbling angegeben, wurde aber in neuerer Zeit nie daselbst gefunden.

145. **C. ornithopodioides Hausm.** Auf hohen Kalkalpen selten: An einem Schneefelde des Hochthor (c. 6000') selten, ebenso selten in der Hochalpenregion des Pyrgas, Natterriegel und Buchstein.

146. **C. ornithopoda W.** Auf Wiesen, an buschigen Kalkrainen, an Waldrändern und in lichten Föhrenwäldern bis in die Voralpenregion der Kalkkette sehr gemein, z. B. auf Wiesen neben der alten Enns östlich von der Sautratte, durch's Gesäuss, im Johnsbachgraben, am Schafferwege, der Essling entlang durch den Föhrenwald bis Mühlau, zur Kochenalm, zur Farchneralm bei Johnsbach; selten im Tauernzuge: An Waldrändern ob der Pfarrerhub bei Lorenzen; auch von Hatzi am Tauern gesammelt.

147. **C. digitata L.** (besser als Var. zur vorigen zu ziehen.) Unter Spalieren und Linden des Stiftsgartens häufig, sehr gemein im Walde vor dem Himbeerstein und am Schafferweg. NB. Dass Nr. 146 und 147 keine echten Arten, sondern kaum Varietäten, eigentlich blos Standortsformen sind, beweisen die zahlreichen Uebergänge, besonders am Schafferwege, wo man nebst den typischen Formen auch zahllose findet, an denen das Verhältniss der Frucht zum Balge, die Zusammensetzung des Fruchtstandes und der Habitus völlig schwankt; interessant ist auch, dass Reichenbach in seiner Flora 1846 die Frucht kürzer, als den Balg angibt, während die übrigen Autoren das Gegentheil sagen.

148. **C. alba Scop.** In Wäldern, Holzschlägen und an buschigen Abhängen von der Ebene bis in die Voralpen sehr gemein, aber nur auf Kalk, z. B. durch's Gesäuss, im Johnsbachgraben, im Rauchboden, Laflawald, auf der Pitz, ob Mühlau, am Schafferweg, Aufstieg zur Scheibleggerhochalpe etc.

149. **C. pilosa Scop.** Unter dem Hainbuchen - Spalier des unteren Stiftsgartens sehr gemein — wahrscheinlich ursprünglich wegen ihrer schönen Rasen kultivirt, sonst nirgends „im Enns- und Paltenthale" (Maly 1868).

150. **C. panicea L.** Auf sumpfigen Wiesen des Enns- und Paltenthales bis in die Voralpenregion der Schieferzone sehr häufig, z. B. beim Griesmayr, an Lachen unterhalb der Ziegelhütte, in der Sautratte, vor'm Hofmoos, vor Kaiserau (Schiefer 4300') s. gemein, ob der Reiteralm vor'm Hochschwung (Gneiss) etc.

151. **C. flacca Schreb.** (glauca Scop.) In Sümpfen, nassen Wiesen, an Bächen, Rainen, Waldrändern, besonders in der Berg- und Voralpenregion der Kalkkette höchst gemein; viel seltener im Urgebirge, z. B. bei der Strechenbrücke. In höheren Regionen, besonders zwischen Krummholz am Scheiblstein, tritt sie mit dickeren, mehr keulenförmigen, braunschwarzen Aehren auf = C. clavaeformisHoppe.

152. **C. pendula Huds.** In einer feuchten, bachdurchrieselten Schlucht des Laffawaldes zwischen Kohlenbau und Bruckgraben spärlich.

153. **C. pallescens L.** Auf Wiesen, nassen Abhängen, buschigen Hügeln, in Hainen und Wäldern bis auf die Voralpen des Kalk- und Schieferzuges sehr häufig, z. B. Hofwiese, Raine ob der alten Enns, Käferwäldchen, Voralpen des Kalbling, ob dem Sunk, ob der Bacher- und Reiteralm.

154. **C. capillaris L.** Auf Triften, steinigen Abhängen der Kalkalpen (45—6000') sehr häufig, z. B. am Pyrgas, Scheiblstein, Kalbling (schon an Waldrändern hinter Kaiserau), um die Scheibleggerhochalpe, unter der Farchneralm, am Hund, im Sulzkahr etc. Seltener an quelligen oder sumpfigen Stellen der Gneisskette: bei der Gruberhütte in der Plinten s. hfg., ob der Reiteralm vor'm Hochschwung, am Bösenstein (Hatzi!).

155. **C. fuliginosa Schk.** Auf steinigen Triften, zwischen Granitblöcken in der Hochalpenregion (6 —7000') des Gneisszuges: Sehr häufig am Bösenstein, besonders im Kahr zwischen dem grossen und kleinen B., häufig von der Singsdorferalm dem Viehweg entlang auf die Hochhaide. „Im Johnsbachthale (Gebh.)" Maly 1838 ist unrichtig.

156. **C. frigida All.** An Bächen, in Sümpfen und auf nassen Abhängen der Gneisskette (4—5500') häufig: an den Zuflüssen des Scheiplsee's, ehemals sehr häufig sogar bis Trieben hinabgeschwemmt (Angelis!), am Hauseck beim Scheiplsee (Hatzi), von der Hölleralm zu den Kothhütten (Angelis), an Bächen ob der Bacheralm, ob der Reiteralm am Hochschwung, hier stellenweise fast gemein.

157. **C. sempervirens Vill.** An grasigen und steinigen Abhängen der Kalk- und Urgebirge von der Voralpen- bis in die höhere Alpenregion (4—6000') gemein, z. B. Kalk: Pyrgas, Scheiblstein, Natterriegel, Kalbling, ob der Treffneralm am Reichenstein, am Hochthor, Hund, im Gesäuss; Gneiss: Ob dem Scheiplsee, der Bacheralm, auf der Hochhaide, am Steinamandl, Blahberg, Hochschwung.

158. **C. firma Host.** Auf Felsen, steinigen Abhängen und Triften der Kalkkette von der Krummholzregion bis auf die höchsten Spitzen

(des Pyrgas, Scheiblstein, Natterriegel, Kalbling, Reichenstein, Buchstein, Hochthor, Hund etc. etc.) äusserst gemein und oft weite Strecken, besonders die Bergrücken, polsterförmig überziehend: steigt auch sehr häufig in die Kalkschluchten und auf die Felsen der Seitenthäler herunter, z. B. am Mühlauerwasserfall, im Wäldchen vor Mühlau, im Schwarzenbachgraben, Johnsbachgraben, Gesäuss.

159. C. ferruginea Scop. Auf grasigen oder steinigen Plätzen, in Wäldern, an nassen Abhängen und Giessbachrändern von 3500 bis 5000' der Kalkkette sehr häufig: Am Pyrgas, Scheiblstein, ob der Kochenalm und hinabgeschwemmt bis zum Mühlauerfall, vom Schwarzenbachgraben zur Griesweberalm, am Unterkalbling (vorzüglich im Walde unterhalb der Schäferhütte und gegen die Jägerhütte hinauf), von der Treffneralm auf den Reichenstein, im Gesäuss (Angelis), gegen die Farchneralm, ob dem Hund etc.

160. C. tenuis Host. Auf steinigen, feuchten Abhängen, Felsen, an Giessbächen und in Schluchten von der Voralpen- bis in die mittlere Alpenregion meist sehr häufig, auch oft tiefer herabgeschwemmt: Am Pyrgas, Scheiblstein, um den Mühlauerwasserfall, seltener zur Kochenalm hinauf, nicht häufig an Pitzfelsen, am Schaf- und Schafferweg, hfg. am Aufstieg zur Scheibleggerhochalpe, s. hfg. durch's Gesäuss, im Johnsbachgraben, am Hochthor und Hund.

161. C. flava L. Auf Torfmooren, nassen Wiesen, an sumpfigen Abhängen, Bach- und Seerändern bis in die Voralpen des Schiefer-, Gneiss- und Kalkgebirges gemein, z. B. Hofmoos, Hofwiese, Sautratte, Griesmayrsümpfe, Pyrgasübergang, Scheibleggerbach, Kaiserausümpfe, Strechengraben bis 5000'.

162. C. Oederi Ehrh. Auf Torfmooren, an sumpfigen Teich- und Lachenrändern des Enns- und Paltenthales: Sehr gemein stellenweise im Hofmoos, häufig an Griesmayrlachen, am Bichelmayrteich vor Frauenberg, um Trieben und Gaishorn.

163. C. Hornschuchiana Hoppe. Im Hofmoos (Angelis!).

164. C. distans L. Auf feuchten Wiesen beim Griesmayr mit Primula farinosa sehr häufig, auch in der Hofwiese und im Paltenthale.

165. C. silvatica Huds. In Hainen, Bergwäldern, schattigen Schluchten, bis auf die Voralpen des Kalk- und Urgebirges sehr häufig, z. B. unter den Spalieren des unteren Stiftsgartens, beim Kohlenbau des Laffawaldes, vor'm Mühlauerfall, in Wäldern rings ob dem Frauenfelde, im Wolfsgraben ob Trieben.

166. C. ampullacea Good. An Wassergräben der Torfmoore, an moorigen Sümpfen des Enns- und Paltenthales sehr gemein, z. B. Hof- und Krumauermoos, um den Triebnersee; sehr häufig auch an Lachen, Teichen und Bächen bis in die Voralpen des Schiefer- und Gneisszuges, z. B. Sautratte, Griesmayrlachen, Kaiserauerteich und Bäche daselbst, Strechengraben, Ränder des Scheiplsee's.

167. C. vesicaria L. An Teichen, Lachen, Sümpfen, Bächen, Wassergräben des Enns- und Paltenthales sehr häufig, besonders an den Stiftsteichen, in der Sautratte, in der Krumau und an der Palte; selten an Moorrändern, z. B. am Nordrande des Hofmoores.

168. C. paludosa Good. α vulgaris Nlr. und β Kochiana (DC) Gd. In Sümpfen, auf nassen Wiesen, an Fluss- und Teichrändern des Enns- und Paltenthales sehr häufig, z. B. an der Enns, am Stiftsteiche, in der Krumau.

169. C. filiformis L. In tiefen Sümpfen des Enns- und Paltenthales (Angelis!).

170. C. hirta L. α vera Nlr. und β hirtaeformis (Pers.) Nlr. Auf feuchten, sandigen oder lehmigen Uferstellen der Bäche, Lachen, Sümpfe und Teiche, auf Wiesen, Grasplätzen bis in die Voralpenregion häufig, z. B. an den Ennsarmen, bei der Griesmayrlache, an Stiftsteichen, am Wege zur Scheibleggerhochalpe, am Unterkalbling. Ganz glatte Exemplare (var. β) sehr häufig in abgelassenen Stiftsteichen, doch sind auch die Ex. anderer Standorte meist wenig behaart.

IV. Fam. Juncaceae Agardh.

171. Juncus conglomeratus L. An Gräben, Lachen, auf Sumpf- und Moorwiesen bis auf die Voralpen sehr häufig, z. B. Hofwiese, Hofmoos, Krumauermoos, Lachen beim Ziegelstadl, Triebnermoor.

172. J. effusus L. An Gräben, Lachen, Bächen, Teichen, auf sumpfigen und moorigen Wiesen bis auf die Voralpen überall höchst gemein.

173. J. glaucus Ehrh. An Gräben, nassen Rainen, auf sumpfigen Wiesen häufig, z. B. an der Enns, in der Krumau, bei Lorenzen.

174. J. filiformis L. In Torfmooren, Sumpfwiesen, besonders an quelligen Stellen, auf sumpfigen Abhängen, Lachen- und Seerändern der Voralpenregion im Gneiss-, Schiefer- und Kalkzuge, z. B. Hofmoos, Schultering, am Kalbling hinter Kaiserau, bei der Treffneralpe, um den Scheiplsee am Bösenstein, ob der Reiteralm am Hochschwung.

175. J. Jacquini L. Auf sumpfigen Stellen am Speikboden des Kalbling (c. 6200') von Angelis! häufig gesammelt, von mir daselbst stets vergebens gesucht.

176. J. castaneus Sm. An quelligen und sumpfigen Stellen zwischen der Reiteralm und dem Hochschwung oberhalb des ersten Gürtels links sehr häufig mit Carex frigida (Schiefer, c. 5000').

177. J. triglumis L. An nassen, sandigen Wegrainen bei der Gruberhütte in der Plinten hinter Oppenberg häufig (Schiefer c. 4000').

178. J. trifidus L. Auf Felsen, steinigen Höhen und kurzgrasigen Triften der höheren Urgebirge (5—7500') sehr gemein, z. B. am Hauseck, Bösenstein (schon vom Scheiplsee an), von der Bacheralpe zur Hochhaide, zum Ochsenkahr etc., am Steinamandl, Kampl, Hochschwung, Plintensattel.

179. J. monanthos Jcq. Auf Felsen, steinigen Abhängen und dürren Höhen der Kalkgebirge (5—7000') sehr gemein, z. B. von den Vormauern des Kalbling an, um die Kemetwand, am Pyrgas,

Scheiblstein, Rinnstein, Hochthor, Hund; auch häufig herabgeschwemmt in den Schwarzenbach, Johnsbachgraben und in's Gesäuss.

180. J. lamprocarpus Ehrh. An Gräben, Lachen, überschwemmten Uferstellen, auf Torfmooren und nassen Wiesen höchst gemein; auch in feuchten, schattigen Bergwäldern, z. B. beim Steinkohlenbau im Laffawald; sogar, aber seltener, auf Voralpen (um die Kemetwand, am Unterkalbling, ob der Reiteralm am Hochschwung). Variirt mannigfach: An sonnigen, vertrockneten Stellen aufrecht starr, an sehr feuchten Orten kriechend und aufsteigend, oft mit grünlichen Perigonen; seltener sprossend (= var. vivipara, z. B. in Lachen beim Griesmayr, am Südende des Hofmooses); in Wäldern hoch und schlank.

181. J. alpinus Vill. Auf Sumpfwiesen des Enns- und Paltenthales, an feuchten Waldstellen, quelligen Abhängen, an Bächen der Berg- und Voralpenregion (Kalk, Schiefer, Gneiss) gemein, z. B. Triebnermoor, beim Griesmayr, in der Kruman, am Mühlauerfall, Pyrgas - Uebergang, Aufstieg zur Scheibleggerhochalm, Kaiserauerteich, Bruckgraben, ob dem Sunk, unterhalb der Kothhütten etc.

182. J. compressus Jacq. Auf nassen Wiesen, an überschwemmten Uferstellen, an Lachen, Gräben und Wegen häufig, z. B. von Admont in's Gesäuss, vom Moser zum Nagelschmied, am Brucksattel-Quell.

183. J. bufonius L. An lehmigen Lachenrändern, überschwemmten Uferstellen, auf sumpfigen Wiesen, im Schlamm abgelassener Teiche etc. sehr gemein.

184. Luzula flavescens (Host) Gd. In allen Berg- und Voralpenwäldern bis 4500' an feuchten, moosigen Stellen auf Kalk, Schiefer und Gneiss sehr häufig, z. B. unter Röthelstein, am Aufstieg zur Pitz, Scheibleggerhochalpe, am Schafferweg, Lichtmessberg bis zum Nagelschmied, Pyrgas, Scheiblstein, Kalbling, bei der Treffneralpe, bis zur Bacheralpe am Rott. Tauern; sehr gemein auch unter den Teichlinden des Stiftsgartens.

185. L. pilosa (L.) W. Auf schattigen Grasplätzen, in Wäldern, Holzschlägen und Hainen sehr häufig, z. B. im Stiftsgarten, unter Röthelstein, am Beginn des Schafferweges etc., meist auf Schiefer, oft mit voriger, aber viel sparsamer.

186. L. maxima (Ehrh.) DC. Gemein unter Krummholz der Kalkgebirge und tiefer herab in die Voralpenwälder, z. B. am Pyrgas, Scheiblstein, Hochthor, Hund, Kalbling bis zu den Kaiserauer-Weiden herab. unter der Scheibleggerhochalpe. im Sunk etc.

187. L. glabrata Hoppe. Auf steinigen Abhängen, unter Krummholz, an Schneefeldern der Kalkgebirge (4500—6500') häufig, besonders am Pyrgas, zwischen P. und Scheiblstein, am Aufstiege vom unteren Boden zur Farchneralm bei Johnsbach s. hfg., ob dem Hund, am Hochthor, unter Krummholz vor der Scheibleggerhochalpe, am Speikboden des Kalbling (6500') und tiefer.

188. L. spadicea DC. Auf grasigen oder steinigen Abhängen, an Bächen, Seen, Schneefeldern, sowie auf kahlen Bergrücken der Tauernkette (5—7500') sehr gemein, z. B. vom Scheiplsee und der Bacheralpe zu allen umliegenden Höhen, am Griesstein im Trieben-

thale, Steinamandl, Hochhaide, Hochschwung etc. Auch auf sumpfigen Orten ob dem Pyrgasgatterl, wie es scheint, an einer Schiefer-Fortsetzung der Plösch.

189. **L. albida (Hffm.) DC.** Auf Wiesen, Rainen, Waldrändern, in Wäldern, Holzschlägen und auf buschigen Abhängen der Berge bis in die Alpenregion der Urgebirge höchst gemein (Gneiss, Schiefer, seltener Kalk). Variirt besonders in der Perigonfärbung bedeutend: In der Ebene und auf niederen Hügeln (z. B. am Nordrande des Holfeldes, Wege nach Frauenberg, Aufstieg zur Pitz) sind die Perigone meist weiss mit einem Stiche in's Röthliche (β rubella Hoppe), seltener rein weiss (α vera), auf Bergen und Alpen aber (Lichtmessberg, Steinamandl, Hochschwung, Plintensattel etc.) mehr oder weniger intensiv roth (γ cuprea).

190. **L. campestris DC.** Auf Rainen, Wiesen, sonnigen Hügeln schon im ersten Frühjahre sehr gemein, seltener auf Berg- und Alpenwiesen (Kalk).

191. **L. erecta Dsv.** 1808 (multiflora Lej. 1811) α nemorosa. Auf buschigen, üppigen Abhängen, in Hainen, Holzschlägen, Torfmooren, Wäldern bis auf die Voralpen sehr häufig; β pallescens Sw. im Hofmoore, unter den Linden des Stiftsteiches.

192. **L. congesta Lej.** α genuina und β nigricans Dsv. (die lockerblüthige Form). Auf Triften, kahlen Abhängen und steinigen Höhen der Alpen (4500—7000') im Kalkzuge selten (z. B. Unterkalbling, Flitzen, Treffneralpe), im Urgebirge gemein, z. B. vom Scheiplsee zum Bösenstein, um die Bacheralpe und aufwärts zum Grünsee, Gemeinsee, Mitterstein, zur Hochhaide, am Steinamandl, Hochschwung etc.

NB. Es dürfte sich empfehlen, 190—192 zusammenzuziehen, da wohl 190 die Rain- und Wiesenform, 191 die Wald- und Hainform, 192 die Alpenform des Juncus campestris L. zu bilden scheint.

193. **L. spicata (L.) DC.** Auf grasigen und felsigen Abhängen, sowie auf kahlen Rücken der Urgebirge (5—7000') sehr häufig, z. B. ob der Kettenthalalm, am Bösenstein, Hengst, von der Bacheralpe zum Gemeinsee, vom Mitterstein zur Hochhaide, am Steinamandl. Auf dürren, hochgelegenen Abhängen ist die Aehre köpfchenartig = β conglomerata Mielichh., z. B. am Bösenstein.

V. Fam. Melanthaceae R. Br.

194. **Colchicum autumnale L.** Auf feuchten Wiesen, grasigen Rainen sehr gemein, z. B. Hofwiese, Griesmayrwiese, bei Johnsbach, Wiesen im Reithmairmoore etc.

195. **Veratrum album L.** Auf Sumpf- und Waldwiesen, Rainen und grasigen Abhängen von der Ebene bis auf die Voralpen und Alpen (2—6000') höchst gemein in der Kalk- und Gneisszone, z. B. noch am Hund und am Grünsee.

196. **Tofieldia calyculata** (L) Whlb. Auf Wiesen, feuchten, steinigen Hügeln, in Schluchten, an felsigen oder grasigen Abhängen von der Ebene bis auf die höchsten Gipfeln der Kalkalpen sehr gemein, z. B. Griesmayrwiesen, Gesäuss, Johnsbachgraben, Hund, Hochthor, Rauchboden, Bruckgraben, Laffawald, Mühlauerfall, Schafferweg, Scheiblstein, Pyrgas, Kalbling bis 7000'; seltener im Tauernzuge, wie an Bächen ob der Bacheralpe, am Fuss des eigentlichen Hochschwung, hier s. hfg.

NB. An tieferen Standorten ist die Traube lang und oft unterbrochen; an höheren wird sie kürzer und gedrungener, auf den Hochgipfeln oft kopfförmig (glacialis Gd. capitata Hpp.), doch auch hier meist mit verlängerten gemischt. Selten finden sich Abnormitäten mit ästigem Blüthenstande, der bei Thalformen (z. B. Gesäuss) rispig, bei Alpenformen (am Scheiblstein 6500') doldenförmig wird. (var. ramosa Hpp.).

197. **T. borealis** Whlb. Auf grasigen Abhängen der höchsten Kalkalpen sehr selten: Am Speikboden des Kalbling (c. 6200') auf einen dichten Rasen zusammengedrängt anno 1836 von Angelis in Menge gefunden, seitdem stets vergebens gesucht, am Pyrgas, Scheiblstein, Natterriegel selten (Hatzi!), am Buchstein. Andere Angaben beziehen sich wohl auf die Alpenform der vorigen.

VI. Fam. Liliaceae Lindl.

198. **Fritillaria Meleagris** L. Am grossen Stiftsteiche (Sommerauer, 12. Mai 1821); war gewiss blos verwildert und ist seitdem verschwunden. „Im Gesäuss (Haffner)" Maly 1868. Gilt wohl dasselbe.

199. **Lilium bulbiferum** L. Auf Bergwiesen, buschigen Rainen und an Waldrändern stellenweise häufig (Schiefer, selten Kalk) z. B. Auf Wiesen im Triebenthal (Hatzi!), von Hohentauern (4000') nach S. Johann sehr häufig, ebenso im Johnsbachthale; zerstreut auch ob dem Moser auf Rainen des Lichtmessberges und unter Gesträuch am Leichenberge.

200. **L. Martagon** L. Auf grasigen Abhängen, in lichten Wäldern und Holzschlägen der Kalkvoralpen bis zur Krummholzregion sehr häufig, z. B. Auf Voralpen des Kalbling, Pyrgas, Scheiblstein, im Walde östlich von der Griesweberalm, am Aufstieg zur Bärnkoppe und Kemetwand hie und da, im Gesäuss selten, unterhalb des Gams- und Rinnstein, gegen die Farchneralm etc. Auf Gneiss nur an buschigen Stellen des Blahberges in der Strechen entdeckt.

201. **Lloydia serotina** (L) Rchb. An felsigen Stellen der Nordseite des Hochschwung hie und da (c. 6000', Glimmerschiefer); nach Stur auch am Bösenstein (7700', Gneiss.)

202. **Anthericum ramosum** L. Auf Felsen, steinigen, buschigen Abhängen, seltener an grasigen Stellen, der Berge und Voralpen auf Kalk häufig: z. B. Im Gesäuss zwischen Johnsbachbrücke und Gstatterboden, am Gamsstein, im Rauchboden, Laffawald, am Dörfl-

stein ob Hall, ob dem Mühlauerfall, zwischen Gesträuch ob der Gstadtmayrvoralpe am Futterweg, an Pyrgasfelsen beim Aufstieg zum Scheiblstein.

203. **Ornithogalum umbellatum** L. Sehr häufig an Wegen und Spalierrändern im unteren Stiftsgarten, sonst höchst selten.

204. **O. nutans** L. Im Obstgarten und an der Gartenmauer von Burg Strechau verwildert gefunden (Strobl sen.!).

205. **Gagea minima** (L.) Schult. Auf Grasplätzen um die Almhütten der Tauernkette: Um die Hölleralm sehr häufig (Angelis!), auch um die Bacher- und Pesendorferalm (c. 4500').

206. **G. lutea** (L) Schult. In Auen, Obstgärten, an buschigen Stellen und Waldrändern ziemlich häufig bei Admont (z. B. Stiftsgarten), Weng, Rottenmann, Johnsbach, im Gesäuss mit Leucojum vernum, auch um die Scheibleggerhochalmhütte (Kalk, c. 5000') und auf Alpenwiesen des Unterkalbling (Sommerauer!).

207. **Scilla amoena** L. Unter Obstbäumen beim grossen Stiftsteiche im Mai 1820 von Sommerauer verwildert gefunden, seitdem verschwunden (teste Angelis).

208. **Sc. bifolia** L. Unterhalb der Johnsbachbrücke im Gesäuss nicht weit vom Reithmayrhütlfeld links hinunter nicht selten auf einer Waldau (Angelis!, Hatzi!); „im Paltenthal" (Maly 1868)?.

209. **Allium Victorialis** L. Auf felsigen und steinigen Abhängen der Kalkalpen, meist in der Krummholzregion, nicht häufig: Ob dem Hund-Uebergange bei Johnsbach hfg., unter den Schuttfeldern des Hochthor s. hfg., an Felswänden ob Weng, am Pyrgas, Kalbling zerstreut.

210. **All. ursinum** L. Auf Waldboden unter dem Dörflstein bei Hall (Hatzi!), am Lichtmessberg (Angelis).

211. **All. montanum** Schm. Auf Felsen und steinigen, buschigen Abhängen der Kalkvoralpen ziemlich gemein, z. B. um den Gamsstein, die Kemetwand, am Schaf- und Schafferweg, Hund, auf Mühlauer- und Ardningerhöhen, am Aufstieg zum Steinamandl, in der Klamm (c. 2100', tiefster Punkt).

212. **All. angulosum** L. (acutangulum Schrd.). „Auf Wiesen bei Admont (Angelis)" Maly 1838 und 1868. Sah es niemals aus dem Gebiete.

213. **All. carinatum** L. Auf Wiesen, an buschigen Rainen und an Zäunen selten: Beim Neuwirth bei Admont (Angelis!), im Gesäuss (Strobl sen.), vor'm Griesmayr. Jenseits der Buchau bei S. Gallen, Altenmarkt etc. viel häufiger.

214. **All. sibiricum** L. (Schoenoprasum β alpinum Gd.) Auf subalpinen Wiesen sehr selten: Höhen ob Ardning, Höhe des Neuburgs bei Johnsbach am Stadlfeld (Hatzi!).

NB. All. Schoenoprasum L, sativum L, Porrum L, Cepa L und fistulosum L werden in Gärten kultivirt.

215. **Muscari botryoides** (L) DC. Auf Wiesen an der alten Enns in der Nähe der Sautratte, auf der Fuchsweide (Angelis!, Hatzi!), im alten Schlossgarten bei Strechau wild (Hatzi!).

VII. Fam. Smilaceae R. Br.

Asparagus officinalis L. Häufig kultiv., besond. im Stiftsgart.
216. **Paris quadrifolia** L. In Hainen und schattigen Bergwäldern bis auf die Voralpen zerstreut, stellenweise sehr häufig,
besonders unter den Spalieren des Stiftsgartens, im Sunk und oberhalb desselben gegen Hohentauern hinauf: seltener um Mühlau, am
Scheiblstein ob der Gstattmayrvoralpe, am Schafweg des Kalbling,
im Gesäuss, Rauchboden etc. Kalk, seltener Schiefer.
217. **Streptopus amplexifolius** (L) DC. An feuchten, buschigen
oder waldigen Stellen der höheren Bergregion selten: Bei Lorenzen
vereinzelt (Hatzi!), am Lichtmessberg neben dem Bärndorfer Fusssteige gleich Anfangs an Zäunen nicht selten (Schiefer, 3500'), im
Hatlersgraben hoch oben unter Fichten selten (Kalk, 3000').
218. **Convallaria verticillata** L. An feuchten, schattigen Rainen,
in Wäldern und Holzschlägen der Berge bis auf die Voralpen der
Kalkgebirge sehr häufig, z. B. um den Mühlauerfall, am Scheiblstein,
Pyrgas, unterhalb der Griesweberalm, am Aufstieg zur Scheibleggger-
hochalpe, Schafweg, Schafferweg, Waldränder hinter Kaiserau, Gesäuss, Rauchboden, vor'm Hochthor, im Sunk; seltener auf Schiefer
(auf der Buchau, vor der Pfarrerhub ob Lorenzen, ob dem Scheiplsee,
am Blahberg in der Strechen). Auch hie und da in der Ebene, z. B.
im Höpflingerfelde, unter Spalieren des Stiftsgartens.
219. **Conv. Polygonatum** L. An steinigen, buschigen Stellen
der Kalkvoralpen häufig: Durch's Gesäuss, besonders am unteren
Stein, im Johnsbachgraben, Rauchboden, am Gamsstein, ob dem
Mühlauerfall, der Gstadtmayrvoralpe am Scheiblstein, im Sunk.
220. **Conv. multiflora** L. An feuchten, schattigen Stellen, in
Hainen und Wäldern des Enns- und Paltenthales: Sehr gemein unter
den Spalieren des Stiftsgartens, seltener am Bach der Oberhofmühle
(Angelis!), im Gesäuss (Strobl sen.) etc.
221. **Conv. majalis** L. An steinigen, buschigen Stellen und an
Waldrändern der Kalkkette (2—4000'), meist truppweise, häufig:
Im Gesäuss bis Gstatterboden hie und da, am Eingange in den
Schwarzenbachgraben, ob dem Mühlauerfall s. hfg., zwischen Strauchwerk ob der Gstattmayrvoralpe etc.
222. **Majanthemum bifolium** (L.) DC. In schattigen Bergwäldern auf Kalk und Schiefer gemein, z. B. unter Röthelstein, am
Schafferweg, im Haller Wäldchen, Gesäuss, Rauchboden, gegen den
Kalkofen bei Admont, von Sunk nach Hohentauern; vereinzelt sogar
noch auf der Kante des Steinamandl (Gneiss, 6000').

VIII. Fam. Amaryllideae R. Br.

223. **Narcissus poëticus** L. Auf Thal- und Bergwiesen an
wenigen Punkten, aber massenhaft: In der Schultering bei Admont,
auf einer Waldwiese hinter Strechau zu Tausenden (Kalk, c. 2600').

224. **Leucojum vernum** L. An feuchten Waldrändern und Bergabhängen, in Obstgärten, auf Feldrainen und sumpfigen Wiesen des Enns- und Paltenthales höchst gemein, vorzüglich auf Schieferboden, etwa bis 3000′.

IX. Fam. Irideae R. Br.

225. **Crocus albiflorus** Kit. α albiflorus, β violaceus. Auf Berg- und Waldwiesen im Enns- und Paltenthale strichweise sehr gemein, besonders in letzterem, z. B. bei Trieben, ob der Ledererhube bei Rottenmann, am Lichtmessberg neben dem Fusssteige nach Bärndorf hinab, auf der Buchau neben den Teichen. Variirt mit blauen, weissen und gescheckten Blüthen und zwar wachsen diese Varietäten meist nebeneinander.

226. **Iris Pseudacorus** L. In Wassergräben, Sümpfen, an Lachen und Teichen sehr häufig, vorzüglich zwischen Schilfrohr am Scheiblteich.

227. **Iris sibirica** L. Auf sauren Wiesen, an Schilfrändern des Enns- und Paltenthales stellenweise sehr häufig; vor den Ennsarmen der Krumau erscheinen zur Blüthezeit weite Strecken blau gefärbt; auch in der Schultering und vor Frauenberg tritt sie massenhaft auf.

X. Fam. Orchideae R. Br.

228. **Orchis militaris** L. Auf Wiesen und an grasigen Waldrändern nicht häufig: Schultering, Griesmayrwiesen, Krumau (Angelis!), Gesäuss (Strobl sen!).

229. **O. tridentata** Scp. Auf buschigen Grasplätzen der Berge und Voralpen sehr selten: Am Schafferweg und um die Moseralpe (Angelis); sah sie nicht aus dem Gebiete.

230. **O. ustulata** L. An Waldrändern, auf Triften der Berge und Voralpen nicht selten im Kalkgebirge: Im Mühlauerwäldchen zerstreut, am Schafferweg (Strobl sen.!), im Johnsbachgraben, am Neuburg bei Johnsbach (Hatzi!), hinter Kaiserau gegen den Kalbling hin, um die Kochenalm.

231. **O. coriophora** L. Auf nassen Wiesen des Ennsthales selten: Neben der Griesmayrlache ziemlich häufig, am Wege nach Frauenberg und beim Abdecker seltener.

232. **O. globosa** L. Auf Wiesen und Bergen der Voralpen bis 5000′ sehr häufig im Kalkzuge (z. B. vom unteren Boden zur Farchneralm bei Johnsbach, am Scheiblstein, Pyrgas, Kalbling und dessen Vorbergen bis zur Kemetwand, am Natterriegel, auf der Ardning): viel seltener im Urgebirge, nur ob der Bacheralpe an üppigen Abhängen rechts vom Grünsee häufig.

233. **O. Morio** L. Auf einer Wiese des Lichtmessberges beim Drummer von Angelis einmal gesammelt.

234. **O. pallens** L. Im Dechantthale auf der Buchau (Altes Verzeichniss), auf der Moseralpe am Natterriegel (Tschurtschenthaler!); „im Enns- und Paltenthale" (Maly 1868).

235. O. sambucina L. „Auf dem Vorgebirge (wahrscheinlich bei Hall) von Tschurtschenthaler gesammelt" (Herb. Hatzi!).

236. O. mascula L. γ speciosa (Hst.) Koch. Auf üppigen Berg- und Voralpenwiesen des Kalkzuges bis zur Krummholzregion sehr zerstreut und ziemlich selten: Gegen die Stumpfnaglalm (Hatzi!), im Gesäuss (Strobl sen.), zwischen Krummholz am Pyrgas s. selten, ziemlich häufig im Sulzkahr ob der Schäferhütte.

237. O. maculata L. Gemein auf buschigen oder waldigen Grasplätzen der Berge und Voralpen auf Kalk, Schiefer, seltener Gneiss, z. B. Im Gesäuss, Rauchboden, am Scheiblstein, Pyrgas, Schafferweg, Aufstieg zur Scheibleggerhochalpe, hinter Kaiserau, am Mühlauerfall etc. Ob der Bacheralpe auf felsigen Triften rechts vom Grünsee ziemlich häufig (Gneiss).

238. O. latifolia L. Auf Sumpf- und Moorwiesen, auch an schilfigen Sumpfrändern im Enns- und Paltenthale gemein; geht vielfach über in die später blühende Varietät (?)

239. O. incarnata L. Auf sumpfigen Wiesen beim Griesmayr, um das Wolfsbachermoos, zwischen Aigen und Frauenberg sehr häufig mit voriger.

240. Anacamptis pyramidalis (L.) Rich. Auf einer sonnigen, felsigen Bergwiese an der Haberl - Alm ob der Buchau (Kalk) mit Cephalantera pall. ziemlich häufig (Hatzi!).

241. Gymnadenia conopsea (L.) R. Br. Auf nassen Wiesen der Thäler, Berge und Voralpen bis 5000' im Kalkgebiet gemein, viel seltener im Tauernzuge, z. B. α Griesmayrwiesen, Gesäuss, um den Gamsstein, gegen die Farchneralm, am Scheiblstein, Pyrgas, Kalbling, im Sunk. β Ob der Bacheralm auf felsigen Triften rechts vom Grünsee häufig. Bisweilen, wie um die Griesweberalm, auch var. albiflora.

242. Gymn. odoratissima (L.) Rich. Auf Triften, sowie an steinigen, buschigen Stellen der Berge und Voralpen im Kalkzuge bis 5000' mit der vorigen sehr häufig, z. B. im Gesäuss, Johns-bachgraben und am Schafferwege sogar vorwiegend, seltener am Aufstieg zur Scheibleggerhochalm, auf Vorbergen des Kalbling, am Scheiblstein, Pyrgas (bes. unter Krummholz), von der Treffneralpe zum Reichenstein, im Schwarzenbachgraben etc.

243. Gymn. albida (L.) Rich. Auf Triften, buschigen oder waldigen Grasplätzen der Kalk- und Urgebirge (3500—6000') an vielen Stellen, aber selten in grösserer Anzahl, oft mit der fol-genden, z. B. α am Unterkalbling häufig, vom unteren Boden zur Farchneralm. β an Waldrändern hinter Kaiserau (silur. Schiefer), am Kampl, um die Felsen der Hochhaide ob dem Grünsee häufig, um den Scheiplsee, zum Bösenstein hinauf (Gneiss).

244. Coeloglossum viride (L.) Hrtm. Fast überall auf Triften und buschigen Abhängen des Kalk-, Schiefer- und Gneisszuges in der höheren Berg- bis Alpenregion (— 6000'), aber meist sehr ver-einzelt, z. B. α Kalbling, Scheiblstein, Pyrgas, Schafferweg, Aufstieg zur Scheibleggerhochalm, Hochthor, Farchneralm. Hund, Sunk. β Hoch-

schwung. γ Strassenränder hinter Hohentauern, ob der Bacheralpe, ob dem Scheiplsee, am Bösenstein.

245. Platanthera bifolia (L. p. p.) Rchb. Auf üppigen Bergwiesen, an Waldrändern und buschigen Stellen häufig auf Kalk, seltener auf Schiefer, z. B. durch's Gesäuss, im Johnsbach- und Bruckgraben, ob der Gsattmayrvoralpe, am Aufstieg zur Scheibleggerhochalpe, an grasigen Waldrändern ob dem Frauenfelde, am Schafferweg etc.

246. Nigritella angustifolia Rich. Auf Wiesen und grasigen Abhängen der Voralpen und Alpen bis 6000' sehr häufig im Kalkgebirge, vorzüglich an krummholzumschlossenen Stellen, z. B. von der Hundshöhe links in's Sulzkahr hinab, am Natterriegl, Scheiblstein, Pyrgas, Kalbling, von der Treffneralpe zum Reichenstein; stellenweise auch häufig im Urgebirge (z. B. von der Scharte des Hochschwung bis zur Spitze am Südabhange s. hfg., ob der Bacheralpe, rechts vom Grünsee, vom Gemeinsee gegen die Kante der Hochhaide hinauf), hier aber mit schwarzpurpurnen Blüthen (v. atropurpurea), während die des Kalkzuges karminroth sind.

247. Nigrit. suaveolens (Vill.) Koch. „Am Rottenmanner Tauern (Hatzi)" Maly Flora 1868. Die von mir gesehenen Ex., welche Oberleitner auf Alpenwiesen ob der Bacheralpe gesammelt und als suav. bestimmt hatte, waren vorige; auch in Hatzi's Herbar sah ich aus dem Gebiete blos vorige; suaveolens fand Hatzi nur am Hochwart; dieser Berg liegt allerdings der Gränze ziemlich nahe und dürfte daher die Art auch im Gebiete aufzufinden sein.

248. Ophrys muscifera Hds. Auf schattigen Grasplätzen der Kalkvorberge um Admont selten: Am häufigsten auf Abhängen ob der Siegelalm und von dort zerstreut bis zum Schafferweg, wo an einer Stelle noch eine kleine Gruppe sich findet; sonst hie und da ein Exemplar im Walde unter der Pitz, im Johnsbachgraben etc.

249. Chamaeorchis alpina (L) Rich. Auf steinigen, kurzgrasigen Abhängen der Kalkhochalpen sehr selten: Am Kalbling von Hatzi einmal in ziemlicher Menge, am Pyrgas von Oberleitner mehrmals, am Scheiblstein von mir einmal gesammelt.

250. Herminium Monorchis (L) R. Br. Auf sumpfigen Wiesen, schattigen Rainen und Weiden, an Waldrändern, bis in die Voralpen auf Kalk und Schiefer ziemlich häufig: Sumpfwiesen an der Enns, bei Röthelstein, beim Galgen vor'm Griesmayr, Raine gegen Weng, Waldränder vor dem Gesäuss (hier hfg.), Weiden vor dem Wolfsbacherwasserfall, auch im Gesäuss, am Schafferweg (Angelis) etc.

251. Epipogum aphyllum (Schm.) Sw. Auf einem faulenden Baumstrunke am Schafferwege von Steyrer einmal gefunden, seitdem vergebens gesucht; auf nadelbestreutem Waldboden ob der Weberalm am Aufstiege zur Kemetwand sehr selten.

252. Cephalanthera grandiflora (Scop.) Bab. Auf buschigen Abhängen und in steinigen Bergwäldern der Kalkzone nicht selten: Vor dem Pitzfelsen im Waldboden bis gegen die erste Pitzhöhe ziemlich häufig, am Aufstieg zur Scheibleggerhochalpe ob dem Kalk-

ofen selten, auf einer steinigen Bergwiese der Buchau an der Haber-
lalm (Hatzi), vom Wolfsbacher durch den Wald zum „unteren Boden"
nicht selten ; vereinzelt auch unterhalb der Kochenalm etc.

253. Ceph. Xiphophyllum (L. f.) Rchb. In Wäldern auf Kalkboden sehr selten, nur hie und da ein Exemplar, z. B. im Gesäuss
(Strobl sen., Angelis) beim „unteren Stein" im Gesäuss, unterhalb
der Kochenalm, im Laffawald (Tschurtschenthaler); „am Kalbling"
(Maly 1868).

254. Coph. rubra (L.) Rich. Noch seltener als vorige, an ähnlichen Standorten. Im Laffawald (Angelis), in einem Fichtenwalde
des Johnsbachgrabens von der ersten Kohlhütte einwärts auf Kalkschotter sehr spärlich.

255. Epipactis rubiginosa (Cr.) Gd. An steinigen, buschigen
oder waldigen Stellen der Berge und Voralpen im Kalkzuge fast
überall, aber selten in grösserer Menge : durch's Gesäuss, im Johnsbachgraben, Rauchboden, Bruckgraben, Laffawald, unter der Griesweberalm z. hfg., im Mühlauerwäldchen, am Scheiblstein, Pyrgas,
Schafferweg, auf allen Vorbergen des Kalbling, um den Gamsstein,
im Sunk etc.

256. Ep. latifolia All. In schattigen, steinigen Wäldern der
Kalkvorberge sehr zerstreut und vielleicht spätblühende Schattenform
der vorigen : Vom Schafferweg zur Scheibleggervoralpe nicht selten,
am Aufstieg zur Scheibleggerhochalpe, zur Pitz, zur Gstattmayrvoralpe, am Brucksattel, im Hauswalde unter Strechau etc.

257. Ep. palustris Cr. Auf Sumpf- und Moorwiesen der
Krumau, an den Ennsarmen daselbst, um die Griesmayrlache sehr
häufig, ebenso im Paltenthale (Angelis!); seltener auf feuchten
Triften der Berge und Voralpen, z. B. vor Gstatterboden im Gesäuss,
am Kalbling, Pyrgas.

258. Listera ovata (L) R. Br. Auf feuchten Thal- und Bergwiesen, besonders an schattigen Stellen, bis auf die Voralpen sehr
häufig, z. B. neben den Ennsarmen unterhalb der Sautratte, im
Stiftsgarten (vorzüglich um die Schiessstätte), durch's Gesäuss, am
Lichtmessberge, zwischen Strauchwerk ob der Gstattmayrvoralpe etc.

259. List. cordata (L) R. Br. In feuchten, moosigen Wäldern,
an Rändern schattiger Hohlwege hie und da, besonders auf Schiefergrund, doch ziemlich selten : Am Beginn des Schafferweges im Hohlweg, vom oberen Ende des Veitlgrabens gegen den Nagelschmied,
besonders am linken Wegrande (Hatzi), im Veitlgraben (Angelis),
neben der Fahrstrasse nach Lichtmessdorf hinab vom Bärndorfer
Wegzeiger an ziemlich häufig, „am Kalbling" (Maly 1868), ob der
Lorenz'ner Pfarrerhub im Fichtenschatten neben dem Bache selten,
vom innersten Winkel des Triebenthales durch den Wald zur Kettenthalalm hinauf n. slt.

260. Neottia nidus avis (L.) Rich. In feuchten Fichtenwäldern
der Berg- und Voralpenregion auf Kalk und Schiefer nicht selten :
Am Schafferwege ziemlich häufig, am Aufstieg zur Scheibleggervor-
und -hochalpe, im Johnbachgraben.

261. **Goodyera repens** (L.) R. Br. In moosigen, feuchten Fichtenwäldern der Berg- und Voralpenregion auf Kalk und Schiefer meist truppweise, nicht selten: Im Dolomitgerölle des Schwarzenbach's (Stur), am Weg in's Gaisenthal (Angelis), im Gstatterboden und am Kaderalbl (Hatzi), am Aufstieg zur Scheibleggerhochalpe z. hfg, vom Schafferweg zur Scheibleggervoralpe, im Sunk selten, am Steinamandl neben dem Almwege zur Globuke (Gneiss).

262. **Corallorrhiza innata** R. Br. In feuchten, moosigen Fichtenwäldern der Voralpenregion im Kalk- und Tauernzuge sehr zerstreut und vereinzelt, obwohl an vielen Standorten, z. B. Am Aufstieg zur Scheibleggervor- und -hochalpe, Almsteig, Niederkalbling, vor'm Mühlauerfall (Angelis), am Pyrgas (Oberleitner und Hatzi), ob der Lorenzener Pfarrerhub am Standorte der Myosotis variabilis etc.

263. **Malaxis paludosa** (L.) Sw. In Torfmooren des Enns- und Paltenthales auf schwammigen Sphagneen-Polstern sehr selten: Im Paltenmoore bei Trieben ziemlich häufig, schon von Sommerauer und Stur gesammelt, im Hofmoore bei Admont nur in 1 Ex. entdeckt.

264. **Microstylis monophyllos** (L.) Lndl. An moosigen, schattigen Abhängen der Berge und Voralpen, besonders an Waldrändern und in Wäldern fast im ganzen Gebiete, aber sehr zerstreut und die Standorte wechselnd, so dass man sie an vorjährigen Fundorten oft vergebens sucht; wurde gefunden am Eingange in's Gesäuss, am Fusssteige über das Kaderalpl (Hatzi!), im Johnsbachthale (Sommerauer), im Bruckgraben, beim Kohlenbau des Laffawaldes, am Schafferweg (Hatzi!), hinter Kaiserau und am Wege zur Stumpfuagleralm (Angelis), im Waldrändern neben der Strasse nach Aigen und ausser der Klaus gegen die Kapelle hinauf häufig (Schiefer), im Hauswald unterhalb Strechau, besonders gegen Lassing hinaus, häufig, am Blahberg und im Walde ob dem Sunk.

265. **Cypripedium Calceolus** L. An steinigen, buschigen Stellen, an Waldrändern und in Wäldern der Berge und Voralpen bis in die Krummholzregion durch die ganze Kalkzone, aber meist vereinzelt oder in kleinen Gruppen: Durch's Gesäuss, besonders um den Ausgang des Bruckgrabens und vor der Johnsbachbrücke häufig, im Johnsbachgraben s. selten, durch den Schwarzenbachgraben und zur Griesweberalm hinauf nicht selten, am Mühlauerfall (Angelis), von der Gstattmayrvoralpe durch den Futterweg zum Scheiblstein slt., am Aufstieg zur Scheibleggerhochalpe z. hfg., am Schafferweg und zur Scheibleggervoralpe s. slt., hinter Kaiserau selten, am Unterkalbling (Angelis!), durch die Flietzen (Angelis!).

XI. Fam. Najadeae Rich.

266. **Potamogeton natans** L. In Lachen, Sümpfen, Teichen und stagnirenden Wasserarmen des Enns- und Paltenthales häufig, z. B. in den Ennsarmen der Krumau, im Scheiblteich, Triebnersee etc., höchster Standort: die Tauernteiche.

267. **Pot. rufescens** Schrad. In dem von der Palte durch-
flossenen Triebnersee sehr häufig; „im Ennsthale" Maly 1808 ist
wohl unrichtig.
268. **Pot. lucens** L. In Teichen und Lachen des Ennsthales:
Im Stiftsteiche sehr häufig, im Scheiblteich der Krumau, in einer
grossen Lache westlich von der Schultering.
269. **Pot. perfoliatus** L. Ueberzieht in den stagnirenden Ennsarmen der Krumau weite Strecken.
270. **Pot. crispus** L. In den kleineren Stiftsteichen sehr häufig,
ebenso im Scheiblteich der Krumau, besonders neben der Abzugshütte.
271. **Pot. pusillus** L. β vulgaris Koch. In stehenden oder
langsam fliessenden Gewässern ziemlich selten: Im Triebnersee
(Angelis!), in einer von Weiden umsäumten Lache am östlichsten
Ende der Griesmayrfelder neben der Enns, in den Ennsarmen westlich
von der Marktschiessstätte häufig.
272. **Zanichellia palustris** L. An und in dem Bache, welcher
von der Griesmayrlache ostwärts fliesst, besonders bei der Brücke
häufig, an tieferen Stellen lang fluthend, an den Rändern kriechend.

XII. Fam. Lemnaceae Endl.

273. **Lemna minor** L. In Wassergräben, Lachen, Teichen sehr
gemein, z. B. am Südrande des Hofmooses, bei der Ziegelbrennerei,
in dem grossen Stiftsteiche.
274. **L. polyrrhiza** L. In Lachen und Teichen sehr häufig
zwischen der vorigen.

XIII. Fam. Aroideae Juss.

275. **Arum maculatum** L. Unter den Spalieren des Stiftsgartens von Admont sehr gemein, wahrscheinlich einst eingeführt.
276. **Calla palustris** L. An schattigen morastigen Stellen der
Torfmoore sehr selten: Am Nordrande des Hofmoores in etwa
20 Exemplaren: im Unterholz höherer Fichten östlich vom Bichelmayrteich bei Frauenberg (Hatzi, Strobl sen.): auch in Torfmooren
des Paltenthales nach Sommerauer (Herb. Joannei).
277. **Acorus Calamus** L. In der Wolfsbacherlache (Altes Verzeichniss), an Wassergräben vor dem Scheiblteiche der Krumau.

XIV. Fam. Typhaceae DC.

278. **Typha latifolia** L. In Sümpfen und Teichen stellenweise:
sehr häufig am Ausgange des Triebnersee's, auch im Krumauer-
schilf und in der Griesmayrlache (Angelis!).
279. **T. angustifolia** L. In Sümpfen, Teichen, an Ufern stellenweise: sehr häufig im Scheiblteich der Krumau zwischen Schilfrohr.
280. **Sparganium ramosum** Hds. In Wassergräben, Lachen
und Sümpfen häufig: Am Südrande des Hofmoores, unterhalb des
Griesmayr beim Bretterübergange s. hfg. etc.

281. **Sparg. simplex Hds.** In Wassergräben, Lachen, Sümpfen, Morästen des Enns- und Paltenthales nicht häufig: Am Nordrande des Hofmoores, beim Blasschustergütl b. Admont (Strobl sen.), in der Krumau; s. häufig im und um den Triebnersee, hier oft mit fluthenden Blättern.

282. **Sparg. natans L.** In einer kleinen Lache am Berge Loibner bei Johnsbach (Hatzi!).

XV. Fam. Alismaceae R. Br.

283. **Alisma Plantago L.** In Sümpfen, Lachen, Wassergräben, sowie an schlammigen Uferstellen sehr gemein, z. B. bei der Ziegelbrennerei, in der Krumau, Schultering, im Hofmoos, gegen Frauenberg, an Ennsarmen. Gewöhnlich α latifolium G. G., seltener (z. B. in den Ennsarmen der Krumau) β lanceolatum (With).

284. **Scheuchzeria palustris L.** An schwammigen, trügerischen Stellen der Moore des Enns- und Paltenthales auf Sphagneen, z. B. im Hof-, Ardninger- und Triebner-Moore häufig.

285. **Triglochin palustre L.** Auf nassen Wiesen, feuchten Bergtriften und Waldwiesen, an Wassergräben und Sümpfen des Enns- und Paltenthales bis 3500' sehr häufig, z. B. Vor'm Hof- und Krumauer-Moore, an der Strasse zur Buchau und zum Nagelschmied, auf der Pitz, am Aufstiege zum Admonter Kalkofen, am Kaiserauerteiche, Gaishornsee etc.

XVI. Fam. Callitrichineae Lev.

286. **Callitriche verna (L) Ktz.** In Lachen der Alpen und Voralpen: Auf der Moseralpe (Angelis! = var. minima Hoppe), am Wege zu den Almhütten der Plösch häufig, um den Scheiplsee am Rottenmanner Tauern.

287. **Call. hamulata Ktz.** In stehenden Gewässern um Admont (Hatzi!); ziemlich häufig am südlichen Randgraben des Hofmoores.

NB. „Call. autumnalis L. im Enns- und Paltenthale (Angelis)" Maly Flora 1868 ist höchstens eine linealblättrige Form der verna, etwa v. minima Hpp., aber jedenfalls nicht die Pflanze Linné's.

XVII. Fam. Betulaceae Brtl.

288. **Betula verrucosa Ehrh.** (alba subsp. 1. verruc. Regel DC. Pr.) Auf buschigen Hügeln, in Berg- und Voralpenwäldern des Kalk-, vorzüglich aber des Schiefergebirges sehr häufig, aber meist gemischt mit anderen Laub- und Nadelbäumen, selten in grösseren Gruppen.

289. **Bet. alba L.** (alba subsp. VII. pubescens DC Pr.) Auf Mooren, häufig am Nordrande des Hofmoores neben einem Wassergraben.

NB. Bet. nana L. findet sich nach Maly Fl. 1868 „Auf den Gipfeln der Admonter Alpen (Gebhard)", in der 1. Auflage 1838 steht blos „Judenburger Alpen"; im Herbar des Johanneum liegen Exemplare mit der Etiquette „Admont"; dessungeachtet ist mir das Vorkommen im Gebiete unglaublich.

290. **Alnus viridis (Vill) DC.** Auf sonnigen Hügeln, an Waldrändern des Paltenthales, auf Bergen und Voralpen des Schiefer- und Gneissgebirges, besonders dem Laufe der Bäche entlang bis zur Strauchgränze (etwa 6000') äusserst gemein, z. B. Lichtmessberg, Trieben, um den Scheiplsee, ob der Bacheralm, in der Strechen, Weissgulling etc.

291. **Alnus corylifolia Kerner.** (Kleinfrüchtige Kalk - Race der vorigen). Zwischen Krummholz der Kalkalpen ziemlich selten, z. B. am Buchstein, Scheiblstein, Kalbling.

292. **Aln. incana (L) W.** An Bach- und Flussufern, in Auen höchst gemein, sehr häufig auch auf sonnigen Hügeln und an Waldrändern; bildet die meisten Vorhölzer und Haine.

293. **Aln. glutinosa Grtn.** Auf Sumpfwiesen und Mooren, sowie an den Rändern derselben hie und da häufig, im Allgemeinen aber viel seltener, als vorige: Sehr häufig im Wolfsbachermoore und in den nahen Sumpfwiesen, ebenso im Hofmoore, ziemlich häufig und in sehr schönen Exemplaren nahe den Eichen des Hoffeldes, einige hohe Bäume auch am Westrande des oberen Krumauermoores.

XVIII. Fam. Cupuliferae Rich.

294. **Fagus silvatica L.** In Berg- und Voralpenwäldern der Kalk- und Schieferzone bis über 4000' sehr häufig, aber oft verkrüppelt und meist vereinzelt unter Nadelholz. Sehr schöne Bäume im Rauchboden, Bruckgraben und Lafferwald; reine, wenn auch kleine Bestände ob dem Wolfsbauer und vor der Kochenalm bei Mühlau.

295. **Quercus pedunculata Ehrh.** Zwischen Weidengebüsch an der Enns, auf sonnigen Waldrändern bei Rottenmann etc. ziemlich häufig. In der Eichelau und am Hoffelde bei Admont in sehr schönen Exemplaren gepflanzt.

NB. Q. sessiliflora Sm., die nach Maly 1868 „in Obersteier ganze Waldungen bildet", (in der 1. Auflage steht aber „in Untersteier"), wurde im Gebiete nicht beobachtet.

296. **Corylus Avellana L.** Auf sonnigen Hügeln, an Bächen, Waldrändern bis in die Krummholzregion der Kalkalpen, in tieferen Regionen sehr gemein.

297. **Carpinus Betulus L.** Bildet grösstentheils die nach altfranzösischem Geschmacke im Stiftsgarten gezogenen mächtigen Spaliere, scheint aber im Freien nirgends vorzukommen.

XIX. Fam. Ulmaceae Mirb.

298. **Ulmus montana With.** (campestris L. succ., major Rehb. f. 1335). In Hainen und Bergwäldern um Admont auf Kalk und

Schiefer selten: Am Eingang in's Gesäuss zu beiden Seiten der Enns, links ob dem alten Kalkofen am Weg zur Weberalm, am Lichtmessberg unter der Ruppwiese etc.

XX. Fam. Urticaceae Endl.

299. **Urtica urens L.** Auf wüsten Gras- und Schuttplätzen, an Häusern und Wegen sehr gemein.

300. **Urt. dioica L.** α vulgaris DC Pr. Auf wüsten Plätzen, an Wegen, Zäunen und Gebäuden höchst gemein, auch noch um die Hütten der Voralpen. Bisweilen selbst am Fusse von Kalkfelsen der Alpenregion, aber wahrscheinlich von Schafen hinaufverschleppt.

XXI. Fam. Cannabineae Endl.

301. **Cannabis sativa L.** Hie und da gebaut, auch nicht selten auf wüsten Plätzen, Erdauswürfen, an Zäunen und in der Nähe menschlicher Wohnungen verwildert.

302. **Humulus Lupulus L.** An Gebüschen, Hecken und Zäunen ziemlich häufig, z. B. an den Ennsufern.

XXII. Fam. Salicineae. Rich.

303. **Salix Babylonica L.** Im Friedhofe von Rottenmann mehrere Ex. kultivirt.

304. **S. alba L.** (und β vitellina L.) An niederen Uferstellen, auf Weiden- und Wiesenrändern, an Wegen, sehr gemein im Enns- und Paltenthale, besonders in der Sautratte, Krumau und bei Lichtmessdorf; δ coerulea (Sm.), deren fast kahle ältere Blätter bis auf den minderen Glanz mit S. Russeliana Sm. nach Koch'schen Originalen ganz übereinstimmen, ist häufig von der Ennsbrücke bei Admont gegen die Essling hinauf und bei der Brücke im Studentenbad. fragilis L. fehlt im Gebiete.

305. **S. triandra L.** α discolor Koch. An Uferstellen, in Auen, auf sumpfigen Wiesenrändern sehr häufig im Enns- und Paltenthale, z. B. längs der Enns und Palte, am Triebnerbache, am Hoffelde. β concolor fehlt.

306. **S. daphnoides Vill.** An Ufern, Zäunen, auf Weiden-, Wiesen- und Waldrändern bis auf die Berge sehr verbreitet, aber mehr vereinzelt, z. B. an Ennsarmen unterhalb des Hoffeldes, in der Sautratte und Krumau, gegen Mühlau, Weng, Gesäuss, am Lichtmessberg und durch's Paltenthal. Liefert die „Palmbuschen" und ist deshalb um Bauernhöfe häufig angepflanzt.

307. **S. purpurea L.** An überschwemmten Orten, Ufern der Flüsse und Bäche, Wegen und Zäunen der Tief- und Bergregion (z. B. um die Gstattmayrvoralpe) sehr gemein.

308. **S. incana Schrk.** Auf überschwemmten Niederungen, auf Kalkschutt der Giessbäche, an Fluss- und Bachufern, besonders des

Ennsthales und seiner Seitenschluchten sehr gemein, auch noch um die Gstattmayrvoralpe.

309. S. cinerea L. Auf sumpfigen Wiesen, an Wassergräben, Sumpf-, Moor- und Flussrändern gemein; Angelis sammelte Exemplare, an denen die Fruchtknoten in Staubblüthen übergehen (f. degenerans); vor dem Hofmoore fand ich einen Strauch mit lichten, meist verkehrt-eirunden Blättern (nach Rchb. Ic. = β aquatica Sm.)

310. S. nigricans Sm. α lejocarpa. An Ufern der Flüsse und Bäche, an Wiesen- und Moorrändern, auf waldigen Hügeln gemein, vorzüglich auf Schieferkrume, seltener auf Kalkschutt: steigt selten bis in die Krummholzregion, wo sie, z. B. ob der Kochenalm an einer Schütt, in glabra Scop. überzugehen scheint. Die Blätter variiren ganz ausserordentlich, oft auf demselben Strauche von grasgrün bis seegrün, von lanzettlich bis eirund, von kahler bis filziger Unterseite.

311. S. silesiaca W. An einem Alpenbache ob dem Scheiplsee (Gneiss c. 5000') am Aufstiege zum Bösenstein; Bestimmung noch etwas zweifelhaft, da ich nur Blattexemplare fand.

312. S. grandifolia Ser. Auf buschigen Hügeln, felsigen und sandigen Abhängen, in Schluchten, Berg- und Voralpenwäldern der Kalkzone bis unter das Krummholz äusserst gemein und formenreich; selten in Schieferschluchten (z. B. Wolfsgraben, zur Bacheralpe hinauf). An feuchten, schattigen Orten ist der Strauch hoch, die Aeste schlank und geschmeidig, die Blätter gross. länglich, dunkelgrün; auf dürrem, sonnigem Kalkboden niedrig knorrig mit nur 1—1½" langen, olivengrünen, verhältnissmässig breiteren Blättern und nicht selten auch flaumigen Aestchen: am Mühlauerfall sogar Exemplare mit theilweise grauflaumigen Knospen, ebenda ein Strauch mit schmal-lanzettlichen Blättern, vielleicht Bastard mit incana: zwischen den Extremen zahlreiche Mittelformen.

313. S. Caprea L. An Bächen, auf buschigen Stellen, am Rande der Vorhölzer und Wälder durch's Enns- und Paltenthal häufig: An der Enns von der Schultering an. hinter Röthelstein, in Aigen, Frauenberg gegenüber, um Trieben. Steigt bis 4500'. z. B. ob dem Pyrgasgatterl häufig. ob der Schäferhütte am Kalblingbache zwischen arbuscula und glabra vereinzelt: Sommerauer sammelte sie am Flitzenbache am Fusse des Kalbling als var. β sphacelata W. (Herb. Joannei).

314. S. aurita L. An Wiesen- und Waldrändern, auf buschigen Hügeln fast selten: Stumpfnagleralm, Weg in's Gesäuss (Angelis). „Hoffeld, Wiesen bei Admont" (Strobl sen.!). neben der grossen Kalkschütt ob der Kochenalm in einer schmalblättrigen Abart selten. häufig vom Farchner nach Frauenberg längs der Fahrstrasse.

315. S. glabra Scop. Auf steinigen Abhängen, im Felsschutt der Voralpen und ihrer Giessbäche, besonders in der Krummholzregion des Kalkzuges gemein, häufig auch herabgewandert in die Schluchten der Vorberge: meist var. 1. latifolia And., doch auch var. 2. angustifolia And. nicht selten, z. B. Kemetwand, Kochenalm, Mühlauerfall.

316. S. hastata L. β subalpina And. An grasigen, steinigen Abhängen in der mittleren Alpenregion des Kalk- und Tauernzuges an wenigen Punkten: Auf der Ostseite des Hund-Ueberganges zwischen Krummholz gegen die Schutthalden hinab häufig (Kalk); zwischen den Felspartieen des Hochschwung (Gl. Schiefer, 5000') auf üppigen Triften häufig: im Herb. Hatzi sah ich auch Exemplare von „Felsen der Pitz".

317. S. angustifolia Wlf. In ausgetrockneten Wassergräben der Schultering vor dem Hofmoore. Stimmt ganz mit Rchb. Abb. Tfl. 588. Fg. 1238 überein.

318. S. repens L. α vulgaris Koch. Auf Sumpfwiesen und Mooren des Enns- und Paltenthales häufig, z. B. Schultering, Hofmoos, Wolfsbachermoos, Triebnersümpfe. Kaiserauer-Wiesen.

319. S. Arbuscula L. α erecta And. 2. ovalifolia And. (Waldsteiniana W.) Auf steinigen oder buschigen Abhängen, sowie im Felsschutt der mittleren Kalkalpenregion, besonders zwischen Krummholz, sehr häufig. steigt nicht tiefer herab; im Gneisszuge nur bei 5500' an der Nordostseite des Hochschwung (nicht selten) beobachtet.

NB. S. Lapponum L. „Auf der Griesmayralpe (Widtermann)" Maly 1868. „Am Fusse des Kalbling" Maly 1838. Beruht wohl auf irriger Bestimmung.

320. S. Jacquiniana W. Auf grasigen, steinigen und felsigen Abhängen der höheren Kalkalpen (5—7000') häufig: An Felsen unterhalb der Schafleithen bis auf den Rücken des Kalbling, am Bach der Scheibleggerhochalpe, an den höchsten Erhebungen des Scheiblstein und Pyrgas u. slt., gemein am Fuss des „Hund" bis über die Sattelhöhe und in's Sulzkahr hinab an grasigen Stellen: sehr selten herabgeschwemmt vom Buchstein in die Buchanerschütt. Reife Kapseln stets kahl, grün bis purpurschwarz.

321. S. reticulata L. α typica glabra And. Auf steinigen und felsigen Abhängen, seltener auf Triften, der Kalk- und Gneissberge (5—6500') ziemlich häufig: Ob dem „Hund", auch schon weit unterhalb der Farchneralm gegen den rechts sichtbaren kleinen Wasserfall, am letzten Absatze des Scheiblstein, auf der Scheibleggerhochalpe, am Schafweg des Kalbling unter den Felsen der Schafleithen z. hfg.; sehr häufig an den nordöstlichen Abhängen des Hochschwung (Gneiss, 5—6000').

322. S. retusa L. Auf steinigen und felsigen Abhängen der Kalk- und Urgebirge (5—7500') β vulgaris Koch und γ Kitaibeliana (W) sehr gemein, oft in Gesellschaft und in einander übergehend: α serpyllifolia (Scop.) viel seltener, auf den höchsten Felskämmen, auch öfters mit β und γ, aber ohne merkliche Uebergänge, z. B. am Rücken der Hochhaide vom Mitterstein hinauf, Bösenstein, Kalblingrücken, Hochschwung, in den Johnsbacheralpen.

323. S. herbacea L. Auf steinigen Abhängen der höchsten Alpenregion des Bösenstein sehr selten (Gneiss); wurde von Strobl sen. auch auf der Spitze des Pyrgas (Kalk, 7200') angegeben, ich fand aber daselbst nur Zwergexemplare der retusa β vulgaris: auf den Gneissalpen des oberen Ennsthales etwas häufiger.

324. **Populus tremula** L. In Auen, auf buschigen Hügeln, an Waldrändern hie und da, meist vereinzelt: An der alten Enns bei Admont, am Westende der Schultering an Schilfrändern häufig strauchartig, am Aufstieg zur Pitz, auf Hügeln zwischen Dittmannsdorf und Gaishorn, im Stiftsgarten.

325. **Pop. nigra** L. An Ennsufern zwischen Weidengesträuch häufig unterhalb des Hoffeldes, in der Sautratte und Krumau, an Wegrändern von der Ennsbrücke zur Essling etc., doch stets strauchartig.

326. **Pop. pyramidalis** L. oder besser nigra β pyr. An Strassen, Wegen und in Gärten nicht selten gepflanzt, theils gruppenweise, theils in Alleeen, z. B. Stiftsgarten, Thalhof, von St. Georgen zum Bahnhof; häufig auch an Kapellen und Statuen; selten vereinzelt. gleichsam wild.

XXIII. Fam. Chenopodeae Vent.

327. **Chenopodium hybridum** L. An Wegen, Häusern, auf Schuttplätzen und in Gärten ziemlich häufig, z. B. um die Klamm bei Rottenmann, im Stiftsgarten, im Dechantgarten von Rottenmann.

328. **Ch. urbicum** L. α deltoideum (Lam.) Auf Schuttplätzen, wüsten Stellen, an Häusern, Wegen selten: Von der Ennsbrücke gegen den Abdecker hinab, vor der Stiftskirche (Strobl sen.!).

329. **Ch. album** L. Auf Schutt, wüsten Grasplätzen, an Häusern, Wegen, Zäunen äusserst gemein.

330. **Ch. polyspermum** L. In Gärten, Feldern, auf Grasplätzen, an Wegen häufig, z. B. bei den Zirbelbäumen des Stiftsgartens, in Hausgärten um Admont.

331. **Ch. bonus Henricus** L. Auf Schuttplätzen, an Häusern, Wegen, Zäunen sehr gemein, häufig auch um die Almhütten der Kalkkette, z. B. Gstattmayralpe, Stumpfnagleralm; steigt aber noch viel höher bis über 6000', z. B. häufig in Erdfällen des Scheiblstein mit Aronicum scorpioides, am Fusse der Felswände links ob dem Hund bei Johnsbach etc.

NB. murale L, Vulvaria L, glaucum L, nach Maly in ganz Steiermark gemein, wurden im Gebiete nirgends beobachtet.

332. **Blitum capitatum** L. Auf Gartenauswürfen, an wüsten Plätzen hie und da verwildert, z. B. hinter der Ziegelbrennerei von Admont, an der Nagelschmiede des Lichtmessberges, im Stiftsgarten.

333. **Beta vulgaris** L. In Gärten sehr häufig kultivirt.

334. **Spinacia oleracea** L. In Gärten häufig als Gemüse gebaut.

335. **Atriplex hortensis** L. Wie vorige, bisweilen auch β rubra Hrt.

336. **Atr. patula** L. α genuina G. G. Auf Schutthaufen, wüsten und bebauten Stellen, an Wegen, Häusern, Rainen sehr häufig, z. B. im Umkreise der Stiftsmauer, in den Stiftshöfen, um Admont, Rottenmann.

XXIV. Fam. Amaranthaceae R. Br.

337. Amaranthus retroflexus L. An Schuttplätzen und Strassengräben bei Trieben (Hatzi, Strobl sen.!).

XXV. Fam. Polygoneae Juss.

338. Rumex maritimus L. Im zweiten kleinen Stiftsteiche auf Schlamm anno 1867 sehr häufig gefunden, selten unter Hafer am Westende des Hoffeldes vor dem Hofmoosstiegl; an Sümpfen (Strobl sen.).

339. R. conglomeratus Murr. Auf Weiden, wüsten Stellen, an Häusern, Wegen, Sümpfen sehr gemein; steigt bis auf die Voralpen, wo er um die Almhütten häufig sich findet.

340. R. crispus L. Auf Sumpfwiesen, an Gräben, Teichen, Wegen und wüsten Stellen gemein.

341. R. obtusifolius L. Im Gebiete selten, bisher nur von Angelis in der Schulteringwiese gesammelt!, und in einem alten Verzeichnisse ohne näheren Standort aufgeführt.

342. R. aquaticus L. An Ufern, Wassergräben, in Sümpfen häufig: An den Rändern der Ennsarme in der Krumau s. hfg., auf Sumpfwiesen unterhalb der Ziegelbrennerei, an Wassergräben beim Temmelteich, von Aigen in's Selzthal an verschiedenen Stellen hfg., im Triebnermoos.

343. R. alpinus L. Auf feuchten Grasplätzen der Alpen, vorzüglich um die Almhütten, wo er meist gepflanzt ist, sehr gemein, im Kalk- und Urgebirge, oft auch schon um die Hütten der Voralpen, z. B. vor Kaiserau unter der Vogelbeerallee, um die Weberalm, Farchneralm.

344. R. scutatus L. Auf steinigen Abhängen und im Schutte der Kalkalpen überall sehr gemein, von den Giessbächen häufig bis in die Thalschluchten herabgeschwemmt, z. B. im Bruckgraben, Gesäuss, Johnsbach- und Schwarzenbachgraben, am Mühlauerfall. Auch auf ähnlichen Stellen des Hochschwung sehr häufig, sonst im Gneisszuge seltener. Im Kalkzuge meist var. β glaucus (Jcq), seltener, im Gneisszuge aber immer, α viridis; im Gesäuss auch häufig var. monstrosus Meisn. Im Stiftsgarten auch kultivirt.

345. R. arifolius All. An feuchten Abhängen, auf üppigen Wiesen der Voralpen und Alpen im Kalk-, sowie im Gneisszuge sehr häufig, z. B. α In der Waldschlucht zwischen Stumpfnagl- und Scheibleggerhochalpe (bes. am Bache), unter Krummholz am Scheiblstein und besonders gemein in Schneegruben zwischen Scheiblstein und Pyrgas, am Kalbling, vom „mittleren Boden" zur Farchneralm und am Hund bei Johnsbach etc. β Ob dem Grünsee um die Felswände der Hochhaide, auf Höhen im Umkreis des Scheiplsee's, in der Flietzen.

346. R. Acetosa L. Auf Wiesen, Feldern, Grasplätzen, an feuchten und buschigen Stellen sehr gemein bis in die Krummholz-

region der Kalkgebirge und die Grünerlengebüsche der Tauernkette, z. B. Scheiblstein, Kalbling, Bösenstein, Steinamandl.

347. R. Acetosella L. Auf Feldern, Weiden, Torfmooren, Wegrändern, trockenen Abhängen, im Kalkschutt bis auf die Alpen (z. B. Spitze der Plösch, Hölleralm, unter der hohen Kalblingmauer 5500') sehr häufig, meist α hastatus Nlr.; β angustifolius Koch fast ausschliesslich auf Torfmooren und im Kalkschutt.

348. Oxyria digyna (L.) Campd. Auf feuchten, felsigen Abhängen der Nordseite des Hochschwung (Glimmerschiefer 6—6400') hie und da nicht selten, nach Stur auch am Bösenstein (Gneiss); „Admonter Alpen“ Maly 1868 ist unrichtig.

349. Polygonum Bistorta L. Auf feuchten Wiesen im Ennsund besonders im Paltenthale gemein, z. B. Hofwiese, bei Bruckmühl, Bärndorf; seltener auf Bergen und Voralpen, z. B. Wiesen ob dem Sunk.

350. P. viviparum L. An Waldrändern des Ennsthales auf Kalkschotter (vor'm Gesäuss, vor Mühlau, durch's Gesäuss), auf Wiesen, Weiden und steinigen Abhängen der Kalkvoralpen bis in die Hochregion (—7000') gemein; seltener im Schiefer- und Gneissgebirge, z. B. um den Kaiserauerteich, am Hochschwung, Bösenstein, vom Mitterstein zur Hochhaide hinauf.

351. P. amphibium L. α natans Much, β coenosum Kch, γ terrestre Leers. In Lachen, Teichen und stagnirenden Flussarmen α gemein, z. B. Ennsarme, Stiftsteiche, Scheiblteich, Frauenbergersümpfe; oft auch (β und γ) an trockneren Orten.

352. P. tomentosum Schrk. (lapathifolium Aut., non L.) Auf Feldern, Aeckern, an Wegen, wüsten Plätzen, Teich- und Sumpfrändern α viride überall höchst gemein, β incanum (W) im Schlamme der Stiftsteiche und Ennsarme sehr häufig.

353. P. Persicaria L. An überschwemmten Stellen, Wassergräben, auf feuchten Aeckern und wüsten Plätzen sehr häufig.

354. P. minus Hds. An Teich- und Sumpfrändern, Wassergräben, Erdauswürfen, feuchten Wegrändern häufig, z. B. um die Ziegelbrennnerei, am Temmelteich, an Ennsarmen, in Bassin's des Stiftsgartens, bei Trieben, Lorenzen.

355. P. Hydropiper L. An feuchten Sumpf-, Teich- und Bachrändern, an Wassergräben gemein, bisweilen massenhaft, z. B. in abgelassenen Stiftsteichen.

356. P. aviculare L. Auf Aeckern, Weiden, wüsten Stellen und an trockenen Wegrändern ausserst gemein; variirt im Habitus von α prostratum bis β erectum, nach den Blättern von α angustifolium bis β latifolium (bis 5 ''' Breite), in den Blüten von α sparsiflorum bis β densiflorum.

357. P. Convolvulus L. Auf Saatfeldern, an Feldrainen und Wegen gemein, besonders üppig auf Lehmboden der Ziegelbrennerei von Admont.

358. P. dumetorum L. An Zäunen um Admont (Strobl sen.), bei Dittmannsdorf, häufig auf Strauchwerk am Westende der Schultering.

4

359. **Fagopyrum esculentum** Much. In neuerer Zeit auf dem Hof- und Frauenfelde bei Admont gebaut.

XXVI. Fam. Santalaceae Br.

360. **Thesium alpinum** L. Auf grasigen Abhängen und steinigen Triften der Kalkkette von 6000' abwärts sehr häufig, besonders in der Krummholzregion, aber nie gesellig; auch tiefer herab an Wald- und Giessbachrändern, sowie auf Kalksandhügeln ziemlich häufig, z. B. durch's Gesäuss, am Mühlauerfall, im Schwarzenbachgraben; seltener im Gneisszuge: um den Scheiplsee, von der Bacheralpe zum Grünsee unter Felswänden.

XXVII. Fam. Daphnoideae Vent.

361. **Daphne Mezereum** L. Zwischen Gebüsch, in feucht-schattigen Schluchten, an Waldrändern von der Ebene bis in die Voralpenregion des Kalk- und Schieferzuges sehr häufig, z. B. Sautratte, Schafferweg, Weg nach Mühlau, Aigen, Aufstieg zur Scheibleggerhochalpe, zur Hölleralm, im Rauchboden, um Strechau. 362. **D. Cneorum** L. Auf steinigen Abhängen und lichten Wald-stellen am Fusse der Kalkgebirge hie und da häufig: Am Fuss des Himbeersteines im Gesäuss, von Gstatterboden bis Johnsbach, auf der Pitz am Dörflstein. 363. **D. Laureola** L. In einem Walde zwischen S. Gallen und Lausach, allerdings schon etwas ausserhalb des Gebietes, spärlich.

XXVIII. Fam. Aristolochieae Endl.

364. **Asarum europaeum** L. Unter Gebüsch, an Waldrändern, auf schattigen Rainen und Hügeln häufig (Kalk, Schiefer und Allu-vium), z. B. unter Alleeen im Conventgarten, von der Ennsbrücke gegen die Essling unter Weiden, in der Sautratte, am Mühlauerfall, Aufstieg zur Pitz, im Heindlfeld.

XXIX. Fam. Plantagineae Vent.

365. **Plantago major** L. An Wegen, Ufern, Rainen, auf wüsten Stellen sehr gemein; die Zwergform Pl. minima DC. vorzüglich an schlammigen Fluss- und Teichrändern, z. B. an Stiftsteichen, Enns-armen, im Hofmoore. 366. **Pl. media** L. Auf Wiesen, Grasplätzen, an Wegen und Rainen äusserst gemein bis auf die Alpen; var. ramosa beim Neu-bauern am Schafferwege selten. 367. **Pl. lanceolata** L. α vulgaris. Auf Wiesen, Triften, an Wegen und Rainen äusserst gemein; β pumila Koh. viel seltener auf sonnigen Hügeln, auch noch auf Grasplätzen um die Bacheralpe (Gneiss, 4500').

XXX. Fam. Plumbagineae Vent.

368. **Armeria alpina (Hpp.)** W. Scheint in unserem Gebiete zu fehlen; die nächsten Standorte sind: Griesstein bei Wildalpen (Angelis!), Reiting bei Mautern (Hatzi!), Hochwart bei Irdning.

XXXI. Fam. Valerianeae DC.

369. **Valeriana officinalis** L. α major Kch. Auf feuchten Wiesen, an Sümpfen zwischen Schilf, in Bergwäldern sehr häufig; β minor Kch. An lehmigen Ufern der Ennsarme in der Krumau häufig; in Bergwäldern (z. B. im Rauchbodenwalde) geht sie in die grössere Form über.

370. **V. sambucifolia** Mik. An Bächen der Hochwälder, auf üppigbegrasten, feuchten Alpenwiesen und unter Krummholz im Kalkzuge nicht selten, z. B. am Scheiblstein von der Gstadtmayrvoralpe aufwärts durch das Unterholz und von der Gstadtmayrhochalpe zum Scheiblstein, von der Stumpfnagleralm durch den Wald zum Scheibleggerbach und zur Kemetwand, am Kalbling, Hochthor, Gamstein bei Johnsbach, im Sunk (Angelis!).

371. **V. dioica** L. Auf Sumpf- und Moorwiesen, an Wassergräben sehr häufig, z. B. Schultering, Griesmayrsümpfe.

372. **V. tripteris** L. An schattigen, feuchten Stellen der Bergwälder und Voralpen im Kalkzuge gemein, ebenso in Kalkschluchten der Tiefregion, z. B. am Mühlauerfall, im Gesäuss, Schwarzenbachgraben; seltener in der Tauernkette, wie von der Pfarrerhub ob Lorenzen gegen die Bacheralpe hinauf, um die Felsen des Hochschwung etc.; var. simplicifolia m. selten mit der Hauptform, z. B. am Lichtmessberge neben der Fahrstrasse.

373. **V. intermedia** Hoppe. Rchb. D. Fl. Abb. 1425. Am Schafferwege beim Bächlein häufig.

374. **V. montana** L. An schattigen, meist sandigen oder steinigen Stellen der Voralpen und höheren Bergwälder aller Kalkgebirge gemein; steigt seltener, als tripteris, in die Tiefregion der Kalkschluchten (z. B. Mühlauerfall, Schwarzenbachgraben, Gesäuss, Klamm); auch v. albiflora hie und da.

275. **V. saxatilis** L. An felsigen Orten aller Voralpen und Alpen im Kalkgebirge gemein, auch in Kalkschluchten der Tiefregion (z. B. am Mühlauerfall, im Schwarzenbachgraben, Gesäuss) sehr häufig.

376. **V. elongata** L. In Felsspalten und im Felsschutt der mittleren Kalkalpenregion nicht gar häufig, z. B. an der gefährlichen, steinfelsigen Nordseite der Schafleithen, auf Schuttabhängen des Schafweges am Kalbling, unter der hohen Kalblingmauer, am Natterriegl, an Felsen vor der Farchneralm, unter der Hochthorscharte (hier sehr häufig), ob dem Hund (Hatzi!).

377. **V. celtica** L. Auf grasigen und steinigen Abhängen der Hochalpen (6500—7100') im Kalkzuge sehr häufig (an der letzten Erhebung des Scheiblstein, unter der Spitze des Pyrgas, in der

Kreuzschlucht zwischen Kalbling und Sparafeld, auf der Höhe des Buchstein, am Natterriegl); im Tauernzuge aber (6—7500') überall sehr gemein.

378. **Valerianella olitoria (L.) Much.** Auf bebautem Boden sehr häufig, besonders gemein im unteren Stiftsgarten und auf Aeckern beim Griesmayr.

379. **Val. carinata Lois.** Auf bebautem Boden im Stiftsgarten (Angelis!).

380. **Val. Morisonii DC. v. lejocarpa DC.** Auf Aeckern unter Getreide, z. B. im Frauenfelde.

XXXII. Fam. Dipsaceae Juss.

381. **Dipsacus silvestris Mill.** Auf wüsten Plätzen, besonders an Zäunen und Wegen häufig: Bei der Ziegelbrennerei, gegen Frauenberg, Weng etc.

382. **Knautia sylvatica (L).** Dub. Rchb. Abb. 1350. In Bergwäldern bis in die Voralpen des Kalkzuges zerstreut; var. dipsacifolia (Host, Rchb. Abb.). Im Gesäuss, in Bergwäldern und auf Voralpenwiesen des Kalkzuges gemein, z. B. Aufstieg zum Brucksattel, zum Scheiblstein, Pyrgas, Kalbling, zur Scheibleggerhochalpe, am Schafferweg; häufig auch im Tauernzuge, wie im Strechengraben, an Bachrändern und hochgrasigen Felstriften ob der Bacheralpe, an den Höhen des Ochsenkahr's.

383. **Kn. longifolia (WK).** Zwischen Krummholz am Scheiblstein ein Ex., das sich aber von den Tiroler Ex. durch abstehend behaarten Stengel (wie bei Nr. 382) unterscheidet, daher var. pilosa mihi.

384. **Kn. arvensis (L) Coult.** Auf trockenen Wiesen, Feldern und Rainen gemein.

385. **Succisa pratensis Much.** Auf feuchten Wiesen und Feldern sehr häufig, z. B. in der Krumau, im Hoffelde, in der Schultering, im Triebnermoore.

386. **Scabiosa lucida Vill.** Auf Rainen und Waldhügeln, auf Wiesen der Ebene bis in die Alpenregion des Tauern-, vorzüglich aber des Kalkzuges überall sehr häufig und vielgestaltig, in der Hochalpenregion des Kalbling, Festkogel etc. oft kaum spannenlang.

XXXIII. Fam. Compositae Vaill.

387. **Eupatorium cannabinum L.** An feuchten Wald- und Uferstellen, in Gebüschen häufig, z. B. am Eingang in's Gesäuss, bei den Ennsarmen der Krumau, im Rauchboden, bei Bärndorf, von der Klamm in den Strechengraben.

388. **Adenostyles alpina (Jcq) Bl. u. F.** Auf Kalkboden von der Ebene bis 6000' sehr gemein, besonders in lichten Wäldern; var. flore albo am Wege zum Suuk (Angelis!).

389. **Ad. albifrons (L) Rchb.** An feuchten, schattigen Stellen der Hochwälder, Voralpen und niederen Alpen im Kalk- und Tauern-zuge fast überall sehr häufig, oft sogar massenhaft.

390. **Homogyne alpina (L) Cass.** In Torfmooren, auf moosigen Bergabhängen, in Voralpenwäldern bis zu den höchsten Spitzen der Kalk-, noch mehr aber der Tauern-Kette sehr gemein.

391. **H. discolor (Jcq) Cass.** Von der Krummholzregion der Kalkalpen bis über 7000' an trockenen Abhängen sehr häufig; steigt längs der Giessbäche auch oft fast bis zur Tiefregion (z. B. Schafferweg, Buchauerschütt) herunter.

392. **Tussilago Farfara L.** Auf wüsten, lehmigen, sandigen oder steinigen Plätzen bis in die Voralpen sehr gemein.

393. **Petasites officinalis Much.** Auf lehmigen Feldern, an Bächen sehr häufig, z. B. am Wege nach Weng, auf der Buchau, beim Ziegelstadl, unterhalb des Adam, ob dem Admonter Kalkofen; besonders gemein und üppig im oberen Hatlersgraben.

394. **Pet. albus (L) Grtn.** An Bächen, in feuchten Schluchten, in Holzschlägen, auf Bergabhängen sehr häufig, meist auf Schiefer, z. B. innerhalb der Klamm zum Strechengraben, im Wolfsgraben, vom Nagelschmied abwärts durch den Veitlgraben, ob dem Kalkofen gegen die Kemeten; selten auf Kalk, wie im Gesäuss (Strobl (sen.), beim Mühlauerfall (Hatzi!).

395. **Pet. niveus (Vill.) Bmg.** Auf steinigen Abhängen, Geröll-feldern, an Bergströmen der Kalkkette von der Ebene bis in die Krummholzregion sehr gemein, besonders im Gesäuss, Johnsbach-und Schwarzenbachgraben, am Kalbling, Pyrgas, Scheiblstein, bei der Bärnkoppe und Kemetwand.

396. **Aster alpinus L.** Auf felsigen Stellen unter der Spitze des Hochschwung sehr häufig; „am Bösenstein auf Gneiss, der auf einer Stelle eine kaum 3" dicke Kalkschichte eingelagert enthält" (Stur); im Kalkzuge nur ob der Enns in der Nähe des Himbeer-stein (Lerider) und am Hund bei Johnsbach spärlich beobachtet.

397. **Bellidiastrum Michelii Cass.** Auf Grasplätzen der Vor-alpen und in lichten, steinigen Bergwäldern der Kalkkette überall, bisweilen äusserst gemein; steigt am Festkogel sogar bis gegen 7000' und geht längs der Giessbäche bis in die Ebene; auf Alpen-wiesen der Tauernkette ziemlich selten, nur am Hochschwung und in der Umgebung des Gemeinsee häufig. var. radio rubro unterhalb des Himbeerstein im Gesäuss.

398. **Bellis perennis L.** Auf Grasplätzen überall sehr gemein; meist flore albo, seltener rosco.

399. **Erigeron canadensis L.** Auf Schutthaufen, versandeten Feldern, an Eisenbahndämmen und wüsten Wegrändern strichweise sehr gemein.

400. **Er. acris L.** und var. serotinus (Weihe). An sandigen Bachrändern, an Wegen, in lichten Bergwäldern der Kalkkette hie und da, nicht gerade häufig, z. B. Bei Lichtmessdorf, Hall, am Schafweg, Brucksattel, Aufstieg zur Scheibleggerhochalpe.

401. **Er. dröbachensis Mill.** An den Stufen des Pavillons im Stiftsgarten, an sandigen und lehmigen Ufern der Enns unterhalb des Griesmayr und im Studentenbade, auf den Johnsbacheralpen und an der Johnsbachbrücke im Gesäuss.

402. **Er. alpinus L.** Auf Grasplätzen der Alpen und angränzenden Voralpen im Kalkzuge zerstreut, z. B. um die Almhütten des Pyrgas, am Pyrgasgatterl, Scheiblstein, Kalbling; var. hirsutus grandiflorus (Hoppe) nicht häufig auf üppigen Wiesen des Hochschwung (Südseite, 6000', Gneiss).

403. **Er. glabratus Hpp.** Auf Grasplätzen der Kalkalpen und angränzenden Voralpen viel häufiger, als vorige, besonders gemein am Hochthor; auch am Kalbling, Damischbachthurm, Scheiblstein, Pyrgas, auf der Höhe der Ardning, des Neuberg etc. häufig.

NB. In einem alten Verzeichnisse wird auch Er. uniflorus L. am Pyrgas angegeben, den ich bisher nur auf hohen Schieferalpen des oberen Ennsthales antraf.

404. **Solidago virga aurea L.** An sandigen Ennsufern, zwischen Gebüsch, in Holzschlägen und lichten Wäldern der Berge und Voralpen (hier meist in der Zwergform var. alpestris (W. K.) überall gemein.

405. **Buphthalmum salicifolium L.** und β angustifolium. Auf steinigen, buschigen Plätzen, in lichten Wäldern von der Ebene bis in die Voralpen überall, wo Kalk, sehr gemein.

406. **Inula Helenium L.** In Grasgärten der Landleute, an Bauernhäusern hie und da verwildert, z. B. um Admont (Angelis!), am Aufstiege zur Pitz.

407. **In. salicina L.** Im Reitthal in Sümpfen „unter'm Saal" am 6. August 1845 von Angelis gesammelt!

408. **In. Conyza DC.** Vor'm Krippenmacher in der Klamm am Fusse der Kalkfelsen ziemlich häufig, im Walde ob Bärndorf spärlich; nach Angelis auch am Kalbling, Damischbachthurm und beim Bichelmayr vor Frauenberg.

409. **Pulicaria dysenterica (L) Grtn.** Auf sumpfigen, freien Waldplätzen am Aufstiege zur Pitz (von der Weng-Seite aus) massenhaft, selten auf Rainen vor Weng; beim Schauersberger (Altes Verzeichniss).

410. **Bidens tripartita L.** α inradiata. An Gräben, Sümpfen, in abgelassenen Stiftsteichen, im Hofmoos etc. sehr häufig.

411. **B. cernua L.** β radiata DC. An Gräben, Sümpfen, Teichen, Mooren sehr häufig, z. B. gegen Frauenberg, im Griesmayrsumpfe, im Hofmoos.

412. **Filago germanica L.** „Auf sandigen Aeckern, Brachfeldern, trockenen Hügeln: Bei Admont" (Maly 1868); ich sah nur Exemplare Sommerauer's im Herbar des Johanneum mit der Etiquette: „Fil. gallica. Admonter Alpen."

413. **Fil. arvensis L.** An schieferhältigen Wegrändern des Lichtmessberges ob Dittmannsdorf selten; „Fil. minima Fr. Auf dem Lichtmessberge" Maly 1838 dürfte damit wohl zusammenfallen.

414. **Gnaphalium silvaticum** L. In Wäldern und Holzschlägen
bis auf die Voralpen überall gemein, auch auf Torfmooren; nicht
selten sind Uebergangsformen zur folgenden.

415. **Gn. norvegicum** Gun. Auf grasigen Abhängen der Voralpen und Alpen im Tauernzuge häufig: An Bachrändern um den
Scheiplsee und tiefer, an haideartigen Abhängen ob der Bacheralpe,
um die Felsen der Hochhaide, unter der Höhe des Steinamandl und
Kampl auf üppigen Triften und unter Strauchwerk sehr häufig und
schön, auf Wiesen des Hochschwung; im Kalkzuge ziemlich selten,
wie am Kalbling (Herb. Johannei!, Maly 1868). Kleine, breit- und
schmal-blättrige Uebergangsformen zur folgenden (Varietät?) fand
ich am Fusse des Bösenstein im Ochsenkahr.

416. **Gn. Hoppeanum** Koch. Auf grasigen, steinigen Abhängen
der Alpenregion sehr selten: Am Unterkalbling (Strobl sen.!), am
Bösenstein.

417. **Gn. supinum** L. und β subacaule Whlb. In lichten Hochwäldern, auf haideartigen Alpenhöhen, auch an feuchten Stellen und
am Rande der Schneefelder im Tauernzuge bis 7700' gemein; seltener in der Kalkkette, z. B. am Unterkalbling, in der Schlucht
zwischen Sparafeld und Kalbling, im Sulzkahr (Hatzi!), am Festkogel (7000', häufig).

418. **Gn. uliginosum** L. Auf feuchten, sandigen Aeckern bei
Trieben, an schieferhältigen Wegrändern ob Dittmannsdorf, um die
Klause ob Ardning (Werfner Schiefer) häufig, selten vor Frauenberg,
am Wege zum unteren Bichelmayr etc.

419. **Antennaria carpathica** (Whlb.) Bl. F. Auf feuchten,
üppigen Alpenwiesen um die Felsen des Hochschwung sehr häufig,
seltener im übrigen Tauernzuge, z. B. auf der höchsten Spitze der
„drei Stecken" (Strobl sen.!), vom Gemeinsee gegen die Hochhaide
hinauf (Angelis!), am Rottenmanner Tauern (Angelis!); sehr selten
auf den Admonter und Johnsbacher Kalkalpen (Hatzi!).

420. **Ant. dioica** (L.) Grtn. α nivea, β rosea. Auf sonnigen
Rainen, in lichten Wäldern, Holzschlägen, Haiden, auf trockenen
Abhängen der Alpen bis über 6500' im Kalk- und Tauernzuge gemein, gewöhnlich in grossen Rasen; bisweilen auch auf Torfmooren
und sumpfigen Wiesen.

421. **Leontopodium alpinum** Cass. Auf felsigen Stellen am
Griesstein im Triebenthal und in einer Felsschlucht an der Südseite
des Hochschwung nicht häufig (Gneiss, 5500'); soll auch am Zinödl
in den Johnsbacher Kalkalpen vorkommen.

422. **Artemisia Mutellina** Vill. An Felsen des Hochschwung
sehr selten, ich erhielt 4 Ex. von einem Jäger.

423. **Art. Absinthium** L. Auf Schutt, an wüsten Plätzen, um
Bauernhäuser hie und da verwildert; sehr gemein und wirklich wild
auf der Esslingalpe bei Altenmarkt, doch schon ausserhalb unseres
Gebietes.

424. **Art. vulgaris** L. Auf Feldern und wüsten Plätzen um
Trieben äusserst gemein, häufig auch an Getreidefeldern gegen

Frauenberg, unterhalb der Admonter Ziegelbrennerei, an Eisenbahndämmen, um den Stiftsmaierhof.

425. **Tanacetum vulgare** L. Ob dem Röthelsteiner Bauern vor dem Walde an einem Zaune sehr häufig, häufig auch vor dem Friedhofe von Rottenmann und in Bauerngärten.

426. **Achillea Clavennae** L. Auf felsigen Orten aller Kalkgebirge in mittlerer Höhe gemein; auf Gneiss nur an einem Seitenberge des Hochschwung entdeckt.

427. **Ach. moschata** Wlf. An Gebirgsbächen und überhaupt an feuchten Stellen der mittleren Alpenregion des Tauernzuges stellenweise sehr häufig, z. B. ob der Bacheralpe gegen das Ochsenkahr, den Grün- und Gemeinsee hinauf, um die Felsen der Hochhaide, ob der Singsdorferalm, am Grieskogel, Bösenstein etc.

428, 429. **Ach. atrata** L. und **Clusiana** Tsch. Auf felsigen Abhängen, an feuchten Rändern der Schneefelder, in Mulden und grubenförmigen Vertiefungen der Kalkalpen bis 7000′ fast überall gemein, oft in Gesellschaft und bald die eine, bald die andere vorwiegend, oft riesige Polster bildend.

430. **Ach. Millefolium** L. Auf Wiesen, Feldern, Aeckern sehr gemein, weiss- und rosablüthig; auf Voralpenwiesen. z. B. am Hochschwung, Kalbling, fast nur rosa (= v. alpestris W. Gr.).

431. **Anthemis arvensis** L. Auf Feldern, wüsten Plätzen, an Wegen häufig, z. B. gegen das Gesäuss hinab, am Taurerbache bei Trieben.

432. **Anth. Cotula** L. Auf wüsten Plätzen, an Wegen, vor Häusern gemein.

433. **Matricaria Chamomilla** L. Auf wüsten und bebauten Plätzen, an Wegen verwildert, besonders in der Nähe grösserer Ortschaften; auch sehr häufig kultivirt.

434. **Leucanthemum vulgare** Lam. Auf Wiesen, Feldern, Hügeln gemein bis in die Voralpen; β atratum Koch an Bächen und felsiggrasigen Abhängen der Tauernkette in der mittleren Alpenregion häufig, z. B. ob der Bacheralpe, ob dem Gemeinsee, im Ochsenkahr, am Steinamandl.

NB. Leuc. montanum (L) DC. wird in einem alten Verzeichnisse am Kalbling angegeben.

435. **Leuc. coronopifolium** (Vill.) α genuinum G. G. Auf Wiesen, steinigen Abhängen, in Giessbachbetten der Voralpen und Alpen des Kalkzuges um Admont und Johnsbach sehr häufig; zerstreut unter der gewöhnlichen Form und selten findet man Exemplare mit tief fiederspaltigen Blättern = var. ceratophylloides (All.) G. G., z. B. am Kalbling.

436. **Pyrethrum alpinum** (L) W. Auf feuchten Alpenhöhen, besonders an Bächen und Schneefeldern, auf steinigen Abhängen in der ganzen Urgebirgskette (5—7700′) sehr häufig, meist sogar gemein.

437. **Pyr. Parthenium** (L) Sm. An wüsten Plätzen, auf Schutt um Häuser hie und da, z. B. um Admont, Ardning.

438. **Pyr. inodorum** (L) Sm. An Eisenbahndämmen bei Ad-

mont nächst dem Kaltenbrunner (Angelis!), erst von der Bahn eingeschleppt.

439. **Doronicum austriacum** Jcq. In feuchten, schieferhältigen
Schluchten, in Berg- und Voralpenwäldern auf Kalk und Urgestein
häufig, z. B. im Veitl-, Wolfs-, Strechengraben, am Scheiblstein,
Schafferweg, unterhalb der Scheibleggerhochalpe, ob dem Sunk am
Hohentauern, ob dem Scheiplsee zwischen Grünerlen, unterhalb der
Bacheralpe, am Kampl, Blahberg in der Strechen; selten auf Sumpf-
wiesen des Ennsthales, z. B. Westende der Schultering.

440. **Aronicum Clusii** (All.) Koch. Auf steiniggrasigen Abhängen der höheren Urgebirge häufig, z. B. ob dem Scheiplsee am
Bösenstein bis 7700', im Ochsenkahr, vom Mitterstein zur Hochhaide, beim Gemeinsee, am Hochschwung.

441. **Ar. glaciale** (Wlf.) Rchb. Am Pyrgas von der Spitze
bis zum Krummholz herab sehr häufig, ebenso am Scheiblstein, bei
Johnsbach vom unteren Boden zur Farchneralm hinauf (Dachsteinkalk).

442. **Ar. scorpioides** (L) Koch. An Schneefeldern und in
muldenförmigen Vertiefungen hoch ob der Gstadtmayrvoralpe am
Scheiblstein, sowie zwischen Scheiblstein und Pyrgas sehr gemein,
viel seltener am Kalbling (Angelis) und auf der Höhe des Neuberges
bei Johnsbach (Hatzi!).

443. **Arnica montana** (L) Auf dürren Bergabhängen, in lichten
Hochwäldern, auf haideartigen Alpenhöhen im Kalkzuge selten (Kalbling, Treffneralm am Reichenstein), hingegen fast überall im Werf-
nerschiefer-, Grauwacken- und Gneissgebirge bis 6000'; von Hatzi
auch selten auf Moorwiesen des Ennsthales gesammelt!

444. **Cineraria crispa** (L) Jcq. α genuina und β rivularis
Rchb. Auf Wiesen der Ebene, in Berg- und Voralpenwäldern bis
in's Krummholz zerstreut, z. B. bei Bärndorf (Angelis β!), unter
Gesträuch der Sautratte (α), am Pyrgas, Kalbling, Scheiblstein, vom
Wolfsbauern auf die Farchneralm etc.; oft Uebergänge zur folgen-
den (Art?).

445. **Cin. alpestris** Hppe. In Hochwäldern, auf Voralpenwiesen,
zwischen Krummholz im Kalkzuge sehr häufig, besonders am Pyrgas,
Scheiblstein, Kalbling, in den Johnsbacher Alpen; seltener in der
Tauernkette, z. B. an Bächen um die Bacheralm, um die Kothhütten, im Strechengraben bis zum Hochschwung; Früchte fast
durchgehends kahl, selten etwas flaumig.

446. **Senecio vulgaris** L. Auf Schutt, an wüsten und bebauten
Stellen der Tiefregion sehr gemein.

447. **Sen. viscosus** L. An steinigen, sandigen Wegrändern und
Uferstellen, in Lichtungen der Wälder sehr häufig, z. B. am Wege
nach Frauenberg, am Lichtmessbache unterhalb des Adam, vom Lichtmessberge gegen Dittmannsdorf hinab, an Strassen des Paltenthales.

448. **Sen. silvaticus** L. In Wäldern und Holzschlägen sehr
häufig, z. B. am Lichtmessberge, Pyrgas. im Sunk.

449. **Sen. rupestris** W. K. An Häusern, auf steinigen, schattigen
Stellen der Ebene, der Berge und Voralpen an vielen Orten, doch

selten in grösserer Anzahl (z. B. im Stiftsgarten, an Gewerken Triebens, der Klamm, im Schwarzenbach- und Veitlgraben, beim Steinbruch unterhalb der Kemetwand, auf der Pitz, im Sunk); sehr gemein um die Stumpfnagleralm.

450. Sen. abrotanifolius L. Auf grasigen Abhängen der Kalkvoralpen, besonders zwischen Krummholz, häufig: Am Schafweg des Kalbling, unter der Kalblingvormauer, am Aufstieg zur Scheibleggerhochalpe, am Pyrgas, Scheiblstein, Damischbachthurm, Hochthor, Hund, im Sulzkahr; selten im Sunk.

451. Sen. Jacobaea L. „Auf Wiesen, an Rainen" (Altes Verzeichniss der Admonter Flora).

452. Sen. carniolicus W. α virescens β incanescens Krn. Auf grasigen Abhängen der Tauernkette von 6000' bis über 7700' sehr häufig, besonders am Bösenstein, auf Höhen ob der Bacheralpe, auf der Hochhaide, am Hochschwung. „Sen. lyratifolius Reich. Am Rottenmannertauern (Host)" Maly 1868 gehört wohl auch hieher oder zur folgenden.

453. Sen. subalpinus Koch. Auf grasreichen Orten, besonders an Bächen der Berge und Voralpen im Kalkzuge sehr häufig, noch viel gemeiner aber auf Schiefer- und Gneissalpen.

NB. In Maly 1868 wird auch cordatus Koch um Admont angegeben, doch fand und sah ich aus dem Gebiete immer nur vorige.

454. Sen. nemorensis L. α genuinus (Hülle fast kahl, Geruch schwach) und β odoratus Koch = Jacquinianus Rchb. (Hülle dicht gewimpert, Geruch stärker). In lichten Wäldern der Berge und Voralpen, im Kalkzuge selten, im Wolfs-, Strechengraben etc. der Tauernkette gemein.

455. Sen. saracenicus L. non Koch (Fuchsii Gmel) α ovatus (W), β salicifolius (Wllr.). In Bergwäldern und auf Voralpen der Kalkkette äusserst gemein, seltener im Tauernzuge; meist β.

456. Sen. paludosus L. β glabratus Koch. In der Wolfsbacherlache bei Admont (Sommerauer), zwischen Schilf am Wege vom Blahberger zur Mödringerbrücke bei Frauenberg (Angelis!), sehr häufig zwischen Schilf am Südrande des Gaishornsee's, im Paltenthale (Angelis).

457. Cirsium lanceolatum (L) Scp. An Wegen, Rainen, wüsten Orten, auf freien Waldplätzen der Berge bis in die Voralpen sehr gemein.

458. Cirs. eriophorum (L) Scop. Auf Bergen und Voralpen an buschigen Stellen vereinzelt: Am Pyrgasübergange, auf der Moseralm, am Kalbling (Maly 1868); nicht selten am Wege von Hohentauern nach St. Johann.

459. Cirs. palustre (L.) Scop. Auf Sumpfwiesen, an Gräben, Bächen, in Waldwiesen bis auf die Voralpen sehr gemein.

460. Cirs. pauciflorum (W. K.) Spreng. Auf grasigen Abhängen, in Schluchten der Bergregion am Rottenmannertauern einzeln oder truppweise: Beim Stege im Wolfsgraben ob Trieben, auf Rainen unterhalb der Ortschaft Hohentauern, im Strechengraben.

461. **Cirs. carniolicum Scop.** Gegen den Fuss des Hochthor (Kalk 5500') zwischen Krummholz ziemlich häufig, links hinauf am Hund (5000') seltener, auf der Rückenhöhe desselben (5500') häufig.

462. **Cirs. benacense Treuinfels** (die Cirsien Tyrols) = spinosissimo $\times$ carniolicum. Im innersten Winkel des Hochalpenthales, das sich zwischen dem grossen und kleinen Bösenstein hinaufzieht, mit Cirs. spinosiss. und Myosotis variabilis am 30. August 1867 ziemlich häufig gefunden (Gneiss, 7200'); im nächsten Jahre am 17. August vergebens gesucht.

463. **Cirs. spinosissimum (L) Scop.** An feuchten Stellen der Kalk-, vorzüglich aber der Urgebirgsalpen, besonders an Bächen, Schneefeldern und üppig begrasten Abhängen unterhalb der höchsten Gneissmauern; Kalk: Am Kalbling und Scheiblstein, nach Kerner auch am Buchstein; Gneiss: Zwischen dem grossen und kleinen Bösenstein sehr gemein, ebenso im Ochsenkahr, am Fusse der drei Stecken, um den Grünsee, Gemeinsee, von der Schaunitzeralpe im Triebenthal bis zur Seckauerkette, am Strechenbach von den Almhütten bis zu den Felsen des Hochschwung.

464. **Cirs. Erisithales (L) Sep.** In Bergwäldern und auf feuchten Bergwiesen der Kalkkette bis auf die Voralpen sehr häufig, ebenso auf Kalkvorlagen der Tauernkette.

465. **Cirs. heterophyllum (L) All.** α indivisum, β incisum DC. Auf grasigen Abhängen, vorzüglich an Acckerrainen und auf Wiesen der Berge und Voralpen im Tauernzuge höchst gemein, auf Gneiss, Schiefer und Grauwacke, doch nie auf Kalk; steigt am Kampl bis 5500' und findet sich auch in der Thalebene, z. B. um Rottenmann und an der Strasse nach Liezen.

466. **Cirs. oleraceum (L) Scop.** Auf nassen Wiesen und Bergabhängen äusserst gemein.

467. **Cirs. subalpinum Gd.** (palustri-rivulare Naeg.). „Auf dem Kalbling bei Admont (Angelis)" Maly 1868; mir aus dem Gebiete ebenso unbekannt, wie rivulare.

468. **Cirs. hybridum Keh.** (palustri-oleraceum recedens Näg.). Auf feuchten Wiesen, in Gräben von Trieben auf die Höhe des Tauernpasses selten; Blätter seicht — bis tief zertheilt.

469. **Cirs. arvense (L) Scop.** α horridum W. Gr. Sehr gemein an wüsten Plätzen, Wegen, freien Waldplätzen und in Holzschlägen bis auf die Voralpen; β mite W. Gr. Ebenfalls gemein, doch meist unter Getreide; γ integrifolium. Im Paltenthale (Maly 1838).

470. **Carduus acanthoides L.** An Wegrändern und wüsten Plätzen höchst gemein.

471. **Card. Personata Jcq.** An schattigen, feuchten Orten der Ebene bis auf die Voralpen des Kalk- und Tauernzuges ziemlich häufig, z. B. unter Bäumen im Gesäuss vor der Johnsbachbrücke, auf Wiesen am oberen Ende des Hartelgrabens sehr häufig, ebenso am oberen Ende des Frauenfeldes, bei Röthelstein, am Lichtmessberg, Kalbling, im Strechen-, Oppenberger-, Wolfsgraben, von Lorenzen zur Bacheralm, um Hohentauern etc.

472. **Card. defloratus** L. Nach der Blattform könnte man unterscheiden: α dentatus (angustifolius und latifolius), β lobatus, γ pinnatifidus integer (= alpestris WK.) δ pinnatifidus lobatus (die Fiederabschnitte nochmals lappig zertheilt). Diese vielgestaltige Pflanze kommt überall an waldigen, sonnigen, steinigen Abhängen des Kalkzuges und der Kalkvorlagen des Tauernzuges vor und ist von der Ebene bis auf die Voralpen äusserst gemein, zumal β und γ, seltener α; δ ist nicht häufig, z. B. an sandigen Abhängen unter den Felsen der Schalleithen am Schafweg des Kalbling.

473. **Lappa major Grtn.** Auf wüsten Plätzen, an Wegen häufig, z. B. in's Gesäuss, nach Weng.

474. **L. tomentosa Lam.** Auf wüsten Plätzen, an Wegen sehr gemein.

475. **L. minor DC.** Auf wüsten Plätzen, an Wegen seltener: Bei Aigen, vor'm Gesäuss häufig, gegen Mühlau, am Fusse der Klammfelsen etc.

476. **Carlina acaulis** L. Auf trockenen, unfruchtbaren Hügeln der Ebene, an kurzgrasigen Bergabhängen bis in die Voralpen des Kalkzuges sehr häufig, z. B. Raine beim Griesmayr, vor Frauenberg, Aufstieg zum Brucksattel, zur Stumpfnagleralm, zum Pyrgas; seltener im Urgebirge (am Steinamandl, auf haideartigen Abhängen ob der Bacheralm etc.); β caulescens DC. An hochgrasigen, schattigen Plätzen ob der Bärnkoppe und der Gstadtmayrvoralpe nicht häufig.

477. **Carl. vulgaris** L. Auf unfruchtbaren, sonnigen Rainen und grasigen Hügeln der Ebene häufig, z. B. beim Griesmayr mit voriger, vor der Ziegelbrennerei.

478. **Saussurea alpina DC.** Auf Alpentriften des Hochschwung, besonders unter der Scharte, ziemlich häufig (Glimmerschiefer, 5500′).

479. **S. discolor DC.** An steinigen Abhängen des Sulzkahres gegen den Zinödl hinauf (Hatzi!); nach einem alten Verzeichnisse auch am Rottenmannertauern.

480. **S. pygmaea (L) Spr.** Auf kurzgrasigen Abhängen hoher Kalkalpen sehr spärlich: Am Kalbling und zwar quer über die Felsen am Rücken hinauf selten (Angelis!), am Scheiblstein und Zinödl (Hatzi!), am Buchstein (6—7000′).

481. **Centaurea Jacea** L. Auf Wiesen, Feldern, Rainen sehr gemein, in Wäldern bis auf die Voralpen häufig; an dürren Waldrändern vor Mühlau oft kaum zollhoch und einblüthig.

482. **C. pseudo-phrygia Meier** (phrygia Aut.) Auf Thal- und Bergwiesen, Feldern (auch unter Getreide), zwischen Schilf an Sümpfen, sehr gemein im Enns- und Paltenthale bis 4000′, z. B. Holfeld, Frauenfeld, Schultering, Trieben, ob der Pfarrerhub bei Lorenzen, um Hohentauern, zwischen Krummholz der Johnsbacher Alpen; hieher gehören auch die Angaben Maly's 1868 über austriaca W. aus unserem Gebiete; die echte fehlt.

483. **C. montana** L. Auf Berg- und Voralpentriften, an schattigen, feuchten Stellen des Kalkzuges bis in die Ebene herab, fast überall, aber ziemlich zerstreut und selten in grösserer Menge.

484. **C. Cyanus L.** Auf Aeckern unter Getreide häufig.

485. **C. Scabiosa L.** Auf Wiesen und Feldern sehr häufig; steigt in einer gedrungenen, grossköpfigen Form (alpestris Heg.) am Scheiblstein vom Futterweg der Gstadtmayrvoralpe bis zum oberen Ende des Krummholzes in Menge auf.

486. **Lapsana communis L.** Auf Feldern, Aeckern, in Gemüsegärten, an Wegen gemein.

487. **Aposeris foetida (L) Less.** „An feuchten, buschigen Stellen der Berge bei Admont, Liezen, Rottenmann (Gebhard)" Maly 1838 und 1868. Ich fand es nur am Dachsteingebirge.

488. **Cichorium Intybus L.** Auf Feldern, an wüsten Wegrändern: Im Frauenfelde häufig, sonst ziemlich spärlich.

489. **Leontodon autumnalis L.** Auf Wiesen, Feldern, Rainen und an Wegen sehr gemein bis in die Voralpen, wo eine schmächtige und oft einköpfige Zwergform besonders um die Almhütten alle Weiden bedeckt; die Blätter gezähnt bis fiederspaltig, die Hüllen fast kahl bis dicht weichhaarig (β pratensis Koch); letztere Form gewöhnlich auch höher und stärker.

490. **L. Taraxaci (L) Lois.** Auf Triften und felsigen Abhängen höherer Kalkalpen selten: Im Sulzkahr (Hatzi 1845!), am Scheiblstein; am häufigsten unterhalb der hohen Kalblingmauer gegen den Reichenstein hinüber, seltener in dem Kahre zwischen Kalbling und Sparafeld.

491. **L. pyrenaicus Gou.** Auf grasigen Alpenhöhen des Kalk- und Gneisszuges (5—7000') nicht gemein; a: Krummholzwiesen um die Vormauern des Kalbling, Triften am Scheiblstein, Umgebung der Scheibleggerhochalpe, der Farchneralm bei Johnsbach etc., höchster Standort im Kal.re zwischen Kalbling und Sparafeld mit voriger bei 6600'; b: ob dem Gemeinsee, Scheiplsee, am Steinamandl, Bösenstein, auf der Hochhaide etc. Variirt von ganzrandigen bis stark gezähnten Blättern (γ pinnatifida Koch), ferner kahl bis stark behaart (beide Formen oft mit einander wachsend und allmählig in einander übergehend); Blüthe gelb, selten am Tauern safranfärbig (= croceus Huk).

492. **L. hastilis L.** Auf Wiesen, Feldern, Rainen, sandigen und steinigen Orten sehr gemein, vom üppigsten bis auf den dürrsten Standort, vom Thale bis auf die mittleren Alpenhöhen. Ich schied in meinem Herbar folgende Formen:

a **pratensis** (Form der Thal- und Bergwiesen). Schlaff, langblättrig, hoch, üppig, meist fiederspaltig, kahl (= b. glabratus Koch) oder steifhaarig (= v. hispidus vulgaris Koch p. p.).

b. **alpinus** (Form der Alpenwiesen). Wie vorige, aber mit weniger gespaltenen, breiteren, steif aufrechten Blättern, sehr dicht steif behaarten Hüllen und dickem, strammerem Schafte. Sehr gemein auf Krummholzwiesen ob der Gstadtmayrvoralpe am Scheiblstein, ebenso am Pyrgas. Kalbling, von der Bacheralpe aufwärts, auf üppigen Triften um die Felsen der Hochhaide, des Hochschwung etc.; unter Krummholz oft sehr hoch und langblättrig.

c. **collinus** (Form der trockenen, steinigen Wegränder und Raine vom Thal bis auf die Berge). Mager, kahl, mit kürzeren, schmäleren, dickeren, blos gezähnten Blättern. Raine vor Weng, steiniger Waldboden unterhalb des Brucksattels etc. Geht über in

d. **dubius** (Hpp.) (Form der Voralpen - Geröllfelder im Kalkzuge). Blätter ebenfalls lanzettlich, noch mehr lederartig, glänzend, regelmässig fiederspaltig, meist ausgebreitet rosettig, Köpfchen grösser. Variirt kahl bis steifhaarig. Auf der grossen Schütt im Bruckgraben, im Johnsbachgraben, ob der Gstattmayrvoralpe, im Gaisenthal, am Kalbling, selten herabgeschwemmt zum Mühlauerfall. Geht über in die üppigere

e. **opimus** Bisch. Blätter breiter. blos gezähnt bis eingeschnitten gezähnt, fettglänzend, Köpfchen noch grösser. Ebenfalls auf Felsschutt, doch höher hinauf, besonders am Schafweg des Kalbling unter den Felsen der Schafleithen. Variirt kahl oder blos die Hülle spärlich behaart oder überall behaart; in letzterem Falle verläuft sie allmählig in die Form b.

493. **L. incanus (L) Schrk.** An felsigen Orten und im Felsschutte der Kalkvoralpen sehr häufig, besonders im Gesäuss, Bruckgraben, Gaisenthal, auf der Pitz, von Mühlau auf die Kochenalm, von der Gstadtmayrvoralpe zum Scheiblstein, am Kalbling unter der hohen Mauer, an der Kemetwand; auch auf Kalkvoralpen des Tauernzuges.

494. **Picris crepoides Saut.** Auf Feldern im Ennsthale sehr häufig, z. B. im Hoffelde bei den Eichen, im Frauenfelde, vor Hall, in der Krumau, bei Johnsbach.

495. **Tragopogon orientalis L.** Auf Wiesen, Feldern und Grashügeln gemein.

496. **Hypochaeris radicata L.** An Wegen, auf Rainen, Hügeln, Grasplätzen, in Waldlichtungen und Holzschlägen von der Ebene auf die Berge fast überall, aber äusserst sparsam; häufig nur unterhalb Frauenberg vom Farchner zur Mödererbrücke an Strassenrainen und von der Höhe des Lichtmessberges gegen Dittmannsdorf hinab (Grauwackenschiefer).

497. **H. uniflora Vill.** Auf etwas steinigen Abhängen und üppigen Triften der Urgebirgsalpen nicht häufig: Ob der Bacheralpe den rechts unterhalb des Grünsee's liegenden Abhang hinauf, auf der Hochhaide hie und da, am Hauseck ob dem Scheiplsee, an der rechten Kante des Bösenstein von 6500' an zerstreut, am Blahberg in der Strechen nicht selten: häufig an der Südseite des Hochschwung (c. 6000').

498. **Willemetia apargioides Less.** Auf nassen Wiesen, an sumpfigen Waldstellen, an Bächen und Schilfseen der Voralpen, auf Krummholzwiesen, ziemlich häufig im Kalk- und Tauernzuge: Sumpfwiesen der Sautratte, der Griesmayrlache, im „Moos" bei Bärndorf (Angelis!), vor Kaiserau, um die Kalblingvormauern, in den Johnsbacheralpen (Hatzi!), bei der Treffneralm (Angelis!), ob der Bacheralm, bei den Kothhütten, um die Almhütten des Hochschwung; am häufigsten wohl um die Scheiplseeen.

499. **Taraxacum officinale** Wigg. α genuinum. Auf Wiesen, Feldern, an Wegen äusserst gemein bis an die Alpen, z. B. hoch ob der Gstadtmayrvoralpe in muldenförmigen Vertiefungen des Scheiblstein in Thalformgrösse.

β alpinum (Hoppe). Auf Triften, an Schneefeldern der Hochalpen im Kalk- und Tauernzuge selten: Im Kahre zwischen Kalbling und Sparafeld, um die Scheibleggerhochalm, am Pyrgas, im innersten Winkel der Hochalpenschlucht zwischen dem grossen und kleinen Bösenstein (7300').

γ paludosum (Scop.) = lividum WK. Auf Sumpfwiesen des Ennsthales beim Griesmayr sehr häufig, im Paltenthale bei Bärndorf gemein (Angelis).

500. **Prenanthes purpurea** L. Im Schatten der Berg- und Voralpenwälder fast überall, doch selten in grosser Menge, auf Kalk, Schiefer und Gneiss; bei der Hölleralm am Rott. Tauern auch var. foliis integerrimis.

501. **Lactuca muralis** L. Im Schatten der Wälder, in Schieferschluchten, auf steinigem, besonders kalkhältigem Boden überall häufig.

502. **Sonchus oleraceus** L. α integrifolius, β triangularis, γ lacerus Wllr. Auf wüsten und bebauten Stellen sehr gemein, besonders an Wegen und auf Schutt.

503. S. **asper** Vill. α inermis, β pungens Vill. An denselben Orten, wie vorige, und ebenso gemein.

504. S. **arvensis** L. Auf Schutthaufen, an Wegen, vorzüglich gemein aber auf Aeckern unter Getreide, z. B. Hoffeld.

505. **Mulgedium alpinum** (L.) Less. In Hochwäldern, zwischen Krummholz im Kalk- und Grünerlen im Tauernzuge, in Schluchten, an Bächen, auf üppigen Alpenwiesen, im Felsschatten, wohl an vielen Standorten, gemein aber nur unter Erlen un den Scheiplsee, auf Triften ob dem Gemeinsee bei den Felsen der Hochhaide und vom Sulzkahr zum Hatlersbach hinab.

506. **Crepis aurea** (L.) Cass. Auf Wiesen der Alpen und Voralpen im Kalkzuge bis 6600' sehr gemein, seltener im Tauernzuge, z. B. um den Scheiplsee, um die Felsen der Hochhaide ob dem Gemeinsee (s. hfg.), am Hochschwung (gemein).

507. Cr. **alpestris** (Jcq.) Tsch. Auf Voralpenwiesen und zwischen Krummholz der Kalkkette, selten höher hinauf: Zwischen Pyrgas und Scheiblstein sehr häufig (variirt hier α dentata, β runcinata mit Uebergängen), am Gamsstein (Hatzi!), Unterkalbling, Uebergange vom Scheibleck zur Schalleithen bis 6000'.

508. Cr. **biennis** α dentata β runcinata. Auf Wiesen, Feldern, an Wegen und Rainen beide Var. gemein, z. B. Frauenfeld, Weg nach Weng, Frauenberg etc.

509. Cr. **virens** L. α dentata Bisch., β runcinata Bisch., γ pectinata Bisch., δ agrestis (W. K.) Bisch. Auf Wiesen, Feldern, Rainen, an Wegen und Ufern meist zerstreut, aber doch sehr häufig im Enns- und Paltenthale, z. B. bei Trieben, Lorenzen, Admont. α und β an mageren Standorten, γ und δ auf Kleefeldern und Wiesen.

510. Cr. Jacquini Tsch. An Felsen und im Felsschutt der Kalkkette in mittlerer Höhe bis in's Krummholz herab ziemlich häufig: Von der Gstadtmayrhochalpe gegen den Scheiblstein hin, am Natterriegl, unter der Kemetwand (selten), ob der Scheibleggerhochalm gegen die Schalleithen hin; am Schafweg, unter der hohen Kalblingmauer, am Rinnstein und Hund in den Johnsbacheralpen.

511. Cr. paludosa (L) Mnch. Auf Sumpfwiesen, an Gräben, Bächen, nassen, schattigen Bergabhängen, unter Krummholz, von der Ebene bis 5500' im Kalk- und Tauernzuge sehr häufig.

512. Cr. succisaefolia (All.) Tsch. β nuda Gr. God. Auf buschigen Voralpenwiesen im Kalkzuge, besonders zwischen Krummholz am Pyrgas (Zehenter) und Scheiblstein gegen den Pyrgas hin häufig.

513. C. blattarioides (L.) Vill. In Hochwäldern, zwischen Strauchwerk und Krummholz der Kalkalpen im ganzen Gebiete, besonders häufig in den Johnsbacheralpen, am Pyrgas, Scheiblstein und Kalbling.

514. Cr. hyoseridifolia Tsch. Auf steinigen Abhängen hoher Kalkalpen (6—7000'): Am Fusse der letzten Erhebung des Scheiblstein und Kalbling und aufwärts ziemlich häufig, ebenso am Sparafeld; am Hund im Sulzkahr (Hatzi!).

515. Hieracium Pilosella L. Auf trockenen Rainen und Hügeln der Ebenen, Berge und Kalkvoralpen sehr gemein: var. eflagellare häufig auf subalpinen Abhängen, z. B. von der Kemetenwand zur Scheibleggervoralpe. Eine niedliche, kleinblättrige und kleinblumige Abänderung mit reichlichen Ausläufern sammelte ich sehr spärlich zwischen der Normalform bei Voralpenhütten tief innen im Arduninggraben; eine hohe, grossblättrige, bis auf den einblüthigen Schaft der folgenden sehr ähnliche Waldform häufig an Waldrändern im Strechengraben.

516. H. bifurcum MB. Kch. (Pilosella × praealtum nach Neilreich. Blätter oft ganz gleich denen von Pilosella, aber auch Uebergänge fast bis zu völliger Kahlheit). Auf trockenen Grasplätzen, steinigen Hügeln und Waldrändern an vielen Punkten, aber stets in wenigen Exemplaren, z. B. Am Lichtmessberg neben der Fahrstrasse, an Häusern bei der Mödringerbrücke, bei Dittmannsdorf, unter der Kemetwand, an Waldsäumen ob der Pfarrerhub bei Lorenzen, beim Teichmeister (Angelis!), im Schwarzenbachgraben.

517. H. angustifolium Hoppe. Auf hohen Alpentriften der Tauernkette hie und da: Häufig auf Felstriften ob der Bacheralpe gegen den Grün- und Gemeinsee, vom Mitterstein zur Spitze der Hochhaide, am Bösenstein, besonders der Ostkante entlang (6500 —7700'), selten am Steinamandl etc.

518. H. Auricula L. Auf Polstern der Torfmoore, an Rainen, Wegen, grasigen Abhängen der Thäler und Berge bis auf die Alpender Kalk- und Tauernkette (z. B. Kalbling, Steinamandl 6400') sehr gemein; auf Alpen seltener, auch v. uniflorum Froel.

519. H. praealtum Vill. Auf trockenen Grasplätzen, steinigen Wegrändern, an sandigen Ufern, auch auf Lehmboden um den Ziegel-

stadl, sehr häufig. Diese vielgestaltige Pflanze kommt hier besonders in folgenden Formen vor: α piloselloides (Vill.) Ausläuferlos, sehr zart, kleinköpfig (z. B. an sandigen Ennsufern, auf Kalkboden im Gesäuss. β Reichenbachii Rchb. Jc. Tfl. 123. Ausläuferlos, etwas robuster, Köpfchen noch klein, Hülle sternhaarig und drüsig, Blätter stark seegrün, ganz kahl oder blos an der Basis bewimpert. (Mit der var. α und in sie übergehend.) γ obscurum Rchb. Stärker behaart, blos am Rande oder auch auf der Blattfläche, kräftiger, mit grösseren Köpfchen und schwärzerer, sternhaariger und drüsiger Hülle : bisweilen ist der Blüthenstand gedrungener, der Hüllkelch sehr dicht drüsig und ausserdem noch rauhhaarig, so dass fast nur Farbe und Grösse der Blätter einen schwachen Unterschied von pratense bieten : ebenso zahlreiche Uebergänge zu var β. δ fallax Koch Rchb. Tafel 121. Grosse, üppige Lehmform mit beblätterten, meist aufstrebenden, blüthentragenden Ausläufern, drüsiger oder auch rauhhaariger Hülle. Blätter an Grösse denen des pratense sich nähernd; blos die seegrüne Farbe derselben und der lockere Blüthenstand geben — zweifelhafte, durch Uebergänge verwischte — Unterschiede. Um den Admonter Ziegelstadl.

520. H. pratense Tsch. Auf Wiesen, an Grasplätzen, Feldrändern, auf Lehmboden, im Enns- und Paltenthale häufig bis auf die Berge, z. B. am Weg in's Gesäuss, am Lichtmessberg, beim Teichmeister (Angelis!), um den Ziegelstadl, bei Dittmannsdorf. Hieher gehört wohl auch: „H. cymosum L. Im Enns- und Paltenthale" Maly 1868.

521. H. aurantiacum L. Auf Alpenwiesen zwischen Krummholz unter den Vormauern des Kalbling ziemlich häufig, ebenso im Triebenthale, in einem Wäldchen zwischen Hohentauern und S. Johann, auf der Südseite des Hochschwung (5600'), am Blahberg in der Strechen ; am Pyrgas selten.

522. H. staticifolium Vill. Auf sandigen, steinigen Stellen der Ebene des Ennsthales bis in die Voralpen sehr gemein, aber fast nur auf Kalkschutt, z. B. gegen Mühlau an der Essling, am Schwarzenbach, um die Gstadtmayrvoralpe, am Wege in's Gesäuss, im Gesäuss, Johnsbachgraben, Rauchboden, Laffawald, am Schafwege des Kalbling, hinter der Kaiserau.

523. H. porrifolium L. Auf Felsen und im Felsschutt der Kalkvoralpen bis in die Kalkschluchten der Ebene häufig : Am Scheiblstein, auf der Pitz, im Schwarzenbach- und Bruckgraben, Rauchboden, am Schafweg des Kalbling, im Sunk, um den Gamsstein bei Johnsbach etc.; am häufigsten im Gesäuss und Johnsbachgraben. Meist α armeriaefolium Froel, seltener auf Voralpen β denticulatum Koch.

524. H. bupleuroides Gmel. An felsigen, sonnigen Abhängen unter der hohen Kalblingmauer ziemlich häufig (klein, kahl- oder fast kahlblättrig, Blätter lanzettlich bis lineal); auf üppigen Voralpenwiesen zwischen Krummholz ob der Gstadtmayrvoralpe am

Scheiblstein sehr häufig (hoch, Blätter lanzettlich bis lincallanzettlich, fast kahl bis ziemlich behaart, schwach- bis starkzähnig, aber Blüthenhülle gleichmässig rauhhaarig); sehr selten am Hexenthurm und Steinamandl.

525. H. glabratum Hoppe. Auf trockengrasigen, etwas felsigen Abhängen in der Krummholzregion des Kalkzuges: Am Pyrgas (Zehenter), Scheiblstein hoch ob der Gstadtmayrvoralpe mit villosum häufig, am Kalbling sehr sparsam (Angelis! Hatzi! Haffner!), in den Johnsbacheralpen (Maly 1868). Uebergänge zu villosum sind nicht selten, indem oft blos einige der unteren Blätter kahl sind; daher wohl Varietät.

526. H. villosum Jcq. Auf trockengrasigen, mehr oder minder felsigen Abhängen der Krummholzregion des Kalkzuges; auch, doch mehr vereinzelt, auf Waldfelsen: Häufig am Pyrgas, Scheiblstein, Kalbling (besonders am Fusse der hohen Mauer), vom Scheibleck zur Schafleithen hinüber, am Natterriegl, Damischbachthurm, in der Johnsbachergruppe; viel seltener im Tauernzuge, z. B. unterhalb der Spitze des Steinamandl, auf der Südseite des Hochschwung bei 6000'. Ausser der Normalform findet sich in den Admonter Alpen H. flexuosum W. K., eine Form mit oberwärts kahler Blattfläche (Hatzi!), ferner, z. B. am Pyrgas, var. glabrescens F. Schultz (leg. Oberleitner!), die Uebergangsform zu glabratum, und besonders an Waldfelsen beim Aufstiege zur Scheibleggerhochalpe, die forma elata luxurians Hegetschw. Auch „H. dentatum Hoppe: An felsigen Orten der Johnsbacher Alpen (Hatzi!)" Maly 1868 ist nach Ex. des Herb. Hatzi blos die schwächer zottige Form der Voralpenfelsen von villosum.

527. H. Schraderi Schleich. Auf der Scheiplalpe am Rottenmannertauern (Sommerauer); wurde zwar in Maly aufgenommen, wurde aber seither nie mehr gefunden; Angelis bezweifelt auch die Richtigkeit der Bestimmung.

528. H. villoso-murorum Neilr. Ein Exemplar sammelte ich unterhalb der Griesweberalm am Waldwege. Behaarung von villosum, Blattform und Nacktheit des Stengels von murorum L β glaucescens. Nlr.

529. H. murorum L α silvaticum Nlr. In Wäldern, Holzschlägen, auf Bergen bis in die untere Alpenregion, besonders des Kalkzuges, sehr gemein und ausserordentlich reich an Formen; bemerkenswerth schienen mir folgende:

a. rotundatum = α vulgare Rchb. Jc. Blätter gleichgestaltet, gerundet oder schwach herzförmig, kaum gezähnt, Hülle drüsig bis drüsenlos. In Kalkvoralpenwäldern mit anderen Formen gemischt nicht selten.

b. dentatum. Blätter mässig gross, kurz gestielt, nicht besonders tief gezähnt, Hülle meist drüsig. In Wäldern die gemeinste.

c. incisum. Blätter gross, langgestielt, an der Basis tief eingeschnitten gezähnt, meist etwas länglich, Hülle drüsig bis drüsenlos.

Auf üppigen Voralpenhöhen, z. B. Bärnkoppe, Pyrgas, Scheiblstein, Brucksattel, vor der Farchneralm bei Johnsbach; seltener in Wäldern.

d. alpestre Gris. oblongum Jord. Blätter schmäler, länglich, Blüthenstand 1 bis wenigköpfig, wenig drüsig bis drüsenlos. Auf höheren Voralpenwiesen des Kalkzuges, besonders in Lichtungen zwischen Krummholz häufig, z. B. Schafweg, Kalbling, Ardning-übergang, Sulzkahr.

e. debile. Schwächlich, mit kleinen, länglichgerundeten, meist in den Blattstiel zugespitzten Wurzel- und 1—3 gleichgestalteten Stengelblättern, 1—2köpfig, eine Uebergangsform zu γ polyphyllum. In Tief- und Hochwäldern zerstreut, ziemlich häufig.

f. pilosissimum Greu. God? Blätter ganz wie bei form. b., aber an der Unter- und Oberseite dicht wollhaarig. Am Schafferwege unter Fichten im Waldmoose gemeinschaftlich mit form. b.

β. glaucescens Nlr. (Felsenform). An steinigen, felsigen Orten, besonders Waldfelsen, im Kalkschutte, auf Kalksand der Giessbäche fast überall, aber ziemlich vereinzelt. Folgende Formen wären hervorzuheben:

a. latifolium. Blätter breit, bisweilen herzförmig oder eingeschnitten-gezähnt, häufig braungefleckt. Stimmt, wenn drüsenlos, mit Rchb. Abbild. von incisum Hoppe überein und ist mit α silvaticum b. dentatum ziemlich analog. Besonders häufig auf Waldfelsen von der Bärnkoppe zur Stumpfnagleralm. Geht über in

b. angustifolium. Blätter lanzettlich, buchtig gezähnt bis fast ganzrandig. Nach Rchb. Abb. Tfl. 163 identisch mit laevigatum W.

c. pygmaeum = bifidum Kit. nach Koch. Eine gabelästige, drüsenlose Zwergform der Kalkalpen mit kurzgestielten Blättern, theilweise wohl Bastard mit villosum. Auf felsigen Abhängen unter der hohen Kalblingmauer nicht sehr selten; auch im Herb. Hatzi!

γ polyphyllum Nlr. (vulgatum Fr.) An Rainen, im Schatten der Wälder, an Bächen, auf Bergen und Voralpen des Kalk- und Tauernzuges häufig, doch seltener, als var. α, nur unter den Linden des Stiftsteiches sehr gemein. Variirt ebenfalls sehr mit elliptischen, länglichen, lanzettlichen, buchtig- bis kaum gezähnten Blättern, drüsigen bis drüsenlosen Hüllen, wenig- bis reichbeblättertem Stengel. Eine kleine Voralpenform erscheint häufig am Kalbling zwischen Krummholz bis zur Fichtengrenze herab und auf der Höhe des Hund: eine langblätterige, dichtdrüsige Varietät sammelte ich auf Felstriften der Hochhaide ob dem Gemeinsee.

530. H. amplexicaule L. An felsigen, buschigen Stellen der Voralpen äusserst selten, bisher nur auf Schieferfelsen im Strechengraben gefunden.

531. H. alpinum L. Auf grasigen Orten der Voralpen und Alpen im Tauernzuge sehr gemein, in der Kalkkette viel seltener (am Kalbling, Scheiblstein bei 6000'); variirt sehr wenig, nur eine var. longifolia ob dem Scheiplsee und var. macrocephala (mit 2— 3mal grösseren Köpfchen) am Hochschwung wäre erwähnenswerth.

5*

532. **H. intybaceum Wlf.** (albidum Vill.) Auf üppigen Voralpenwiesen des Tauernzuges zerstreut: unter der Höhe des Steinamandl und Kampl, ob der Bacheralpe rechts vom Wege zum Gemeinsee auf Felstriften häufig, am Bösenstein, sehr häufig am Blahberg in der Strechen (4500—5500').

533. **H. prenanthoides Vill.** Am Rande der Getreidefelder um Hohentauern (4000') sehr häufig, unter Krummholz von der Gstadtmayrhochalpe zum Scheiblstein ziemlich selten.

534. **H. rigidum Hartm.** In Wäldern am Lichtmessberge, unter Röthelstein, unterhalb Frauenberg, im Wolfsgraben etc. zerstreut, nur auf Schiefer.

535. **H. boreale L.** An Waldrändern des Lichtmessberges, im Wäldchen unter Röthelstein, im Enns- und Paltenthale selten.

536. **H. umbellatum L.** In lichten Wäldern, an buschigen Abhängen, auf Feldern, Rainen, Mooren gemein, z. B. Lichtmessberg, Hoffeld, Krumau, unter Schilf an den Ennsarmen oft in riesigen Exemplaren.

XXXIV. Fam. Campanulaceae DC.

537. **Jasione montana L.** Auf grasigen, buschigen Rainen, an Wald- und Wegrändern des Lichtmessberges von der Höhe gegen Dittmannsdorf hinab stellenweise häufig (Schiefer).

538. **Phyteuma pauciflorum L.** (nebst der kaum erwähnenswerthen var. β globulariaefolium Hoppe) Auf den höchsten Abhängen der Tauernkette ziemlich selten: Am Bösenstein (α und β), vom Mitterstein gegen die Hochhaide hinauf, am Griesstein (Stur, α und β), bei den Felsen des Hochschwung.

539. **Ph. confusum Kerner.** Auf steinigen Höhen des Tauernzuges von 5500' an sehr häufig, z. B. am Bösenstein, ob der Bacheralpe bis zur Höhe der drei Stecken und der Hochhaide, am Hengst, Steinamandl, Hochschwung etc.; sehr selten im Admonter Kalkgebirge: Am Pyrgas (Strobl sen!), Natterriegl?

NB. **Ph. hemisphaericum L.** wird ebenfalls am Rott. Tauern angegeben, doch beruht dies auf einer Verwechslung mit der vorigen; ich sammelte es nur auf den Tauern des oberen Ennsthales.

540. **Ph. orbiculare L.** Auf grasigen Orten der Berge, Voralpen und Alpen im Kalkgebirge überall sehr häufig, noch bei 6000' in einer 1—3'' hohen, lanzettblättrigen Zwergform (= v. brevifolia Schl.) auf der Schafleithen; seltener im Tauernzuge, z. B. ob der Bacheralpe gegen den Gemeinsee, an der Hochhaide, vom Rücken des Steinamandl gegen den Globukensee hinab, an Felsen des Hochschwung.

541. **Ph. Michelii Bert.** α betonicaefolium (Vill.) Kch., β scorzonerifolium (Vill.) Auf grasigen Abhängen der Berge und Voralpen im Tauernzuge ziemlich häufig, seltener in der Alpenregion: Unter Gesträuch ob dem Scheiplsee sehr häufig, ob der Bacheralpe, am Steina-

mandl, Kampl, Hochschwung, Blahberg in der Strechen; auch auf Grauwackenschiefer: am Lichtmessberg vom Nagelschmied gegen Dittmannsdorf, am Unterkalbling, um Röthelstein, S. Lorenzen etc. ; im Sunk auf sil. Kalk. Fast immer var. β.

542. **Ph. spicatum** L. In Laubhölzern und feuchten Wäldern bis auf die Voralpen häufig; Kalk: Im Rauchboden, zwischen Krummholz am Scheiblstein, am Aufstiege zum Pitz, zur Scheibleggerhochalpe, am Schafferweg, bei der Treffneralm: Gneiss und Schiefer: Von der Pfarrerhub zur Bacheralm, auf Felstriften des Hochschwung.

543. **Campanula pulla** L. Auf grasigen und steinigen Abhängen der mittleren Kalkalpen ziemlich häufig, besonders in den Johnsbacheralpen und in Bachbetten von den Felsen der Schafleithen bis in die Waldregion des Kalbling, sowie von der Scheibleggerhochalpe abwärts.

544. **Camp. caespitosa** Scop. Im Schutt der Kalkbäche, auf steinigen Hügeln und an Felsen der Kalkvorberge fast überall sehr häufig, schon in der Ebene, z. B. im Mühlauerwäldchen, im Gesäuss, Johnbachgraben; var. albiflora nicht häufig am Südwestfusse der Kemetwand.

545. **Camp. pusilla Haenke.** Auf sandigen, steinigen Orten, besonders in Schuttbetten, auf Felsen der Kalkkette von der Ebene bis auf die Hochalpen gemein, ebenso auf Schiefergeröll, Schiefer- und Gneissfelsen des Tauernzuges; höchster Standort im Kalkzuge auf der Schafleithen bei 6000'; auf der Scheibleggerhochalpe fand ich auch eine winzige, grossblumige Hochalpenform, wahrscheinlich = Hoppeana Rupr. Rchb. Jc.

546. **Camp. Scheuchzeri Vill.** In Bergwäldern, auf Voralpen- und Alpenwiesen des Kalk- und Tauernzuges überall sehr häufig, doch etwas mehr vereinzelt, bis 6000'.

547. **Camp. rotundifolia** L. An sandigen Rainen, auf Felsen, alten Mauern, Wiesen, zwischen Gesträuch häufig, z. B. Wiesen beim Griesmayr, Raine in der Krumau, Schieferfelsen innerhalb der Klamm; besonders gemein im Werfnerschieferzuge vom Leichenberge bis Liezen; var. Hostii (Bmg.) selten an schattigen Hügeln vor Frauenberg.

548. **Camp. rapunculoides** L. An wüsten Plätzen, unter Bäumen (z. B. im Stiftsgarten, um Admont, Röthelstein) im Ennsthale nicht sehr häufig, gemein aber in Wäldern um Strechau und von der Klamm einwärts in die Strechenschlucht (Kalk, Schiefer, Alluvium).

549. **Camp. patula** L. In Feldern, Wiesen, Obstgärten bis auf die Voralpen höchst gemein; eine winzige Alpenform fand ich noch bei 6200' am Steinamandl (Gneiss).

550. **Camp. persicifolia** L. Auf buschigen Hügeln, an schattigen Berglehnen ziemlich häufig, besonders auf Werfnerschiefer und Grauwacke: Am Leichenberg, gegen Frauenberg, bei Dittmannsdorf, an der Fahrstrasse nach Hohentauern, in den Strechauwäldern, von der Klamm einwärts etc.

551. **Camp. Trachelium L.** Unter Gebüsch, an Zäunen, in Vorhölzern sehr häufig bis auf die Voralpen, zumeist auf Kalk (z. B. Gesäuss, Rauchboden, Sunk), doch auch auf Alluvium und Grauwacke sehr verbreitet.

552. **Camp. glomerata L.** An grasigen Hügeln, Wegrändern, in Wiesen sehr häufig, vorzüglich in der Schulterung bei der alten Enns massenhaft.

553. **Camp. alpina Jcq.** An steinigen Abhängen und auf Triften der Tauernkette von 5—7000' häufig, z. B. ob dem Scheiblsee, von der Bacheralpe gegen den Grün- und Gemeinsee hinauf, auf der Hochhaide, am Steinamandl, Hochschwung; sehr selten auf Kalk am Kalbling (Altes Verzeichniss).

554. **Camp. barbata L.** An waldigen und grasigen Stellen der Berge bis auf die Voralpen im Tauern- und Grauwackenzuge sehr häufig, im Kalkgebirge jedoch selten: von der Kemetwand zur Scheibleggervoralpe und var. flore albo auf der Treffneralm; es dürften aber selbst diese Standorte noch zur Grauwackenzone gehören.

XXXV. Fam. Rubiaceae Juss.

555. **Sherardia arvensis L.** An Wegen, auf Aeckern und Brachfeldern gemein.

556. **Asperula cynanchica L.** An sonnigen, felsigen Orten im Gesäuss gegen Gstatterboden und im Johnsbachgraben häufig.

557. **Asp. odorata L.** In schattigen Bergwäldern stellenweise sehr häufig, z. B. am Aufstieg zur Scheibleggerhochalpe, am Pyrgas, Brucksattel, im Gesäuss etc.

558. **Galium Cruciata (L) Scop.** An Wegen, Zäunen, zwischen Gebüsch, auf Bergwiesen und an Waldrändern fast gemein.

559. **Gal. vernum Scop.** Am Leichenberg (Altes Verzeichniss).

560. **Gal. Aparine L.** α vulgare Rchb. Jc. Zwischen Hecken, an Zäunen und Bretterwänden ziemlich häufig; var. infestum (W. K.) unter Getreide selten.

561. **Gal. uliginosum L.** Auf sumpfigen Wiesen und Waldstellen, an Wassergräben sehr häufig, z. B. in der Krumau, beim Griesmayr, in den Triebnersümpfen, im Bürgerwalde Rottenmann's bei der Brunnenhütte.

562. **Gal. palustre L.** Auf sumpfigen Wiesen, im Schlamme abgelassener Teiche, an Bächen sehr häufig, z. B. in der Krumau, den Triebnersümpfen, Stiftsteichen, am Pyrgasbache.

563. **Gal. rotundifolium L.** In Wäldern bis auf die Voralpen sehr häufig, z. B. am Schafferweg, Klosterkogel, Pyrgas, im Bürgerwalde Rottenmann's.

564. **Gal. boreale L.** „Um Admont (com. Schaefer)" Herb. Hatzi!.

565. Gal. verum L. Auf trockenen Wiesen, an Rainen und Wegrändern gemein.

566. Gal. silvaticum L. Auf buschigen Sandhügeln im Gesäuss, in feuchten Schluchten und dunklen Wäldern des Kalk- und Tauernzuges bis 4500' sehr häufig, z. B. Am Mühlauerfall, im Rauchbodenwalde, Aufstieg zum Scheiblstein, zur Scheibleggerhochalpe; im Wolfs-. Strechengraben, unterhalb der „Kothhütten".

NB. Gal. aristatum L. wird von Sommerauer „am Bräuerüberwurf bei Admont", in einem alten Verzeichnisse „in den Auen an der Enns" angegeben; da jedoch aristatum eine mehr südliche Pflanze ist, dürften diese Angaben wohl auf irgend einen Bastard sich beziehen.

567. Gal. Mollugo L. Auf Wiesen, zwischen Gebüsch, an Zäunen und Wegrändern sehr gemein. auch auf Sandhügeln im Gesäuss häufig.

568. Gal. rigidum Vill. (lucidum Koch, non All.) An steinigen Abhängen, auf Saudhügeln, in Giessbachbetten der Berge und Voralpen des Kalkzuges sehr häufig, z. B. Gesäuss, Johnsbachgraben, Bruckgraben, Rauchboden, Laffawald, Sulzkahr, Schwarzenbachgraben, am Scheiblstein, Pyrgas, Kalbling.

569. Gal. austriacum Jacq. 1773. (sylvestre Poll. 1776 α glabrum Kch, β scabrum (Jcq.) An trockenen, steinigen, sandigen Stellen, besonders auf sonnigen Rainen und an Waldrändern von der Ebene bis auf die Voralpen im ganzen Gebiete häufig, meist α.

570. Gal. anisophyllum Vill. (sylvestre var. alpestre u. v. supinum Koch). Auf grasigen Stellen der Alpen im ganzen Gebiete häufig, z. B. Pyrgas, Scheiblstein,. Kalbling, Griesweberalm, Johnsbacherkette, Bösenstein, Hochschwung.

571. Gal. baldense Spreng. An grasigen Stellen in der Hochalpenregion des Kalkzuges gemein, z. B. am Pyrgas, Scheiblstein, Natterriegel, Buchstein, Kalbling, Sparafeld, in der ganzen Johnsbachkette von 5000' aufwärts. Ist helveticum Maly, aber nicht Weigel; letzteres sammelte ich nur am Dachstein.

XXXVI. Fam. Lonicereae DC.

572. Adoxa Moschatellina L. An feuchten Orten unter Strauchwerk sehr häufig, z. B. massenhaft unter den Alleeen des Stiftsgartens, zwischen Stiftsgarten und Ziegelstadl, in der Sautratte, am Beginn des Schafferweges, an Zäunen bei Büschendorf und Singsdorf.

573. Sambucus Ebulus L. Auf freien Waldplätzen der Berge hie und da gemein, z. B. am Aufstieg zum Brucksattel, im Laffawald (besonders in der Nähe des Steinkohlenlagers), am Aufstiege zur Pitz, Plösch, Arling, vor'm Strechengraben; auch an Ackerrändern vor Weng, am Wege nach Frauenberg, von der Klause bis Liezen häufig.

574. **Samb. nigra** L. An Zäunen, Wegen, Gebäuden, in Wäldern gemein; var. variegata (mit weissgescheckten Blättern) von P. Othmar Berger einmal gesammelt!.

575. **Samb. racemosa** L. In Schluchten und Wäldern der Berge des Kalk- und Tauernzuges häufig, z. B. Gesäuss, Aufstieg zur Scheibleggerhochalpe, zum Kalbling, um Aigen, im Wolfs- und Strechengraben.

576. **Viburnum Lantana** L. An Zäunen und Waldrändern um Admont hie und da vereinzelt, z. B. vor'm Gesäuss, an der Essling.

577. **Vib. Opulus** L. An feuchten Hecken und Uferstellen sehr häufig, vorzüglich dem ganzen Ennslaufe entlang und in Alleeen des Stiftsgartens; im Stiftsgarten auch kultivirt als var. sterilis DC.

578. **Lonicera Xylosteum** L. An Zäunen, Hecken, in Wäldern nicht gerade häufig, z. B. im unteren Stiftsgarten, vor'm Hofmoos, vor'm Gesäuss, unter der Kemetwand; sehr häufig nur an der Essling.

579. **Lon. nigra** L. An buschigen Stellen der Berge und Voralpen im Kalkzuge hie und da, meist vereinzelt: Gesäuss, Johnsbacher-voralpen, Scheiblstein zwischen Krummholz, Aufstieg zur Scheibl-eggervor- und -hochalpe, Schafferweg, Kalbling; kommt nach Strobl sen. auch in der Ebene (am Weg zum Heindl und an einem Zaune vor'm Hofmoos) vor, dürfte aber wohl vorige sein.

580. **Lon. alpigena** L. An buschigen Stellen der Berge und Voralpen im Kalkzuge fast überall häufig, auch schon am Bache des Oberhoffeldes, im Gesäuss und Johnsbachgraben.

581. **Lon. coerulea** L. An felsigen Stellen um den Scheiplsee (Hatzi!. Gneiss); am Hochschwung (Südseite, 6200', Gneiss) nicht selten: im Walde unter der Griesweberalm vereinzelt und im Hartlers-graben stellenweise häufig (Kalk).

XXXVII. Fam. Oleaceae Lindl.

582. **Ligustrum vulgare** L. In Hecken und Vorhölzern hin und wieder, z. B. am Esslingufer, am Aufstiege von Weng zur Buchau.

583. **Syringa vulgaris** L. In Gärten sehr häufig kultivirt.

584. **Fraxinus excelsior** L. An Bächen, Wegen, Zäunen, in Wäldern bis auf die Voralpen zerstreut oder truppweise sehr häufig; var. pendula (Vahl) im Stiftsgarten kultivirt.

XXXVI. Fam. Apocyneae Lindl.

585. **Vinca minor** L. An schattigen Waldrändern, auf buschigen Rainen zerstreut: Waldränder hinter Grünbüchel bei Rottenmann, bei Frauenberg, im Oberhoffeld, im Waldgraben beim Grabner vor Weng (Hatzi!).

XXXVII. Fam. Asclepiadeae R. Br.

586. **Vincetoxicum officinale Mnch.** Auf steinigen, buschigen Hügeln, in lichten Wäldern auf Kalk sehr häufig um Strechau, im Gesäuss, Rauchboden und Laffawald; sonst zerstreut.

XXXVIII. Fam. Gentianeae Lindl.

587. **Menyanthes trifoliata L.** Auf tieferen Stellen der Moore, in Wassergräben, an Teichrändern sehr häufig: Hof-, Krumauer-, Wolfsbacher-, Triebnermoor, Griesmayrsumpf, Temmel-, Krumauer-, Tauernteiche, sumpfige Stellen unterhalb der Kothhütten etc.

588. **Swertia perennis L.** Auf sumpfigen Wiesen und an Gräben der Kaiserau gleich hinter der Sägemühle häufig, an nassen Stellen ob den letzten Almhütten der Strechen am Hochschwung (5000') nicht häufig (Grauwacke, Gneiss).

589. **Gentiana punctata L.** Auf Voralpen- und Alpenwiesen des Kalkzuges sehr vereinzelt (am Kalbling, Scheiblstein, um die Stumpfnagleralm etc.), viel häufiger auf Schiefer- und Gneissgebirgen: auf der Plösch, um den Scheiplsee am Bösenstein, ob der Schaunitzeralm im Triebenthal, um den Grün- und Gemeinsee, auf Hochhaide, Steinamandl etc.

590. **Gent. pannonica Scp.** Auf Voralpen- und Alpenwiesen des Kalkzuges bis zur oberen Krummholzgrenze häufig (um die Stumpfnagler-, Griesweberalm, am Pyrgas, Scheiblstein, Kalbling, im Sulzkahr, besonders häufig im Walde zwischen Sunk und dem Dorfe Hohentauern (silurischer Kalk); seltener auf Gneiss- und Schieferalpen: Um die Scheiplseen am Bösenstein, von der Bacheralpe aufwärts, um die Felsen der Hochhaide und des Hochschwung, am Steinamandl etc.

591. **Gent. cruciata L.** An dürren Waldrändern, Waldwegen, trockenen Bergabhängen bis auf die Voralpen der Kalkkette sehr häufig, z. B. im Wäldchen vor'm Gesäuss, vor Mühlau, um die Gstadtmayrvoralpe, im Laffawald, am Brucksattel, Lichtmessberg, Kalbling.

592. **Gent. asclepiadea L.** Auf Sumpfwiesen beim Griesmayr, an Waldrändern und in Bergwäldern des Kalkzuges überall gemein; seltener auf Schiefervorbergen der Tauernkette.

593. **Gent. Pneumonanthe L.** In einer Sumpfwiese beim Griesmayr einmal 1 Exemplar gesammelt.

594. **Gent. frigida Haenke.** Auf dem Grieskogel im Triebenthale, einem Ausläufer der Seckauerkette, sehr häufig (Angelis!).

595. **Gent. firma (Neilr.) Kern. = acaulis Aut.** An feuchten felsigen Stellen der Voralpen bis hoch in die Alpenregion des Kalkzuges fast überall sehr häufig, schon am Mühlauerfall und im Gesäuss.

596. **Gent. alpina Vill..** (excisa Presl.) In der ganzen Tauernkette (4500—6500') sehr häufig, sowohl an nassen Bachrändern, als auch auf dürren, mit Heidelbeeren bewachsenen Abhängen.

597. **Gent. bavarica L.** Auf grasreichen Wiesen und Abhängen aller höheren Kalkalpen gemein, im Tauernzuge selten, nur ob der Schaunitzeralm im Triebenthale von Angelis und am Hochschwung von mir gesammelt.

598. **Gent. brachyphylla Vill.** An felsigen oder kurzgrasigen Abhängen höherer Kalkalpen nicht häufig: Zwischen Kalbling und Schafleithen, ob der Scheibleggerhochalpe, am Pyrgas, Scheiblstein, Natterriegel, Buchstein.

599. **Gent. verna L.** Auf Wiesen im Enns- und Paltenthale streckenweise äusserst gemein; steigt bis auf die höchsten Gipfeln der Kalkgebirge, wo sie oberhalb pumila, bavarica und brachyphylla nicht selten, doch blos vereinzelt, vorkommt, z. B. am Pyrgas, Scheiblstein, Kalbling; zwischen Mühlauerfall und Kochenalm variirte sie mit lichtblauer, dunkelblauer und violetter Krone, letztere mit etwas längerer Blumenröhre; im Tauernzuge nur am Hochschwung ziemlich häufig; auch var. alata Neilr. (verschieden von der südlichen aestiva R. S.) findet sich hin und wieder, z. B. auf der Kochenalm, am Kalbling.

600. **Gent. pumila Jacq.** An grasigen Stellen höherer Kalkalpen sehr häufig, meist mit bavarica, oft an den Rändern der Schneegruben und Schneefelder, z. B. am Pyrgas, Scheiblstein, Natterriegel, Buchstein, Hochthor, Hund, im Sulzkahr, um die Scheibleggerhochalpe, am Kalbling bis zum Fuss des Sparafeld.

601. **Gent. nivalis L.** An grasigen Abhängen und auf Wiesen der Voralpen bis zu den höchsten Gipfeln des Kalkzuges fast überall, doch meist nicht sehr häufig, am häufigsten wohl um die Scheibleggerhochalpe; im Tauernzuge sehr selten am Hochschwung.

602. **Gent. germanica W.** In trockenen Nadelwäldern, an Waldrändern des Ennsthales, an schattigen und sonnigdürren Abhängen der Berge im ganzen Gebiete verbreitet, auf Kalk, seltener Schiefer und Gneiss.

603. **Gent. obtusifolia W.** Wie vorige, doch mehr in höheren Lagen, bis über 6000' im Kalkzuge gemein; im Hochgebirge meist var. pyramidalis (Nees), oft auch var. albiflora und var. uniflora (W), z. B. alle Var. am Kalbling, Hochthor, auf der Scheibleggerhochalm; im Tauernzuge seltener, z. B. am Hochschwung, Grieskogel, ob der Bacheralpe.

604. **Gent. ciliata L.** An Waldrändern, Rainen, felsigen, buschigen, grasigen Stellen der Berge und Voralpen auf Kalk fast überall und meist sehr häufig; viel seltener auf Schiefer (Plösch) und Gneiss (Steinamandl).

605. **Erythraea Centaurium (L.) Pers.** Auf buschigen Plätzen und in Holzschlägen hie und da zerstreut, nur bei Johnsbach nach Angelis in manchen Jahren häufig.

606. **Er. pulchella (Sw.)** Horn. Auf feuchten Wiesen der Krumau, an Grabenrändern und um Lachen (z. B. beim Griesmayr) nicht selten.

XXXIX. Fam. Labiatae Juss.

607. **Mentha silvestris** L. var. vulgaris Kch. u. v. canescens (Roth). An Quellen, Bächen, Wassergräben, wüsten Stellen, besonders in Holzschlägen bis auf die Voralpen äusserst gemein; var. crispa (Ten) wird häufig kultivirt; var. balsamea (Wllr.) findet sich nach Fürstenwärther (Herb. Johannei) am Gaishorusee.

608. **M. piperita** L. Häufig kultivirt im Stiftsgarten (Angelis!) etc.

609. **M. aquatica** L. In Sümpfen, Bächen, Wassergräben, sowie an schlammigen, lehmigen Rändern derselben gemein. An trockneren Standorten (z. B. am Nordrande des Hofmoores; an Ufern der Krumauer-Ennsarme) sind Blätter und Stengel überall ziemlich dicht behaart (== β hirsuta W.); im Grunde der Griesmayrlache und ihres Ausflusses, sowie sonst an überflutheten Stellen, sind die Stengel spärlich, die Blätter blos an den Nerven behaart (== var. ठ glabrata Maly); die Normalform (α genuina G. G.) steht zwischen β und ठ in der Mitte; Scheinquirle sind gewöhnlich 2—3, in der Sautratte fand ich aber auch sehr häufig —15 eine unterbrochene Achre bildende (= v. subspicata Weihe).

610. **M. arvensis** L. α vulgaris Koch. Auf Getreideäckern beim Ziegelstadl, an Wegen, Strassengräben gegen Frauenberg, Mühlau etc. sehr häufig; var. glabriuscula Koch: An schattigen, feuchtlehmigen Rändern der Ennsarme in der Krumau, Schultering etc. sehr häufig und üppig mit langen Ausläufern; auch am Gaishornsee (Verbniak im Herb. Johann. als gentilis).

611. **M. sativa** L. α vulgaris Koch. Anf nassen Wiesen um Admont von Strobl sen. gesammelt; ich besitze 1 Ex., das sich von arvensis fast nur durch die längeren Kelchzähne unterscheidet.

612. **M. gentilis** L Koch. Host. An Gartenzäunen hie und da (z. B. bei Weng, in der Krumau) als Flüchtling; „in Sumpfwiesen bei Admont" Verbniak in Herb. Johannei.

613. **Lycopus europaeus** L. In Gräben, Sümpfen, Mooren, an Teichen sehr häufig, z. B. Triebner-, Frauenberger-, Hofmoor, Krumau, Temmelteich; im Hofmoor auch sehr dicht grau behaarte Exemplare (v. canescens Hausm. = L. mollis Kerner?).

614. **Salvia glutinosa** L. An Waldrändern, in Wäldern und Holzschlägen von der Ebene des Enns- und Paltenthales bis auf die Voralpen der Kalk- und Schieferzone äusserst gemein.

615. **S. pratensis** L. Auf Wiesen und an Rainen um Admont ziemlich selten.

661. **S. verticillata** L. An Rainen, sonnigen Hügeln, Ackerrändern, auf Schuttplätzen sehr gemein bis in die Voralpen.

617. **Origanum vulgare** L. An Wegrändern, auf steinigen

Hügeln, in Holzschlägen, in der Berg- und Voralpenregion der Kalkzone überall höchst gemein; selten v. albiflora (Hatzi!).

618. **Thymus Serpyllum** L. p. p. Chamaedrys Fr. Auf Wiesen Rainen, Hügeln, an Weg- und Waldrändern sehr gemein.

619. Th. **alpestris** Tsch. (pulegioides Lg.) Auf Voralpen und Alpen des Kalkzuges, z. B. am Schafferwege, Kalbling, häufig, selten im Gneissgebirge.

620. Th. **humifusus** Bernh. (Von Serp. verschieden durch allseitige Behaarung des Stengels, weithin niedergestreckte Stengel und kurze Zwischenknotenstücke). An denselben Standorten, wie Serpyllum und ebenfalls sehr häufig. Variirt α microphyllus m. (Form der Tiefregion), β macrophyllus m. (Form der Kalkalpenwiesen, z. B. Kalbling, Buchstein).

621. **Calamintha Acinos** (L) Clairv. Auf Aeckern, trockenen Hügeln, wüsten Stellen, besonders des Schieferbodens, ziemlich häufig, z. B. bei Trieben dem Bache entlang, vom Griesmayr zur Enns hinab, innerhalb der Klamm.

622. **Cal. alpina** (L) Lam. An steinigen Orten der Kalkzone von der Ebene bis auf die Alpen höchst gemein, besonders im Schutt der Giessbäche.

623. **Clinopodium vulgare** L. An steinigen Wegrändern, buschigen Hügeln, Waldrändern und in Holzschlägen bis auf die Voralpen sehr gemein, besonders in der Kalkkette.

624. **Nepeta Cataria** L. An Zäunen, Wegrändern, wüsten Plätzen, vorzüglich in der Nähe von Häusern durch das Enns- und Paltenthal bis 4000' verbreitet, wegen des vereinzelten Vorkommens aber im Ganzen selten: An Häusern bei Weng, Hall, Dittmannsdorf, Trieben, in der Klamm, zwischen S. Lorenzen und Singsdorf, am Strechaufelsen, auf der Höhe des Leichen- und Lichtmessberges.

625. **Glechoma hederacea** L. Auf Hügeln, Mauern, an Weg- und Waldrändern, in Gärten sehr gemein.

626. **Lamium purpureum** L. Auf Aeckern, in Gemüsegärten äusserst gemein, seltener an Wegrändern und wüsten Plätzen; sehr selten var. albiflora.

627. **Lam. maculatum** L. An Zäunen, wüsten Plätzen, buschigen Hügeln und Bachufern gemein; auch die schöne Spielart var. vittatum hie und da, z. B. am Lichtmessberg, auf feuchtschattigen Rainen gegen Weng gruppenweise häufig.

628. **Lam. album** L. An Zäunen, Wegen, auf Schutt, in Obstgärten sehr häufig, ebenso um die Hütten der Voralpen.

629. **Lam. Galeobdolon** (L) Cr. var. montanum Pers. In Gebüsch, an Zäunen, Bächen, in schattigen Wäldern der Ebene häufig, viel häufiger jedoch im Kalkgerölle der Voralpen, z. B. unter den Pyrgasmauern, der Bärnkoppe, am Almsteig des Kalbling, um die Farchneralm bei Johnsbach.

630. **Galeopsis angustifolia** Ehr. An steinigen, buschigen Orten, in Holzschlägen, auf Kalkschutt der Voralpen an wenigen

Stellen, aber in grosser Menge: Wegränder gegen Frauenberg, im Sunk, ob Trieben bei der Mauth.

631. **Gal. Tetrahit** L. Auf wüsten Stellen, an Wegen, in Feldern, Aeckern und Holzschlägen sehr gemein, besonders unter Getreide lästiges Unkraut; var. albiflora seltener, z. B. am Wege in die Krumau, nach Röthelstein.

· 632. **Gal. bifida Bönn.** An Zäunen, Wegen, auf Feldern unter der Saat bei Admont nicht selten (!, Angelis!); nach Neilr. blos Var. der vorigen.

633. **Gal. speciosa Mill.** In Holzschlägen, Auen, an buschigen Wegrändern, vorzüglich aber auf Getreidefeldern sehr häufig.

634. **Gal. pubescens Bess.** Auf wüsten Plätzen, an Wegen und Zäunen, schattigen Bergabhängen, auf Aeckern und Wiesen häufig, z. B. bei Trieben, Lorenzen, Bärndorf, Admont, vor'm Griesmayr, in der Krumau.

635. **Stachys alpina** L. An freien Waldstellen der Berge und Voralpen (2500—5000') durch das ganze Kalkgebiet verbreitet, aber stets in wenigen Exemplaren und daher selten: Am Brucksattel, im Laffawald, auf den Pitzweiden, vom Mühlauerwäldchen bis zum Pyrgasgatterl, am Schafferweg, Aufstieg zur Scheibleggerhochalpe, im Johnsbachgraben (Hatzi!), um die Farchneralm etc.

636. **St. silvatica** L. An Waldrändern, in Hainen, Schluchten und unter Gesträuch gemein, z. B. Stiftsgarten, Gesäuss, Röthelstein, Wolfsgraben.

637. **St. palustris** L. In Sümpfen, auf nassen Wiesen und an Wassergräben des Enns- und Paltenthales sehr häufig, auch an quelligen Stellen der Bergregion, z. B. ob Lorenzen.

638. **St. recta** L. Ist aus unserem Gebiete nur durch eine Notiz Hatzi's „Auf Aeckern bei Admont" bekannt; ich fand sie blos im oberen Ennsthale bei Wörschach.

639. **Betonica officinalis** L. Auf Wiesen, Feldern, an Wegen und buschigen Rainen gemein.

640. **Bet. Alopecuros** L. Auf steinigen, buschigen Stellen der Thäler, Berge, Voralpen und mittleren Alpen (2—6000') äusserst gemein, aber nur auf Kalkboden.

641. **Leonurus Cardiaca** L. An Häusern, Zäunen, auf Schutt hie und da, selten z. B. bei Admont (Strobl sen!), am Mayrhofe, (Angelis!), vor einem Bauernhause am Wege nach Weng.

642. **Scutellaria galericulata** L. Auf sumpfigen Stellen der Torfmoore (bei Krumau, Admont, Frauenberg, Trieben), an Wassergräben und Ennsarmen, um Teiche und Sümpfe des Enns- und Paltenthales ziemlich häufig.

643. **Prunella vulgaris** L. Auf Wiesen, Rainen, an Wegrändern, in Wäldern bis auf die Voralpen sehr gemein.

644. **Ajuga reptans** L. Auf Wiesen und Grasplätzen, an Rainen, Weg- und Waldrändern bis auf die Voralpen sehr gemein, auf Voralpenwiesen (z. B. des Kalbling) meist ausläuferlos = β alpina (Vill.) Kch.

645. Aj. genevensis L. Auf Wiesen, Feldern, buschigen Rainen und an Waldrändern stellenweise häufig: beim Ziegelstadl, von der Knappenbrücke gegen Hall gemein, beim Galgen vor'm Griesmayr, ob Dittmannsdorf etc. im Paltenthale (Kalk, Schiefer, Alluvium).

646. Aj. pyramidalis L. In Voralpenwäldern, auf trockenen Weiden und im Haideboden der Tauernkette, sowie des Grauwackenzuges häufig, z. B. von der Pfarrerhub bis über die Bacheralpe hinauf, um den Scheiplsee, die Kothhütten, im Ochsenkahr, durch die Strechen bis zum Hochschwung, am Plintensattel, Pyrgasgatterl (Werfnerschiefer), an Waldrändern hinter Kaiserau (Silur); sehr selten versprengt auf Kalk (am Schafferwege [Angelis!], ob der Schäferhütte am Kalbling).

647. Teucrium Botrys L. Auf Kalkschutt ob der Eisenzieh am Wege über die Buchau ziemlich häufig.

648. T. Chamaedrys L. Auf steinigen Hügeln, an Rainen und Waldrändern am Fusse der Kalkberge häufig, stets auf Kalk: Am Wege von Weng durch den Laffawald zur Ennsbrücke, von der Buchau zur Eisenzieh, im Gesäuss etc.

649. T. montanum L. Auf Felsen, steinigen Abhängen, Schutthalden, an Giessbachrändern in Kalkzuge (2—4000') sehr häufig, meist α majus Vis.: Im Gesäuss, Rauchboden, Laffawald, Johnsbachgraben, ob dem Wolfsbauern zum „unteren Boden", um den Gamsstein, am Pyrgas, im Sunk, besonders um den Triebenstein (Sil. Kalk).

(Schluss folgt im nächsten Jahre).

Flora von Admont.

Von

Professor P. Gabriel Strobl.

II. Theil.

XL. Fam. Verbenaceae Juss.

650. **Verbena officinalis** L. An Mauern, Wegen, auf Gras-
und Schuttplätzen äusserst gemein.

XLI. Fam. Globularieae Bartl.

651. **Globularia nudicaulis** L. Auf steinigen Bergweiden, in
Voralpenwäldern bis in die Alpenregion der Kalkkette, besonders
unter Krummholz sehr häufig, sowohl in der Kette der Hallermauern,
als auch der Johnsbachermauern und der Kalblinggruppe.

652. **Glob. cordifolia** L. Ueberkleidet auf Kalkschotter der
Ebene (vor'm Griesmayr, vor Hall, Mühlau) weite Strecken, ist
auch höchst gemein an steinigen Grasplätzen, auf Felsen und im
Felsschutt der ganzen Dachsteinkette bis über 6000' und auf den
Kalkvorlagen der Tauernkette.

XLII. Fam. Asperifoliae Endl.

653. **Echinospermum deflexum** (Whl.) Lehm. Auf waldigen
Bergen und in Holzschlägen des Kalkzuges, sowie der Kalkvorlagen
des Tauernzuges, ziemlich selten: Am Steinamandl, im Sunk, auf
der Spitze des Dörflstein ob Hall (2600', sehr häufig.)

654. **Cynoglossum officinale** L. Auf Rainen, Hügeln, an Zäunen
und Wegen, sowie in Waldlichtungen nicht gemein: Gegen Mühlau,
Hall, Weng, auf freien Waldplätzen unterhalb der Scheibleggerhochalpe.

655. **Borago officinalis** L. Hie und da auf Schutt, Compost-
haufen, an Gebäuden und Zäunen verwildert, besonders in der Nähe
des Stiftsgartens.

656. **Anchusa officinalis** L. Auf Aeckern und Wiesen, an
Wegen, Rainen, Schuttplätzen sehr gemein, z. B. im Frauenfelde,
von Bärndorf nach Rottenmann.

657. **Lycopsis arvensis** L. Auf Aeckern bei S. Lorenzen im
Paltenthale selten (Angelis!, Strobl sen.).

658. **Symphytum officinale** L. Auf nassen Wiesen, an Bächen,
Gräben, Teichen, in Obstgärten etc. sehr gemein.

659. **Symph. tuberosum** L. An schattigen, feuchten Orten und
in Bergwäldern hie und da: Bei der Oberhofmühle (Altes Verzeich-

niss), am Fahrwege zur Pitz (Strobl sen.), unter Alleeen im Stiftsgarten!, im Gesäuss (Hatzi!), sehr gemein von der Heindlbrücke
zum Himbeerstein.

660. **Cerinthe major** L. Auf sandigen Hügeln (Strobl sen.!);
ich besitze ein Exemplarfragment aus seiner Hand, vermuthe aber
eine Standortsverwechslung.

661. **Cer. minor** L. Zwischen Gebüsch, auf Aeckern und Rainen
stellenweise sehr häufig, z. B. in der Nähe des Griesmayr, zwischen
Getreide unterhalb des Ziegelstadls, im Frauenfelde.

662. **Echium vulgare** L. An wüsten Wegrändern, auf trockenen
Rainen, Feldern, Schutthaufen und steinigen Bachrändern beider
Thäler gemein, ebenso auf Kalkschotter im Gesäuss; hier auch
selten var. albiflora.

663. **Pulmonaria officinalis** L. An schattigen Rainen, in Obstgärten, feuchten Wäldern und unter Buschwerk sehr häufig, z. B.
bei Mühlau, Hall (Hatzi!), am Fahrwege zur Pitz, von Weng auf
die Buchau, vor'm Gesäuss, bei Röthelstein.

664. **Lithospermum officinale** L. An trockenen Waldrändern,
auf steinigen, buschigen Plätzen am Fusse der Kalkberge häufig,
z. B. im Mühlauerwäldchen, vor'm Griesmayr, am Aufstieg zur
Pitz, Fuss des Lafferwaldes unterhalb Weng, neben der Fahrstrasse
des Lichtmessberges.

665. **Lith. arvense** L. Auf Aeckern, Brachfeldern und an
Rainen nicht selten, z. B. unterbalb des Ziegelstadls, im Hoffelde,
um Rottenmann.

666. **Myosotis palustris** (L.) **With.** Variirt α vulgaris DC.
Stengel abstehend behaart; β strigulosa (Rchb.) Stengel angedrückt
behaart. An schlammigen Rändern der Wassergräben, Lachen, Sümpfe
und Teiche, an Bächen und Quellen, in Sumpfwiesen gemein bis
auf die Voralpen.

667. **Myos. sylvatica** (Ehr.) **Hffm.** Auf buschigen Rainen, in
Gärten, an schattigen Stellen der Berge sehr häufig, besonders im
Stiftsgarten, am Lichtmessberge, am Rottenmannertauern; var. lactea
(Bönn.) selten im Stiftsgarten (Angelis!) und neben der Fahrstrasse
des Lichtmessberges; var. parviflora (mit doppelt so kleinen Blüthen)
unter den Linden des grossen Stiftsteiches.

668. **Myos. alpestris Schmidt.** Auf steinigen, schotterigen, aber
auch üppig berasten Abhängen der Voralpen und Alpen (4500—7000')
im ganzen Dachsteinzuge sehr häufig (höchster Standort: Gipfel des
Pyrgas 7199'); auch im Tauernzuge auf grasigen Felstriften der
Hochhaide ob dem Gemeinsee und am Hochschwung (Gl. Schiefer)
sehr häufig.

669. **Myos. variabilis Angelis.** Am Alpenbache, der dem Grün-
und Gemeinsee entspringt und an der Bacheralpe vorbei nach
Schwarzenbach hinabfliesst, in der mittleren Bergregion zwischen
Pfarrerhub und Bacheralm — etwa in der Ausdehnung einer Stunde
— unter Bäumen sehr häufig, zugleich mit palustris und sylvatica
(!, Angelis' Originalstandort). Ueber 7000' im innersten Winkel des

zwischen Gross- und Klein-Bösenstein gelegenen Hochalpenthales unter Cirsium spinosiss. und benacense auf feuchtem Abhange oberhalb eines Schneefeldes 31. August 1867 ziemlich häufig gesammelt, 17. August 1868 und später aber vergeblich gesucht. Von P. Blitmund nach Angelis' Mittheilung auch in einem Seitenthale des Strechengrabens gesammelt.

670. Myos. intermedia Link. Auf trockenen Weg- und Ackerrändern, sonnigen Rainen und unter Getreide sehr häufig, z. B. vor der Sautratte, neben der Essling, um Mühlau, gegen Frauenberg, in der Krumau, bei Lichtmessdorf.

671. Myos. sparsiflora Mik. In Gemüsebeeten, sowie auf Grasplätzen des unteren Stiftsgartens sehr häufig, von Angelis auch gegen den Ziegelstadl hinab beobachtet. Aus dem Paltenthale (Maly 1868) jedoch unbekannt.

XLIII. Fam. Convolvulaceae Vent.

672. Convolvulus sepium L. An Zäunen und Gebüsch, an Sumpfrändern auf Schilf, besonders der Enns entlang sehr häufig.

673. Conv. arvensis L. α sagittaefolius (M. B.) Turcz. Auf grasigen Plätzen, an Wegen und Feldrainen häufig.

674. Cuscuta europaea L. Auf Nesseln, Labkräutern und Cirsien, an Hecken gemein, überwuchert bisweilen grosse Strecken längs des Weges nach Frauenberg, durch die Krumau etc.

675. Cusc. Epithymum L. Vom Thale bis auf die Voralpen häufig, niedere Kräuter überrankend, z. B. Glechoma in der Krumau, Genista sagittalis am Lichtmessberge, Campanula caespitosa und Thymus alpestris am Unter-Kalbling, Erica carnea, Pimpinella magna, Lotus corn., Pot. Tormentilla zwischen Krummholz am Scheiblstein, auch bei Unterhall, im Gesäuss, sehr gemein am Fusse des Gamsstein.

676. Cusc. Epilinum Weihe. Auf Leinäckern zwischen Trieben und Lorenzen häufig (Angelis!), auch im Gesäuss bei Gstatterboden.

XLIV. Fam. Polemoniaceae Vent.

677. Polemonium coeruleum L. „Auf sumpfigen Wiesen, an Bächen und Zäunen: Im Enns- und Paltenthale (Angelis)" (Maly 1868), jedenfalls nur sporadisch verwildert: so fand Angelis α coeruleum in der Eichelau, ich var. β lactea DC. vor dem Stiftsgartenthore.

XLV. Solanaceae Bartl.

678. Solanum nigrum L. α genuinum Döll. Auf Schutthaufen, wüsten Plätzen, an Zäunen und Häusern hie und da, z. B. am Wege nach Frauenberg, um Weng, Dittmannsdorf, Bärndorf häufig.

679. **Sol. Dulcamara L.** An schattigen Uferstellen, in feuchten Gebüschen, an Zäunen und Waldrändern, in Holzschlägen überall, doch meist vereinzelt; häufig an der alten Enns in der Schultering. NB. **Sol. tuberosum L.** wird in der ganzen Tiefregion in Menge kultivirt.

680. **Physalis Alkekengi L.** Auf hügeligen Feldern bei Admont (z. B. Scheibleggerfeld vor dem Schafferwege teste Angelis!) und Johnsbach hie und da, selten.

681. **Atropa Belladonna L.** In Waldlichtungen und Holzschlägen zerstreut bis 4500': Häufig im Rauchbodenwalde und auf der Höhe des Brucksattels, seltener von Johnsbach gegen die Trefen hin (Hatzi!), im Gesäuss (Angelis!), Lafferwalde, am Leichenberge.

682. **Hyoscyamus niger L.** Auf Schutt, an wüsten Wegrändern, neben Zäunen und Häusern häufig, z. B. in der Krumau, um Admont, Rottenmann.

683. **Datura Stramonium L.** Auf Schutt, an wüsten Plätzen und in Gärten hie und da verwildert, besonders im Stiftsgarten.

XLVI. Fam. Scrophulariaceae Lindl.

684. **Verbascum Thapsus L.** (Schraderi Mey. Rchb. Ic.) An Ufern, Waldrändern, auf Schutt, an Kalkfelsen der Bergregion: Sehr häufig im Johnsbachgraben und auf silurischem Kalke zwischen Strechau und Lassing, seltener um die Bärnkoppe, in der Krumau etc.

685. **Verb. nigrum L.** Auf sonnigen Rainen, grasigen Hügeln, buschigen Stellen der Berge und Voralpen, in Auen und Feldern höchst gemein; einmal auch var. albiflorum.

686. **Verb. phoeniceum L.** „Im Enns- und Paltenthale (Angelis)" Maly 1868. Sah nie ein Exemplar, ebensowenig die nach Maly in Steiermark gemeinen Verb. Blattaria L. und Lychnitis L., doch dürfte letzteres sich finden.

687. **Scrophularia nodosa L.** In Vorhölzern, Hainen, Auen, Gärten, an Gräben und Bächen, auf steinigen Plätzen, gemein.

688. **Scroph. Neesii Wirtgen.** (Wahrscheinlich Varietät von alata Gil. mit mehr horizontal abstehenden Aesten und meist purpurbraunen Kronen.) Auf feuchten Wiesen, an Bächen und Wassergräben häufig: Am Wege nach Frauenberg, Weng, bei der Ennsbrücke, beim Ziegelstadl, vorm Gesäuss; früher auch häufig auf Schutt im Stiftshofe.

689. **Scroph. vernalis L.** An den Alpenhütten des Rottenmannertauern (bes. bei der Bacher- und Hölleralm, um die „Kothhütten") ziemlich häufig, vom Schwarzbache sogar bis in's Paltenthal herabgeschwemmt; ferner an Zäunen im Alpenthale und beim Obermüller bei S. Lorenzen (Angelis!); in der Ebene bei Hall (Herb. Joannei!); Maly 1868 nennt noch als Fundorte: Admont, Rottenmann und den Kalbling.

690. **Digitalis ambigua Murr.** An steinigen, buschigen Stellen der Berge und Voralpen auf Kalk und Schiefer fast gemein, z. B. am Pyrgas, Kalbling, Lichtmessberge, unter der Bärnkoppe, Kemetwand, unterhalb Röthelstein, im Gesäuss, Rauchboden, Wolfsgraben, Sunk, Strechengraben.

691. **Linaria spuria (L.) Mill.** Auf Aeckern im Enns- und Paltenthale selten (Angelis, Strobl sen.!).

692. **Lin. minor. (L.) Dsf.** Auf Schuttplätzen, Mauern, steinigen und wüsten Wegrändern, an Bächen sehr häufig: Im Stiftsgarten, Stiftshofe, Gesäuss, am Lichtmessbache unterhalb des Adam, bei Rottenmann, S. Georgen etc.

693. **Lin. alpina (L.) Mill.** Auf Schutt und an felsigen, steinigen Stellen der Kalkalpen bis 6000′ sehr häufig, in Giessbachrinnen oft bis zur Ebene herabsteigend (z. B. in der Essling, im Gesäuss); selten im Tauernzuge: Ob der Singsdorferalm auf der Hochhaide, auf der Strechenseite des Bösenstein (Gneiss), am Hochschwung (Glimmerschiefer).

694. **Lin. vulgaris Mill.** An Wegen, Rainen, Sandplätzen, Kohlstätten und in Waldlichtungen bis 4000′ sehr häufig.

695. **Veronica scutellata L. α glabra.** In Wassergräben am Rande des Hofmoores häufig.

696. **Ver. Anagallis L.** An Wassergräben, Lachen, Bächen und Teichen sehr gemein, z. B. im Schlamme der abgelassenen, kleinerern Stiftsteiche, an Ennsarmen.

697. **Ver. Beccabunga L.** An Quellen, Bächen, Wassergräben, in feuchtem Sande der Flüsse etc. gemein, z. B. im Veitlgraben, beim Ziegelstadl: steigt bis 4000′.

698. **Ver. latifolia L.** Kerner Veget. (urticaefolia Icq.) An feuchten, schattigen Plätzen der Vorberge, in Schluchten, an Waldbächen und den sie umsäumenden Felsen ziemlich häufig. Kalk: Im Gesäuss, Lafferwalde, auf der Buchau, unter der Scheibleggerhochalpe, am Schafferweg, im Sunk. Schiefer: Im Veitlgraben, Wolfsgraben, Strechengraben, an der Tauernstrasse.

699. **Ver. Chamaedrys L.** An Zäunen, Wegen, in Gärten, Holzschlägen, auf Wiesen der Thäler, Berge und Voralpen bis 5500′ im Kalk- und Tauernzuge meist sehr gemein.

700. **Ver. montana L.** „In Laubwäldern bei Admont, im Enns- und Paltenthale" Maly 1868. Ich besitze nur von Angelis in dem nunmehr verschütteten Apothekergarten gesammelte Exemplare; auch ihm sind andere Standorte unbekannt.

701. **Ver. officinalis L.** In Wäldern, Holzschlägen und Hohlwegen des Kalk- und Schiefergebietes bis auf die Voralpen höchst gemein, besonders in der Tauernkette.

702. **Ver. aphylla L.** Auf Felsblöcken und steinigen Triften der Voralpen- bis Hochalpenregion (bis 7000′) in der ganzen Haller-, Johnsbacher- und Kalblingkette, doch nirgends gemein; findet sich auch auf der Höhe des Dürnschöberl (Grauwacke, 5400′).

NB. Ver. spicata L., nach einem alten Verzeichnisse im Hofmoore, wurde seither niemals daselbst beobachtet.

703. Ver. saxatilis Jacq. Auf moosigen Steinblöcken, felsigen und trocken-rasigen Stellen der Voralpen und Alpen bis 6000′ im ganzen Kalkzuge, sowie in den Kalkvorlagen des Tauernzuges fast gemein, auch am Reiterbache neben den Almhütten des Hochschwung (Glimmerschiefer) häufig.

704. Ver. bellidioides L. Auf Steinblöcken und grasigen Abhängen der Tauernkette (5500—6500′, Gneiss, Glimmerschiefer) ziemlich häufig: Am Hengst, um die Scheiplalm, ob der Bacheralm, im Ochsenkahr, um den Gemeinsee, auf der Hochhaide, am Steinamandl, Blahberg in der Strechen.

705. Ver. alpina L. Auf feuchten Triften, an Rändern der Schneefelder und Schneegruben im Kalkgebirge stellenweise sehr häufig, z. B. zwischen Schafleithen und Kalbling, zwischen Kalbling und Sparafeld, von der Gstadtmayrhochalpe zum Scheiblstein, um die Scheibleggerhochalpe, in den Johnsbacheralpen; an Bächen und feuchten Abhängen der Tauernkette aber (5—7000′) gemein; auch in der Hochregion des Dürnschöberl (Grauwacke).

706. Ver. serpyllifolia L. An grasigen Wegrändern, auf Grasplätzen, Aeckern, an Bächen bis in die Voralpen gemein, selbst noch um die Scheibleggerhochalpe.

NB. Ver. acinifolia L., von Maly 1868 im Enns- und Paltenthale angegeben, ist mir und Angelis aus dem Gebiete nicht bekannt.

707. Ver. arvensis L. Auf Grasplätzen, steinigen Wegrändern, Aeckern, in Krautgärten häufig, z. B. an Wegen und in Beeten des Stiftsgartens, vorm Ziegelstadl.

708. Ver. triphyllos L. Auf Aeckern bei S. Lorenzen (Strobl sen.!).

709. Ver. verna L. „Auf Triften, grasigen Hügeln: Im Enns- und Paltenthale" (Maly 1868). Ist mir und Angelis unbekannt, fehlt auch aus dem Gebiete im Joanneumsherbar. Doch ist das Vorkommen nicht so unwahrscheinlich, da sie auch in einem alten Verzeichnisse aufgeführt wird und an mehreren Punkten Obersteier's (bei Bruck, Pöls Herb. Hatzi!) gesammelt wurde.

710. Ver. agrestis L. In Gartenbeeten und auf Aeckern gemein, z. B. bei Trieben (Angelis!), im Stiftsgarten und überhaupt um Admont.

711. Ver. polita Fr. In Gartenbeeten, an Sandwegen und auf Brachackern sehr häufig, besonders im Stiftsgarten.

712. Ver. Tournefortii Gmel. (Buxbaumii Ten.) In Gartenbeeten und auf Brachäckern häufig mit den vorigen, z. B. Stiftsgarten, Hofeld.

713. Ver. hederifolia L. In Gärten, auf Brachäckern und an Wegrändern höchst gemein, besonders im unteren Stiftsgarten.

714. Limosella aquatica L. An schlammigen Stellen des Ennsthales (Hatzi im Joh. Herb.!), im Ennsthale (Maly 1868), in Lachen bei Hall (Weymayr); dürfte sich wohl alles auf denselben Standort beziehen.

715. Tozzia alpina L. In einer felsigen, feuchten Schlucht am Bache unter der Scheibleggerhochalpe neben der Kemetwand

sehr spärlich (!, Angelis), am Wege durch den Gofer nach Johnsbach (Angelis), an der Ardning (Altes Verzeichniss), am Scheiblstein (Herb. Hatzi!), am Damischbachthurm häufig (Professor P. Pius Strasser mündlich).

716. **Melampyrum nemorosum** L. Auf dem Hochfelde (Sommerauer und altes Verzeichniss). Sah kein Exemplar.

717. **Mel. pratense** L. Auf sumpfigen, torfigen Wiesen der Krumau, im Torfmoore daselbst und in Wäldern, besonders der Tauernkette, sehr häufig.

718. **Mel. sylvaticum** L. In Hainen, Wäldern, an steinigen, buschigen Abhängen der Berge und Voralpen im Kalk- und Tauernzuge überall sehr gemein.

719. **Pedicularis rostrata** L. sp. pl. (non Koch, Jacquini Koch). An steinigen Abhängen der mittleren Kalkalpen und tiefer herab an Kalkfelsen; steigt sehr selten so hoch, wie rosea. Sehr häufig am Pyrgas, Scheiblstein, Kalbling, an den Felsen der Schafleithen, ziemlich selten an Waldfelsen der Bärnkoppe, Stumpfnaglerwand, Kemetwand, am Reichenstein, Festkogel, Hochthor, im Sulzkahr. NB. Was rostrata var. biflora, in einem alten Verzeichnisse vom Hauseck angegeben, sei, konnte ich nicht eruiren.

720. **Ped. asplenifolia** Floerke. Auf steinigen Alpenhöhen ob dem Scheiplsee am Rottenmannertauern ziemlich häufig, z. B. am Hengst (Hatzi!), Bösenstein (Gneiss 6—7000'). Wurde auch am Kalbling (Gassner!, Angelis), also auf Kalk, gesammelt.

721. **Ped. Portenschlagii** Saut. Auf steinigen Alpenhöhen der Tauernkette (5500—7000') häufig: Am Hengst (Sommerauer), Hauseck, Bösenstein mit voriger, ob der Bacheralpe gegen den Grünund Gemeinsee, im Ochsenkahr, vom Mitterstein zur Hochhaide hinauf, am Hochschwung.

722. **Ped. incarnata** Jacq. In der tieferen Alpenregion der Kalkkette, besonders auf üppigen Triften zwischen Krummholz: Am Kalbling sehr gemein bis in die Fichtenwälder herab, sehr häufig auch am Reichenstein, Pyrgas, Scheiblstein, Natterriegel, Hund bei Johnsbach.

723. **Ped. foliosa** L. Auf höheren Voralpen (bis 5000') der Kalkkette an üppig begrasten, buschigen Stellen sehr spärlich: Am Kalbling (Maly 1868), bei Johnsbach (Angelis), am Hund und unterhalb der Kochenalm ob Mühlau.

724. **Ped. recutita** L. Auf feuchten hochgrasigen oder buschigen Stellen der Kalk- und Tauernkette (5—6000') fast überall häufig, z. B. am Pyrgas, Scheiblstein, in den Johnsbacheralpen, am Kalbling (Kalk); zwischen Grünerlen ob dem Scheiplsee, ob der Bacheralpe, um die Felsen der Hochhaide (Gneiss), am Steinamandl, Kampl, Hochschwung (Glimmerschiefer).

725. **Ped. palustris** L. Auf Sumpfwiesen, an Sumpf-, Teichund Moorrändern beider Thäler sehr häufig, besonders in der Krumau, beim Griesmayr, im Hofmoore, neben dem Wolfsbachermoore, am Triebnermoore, an sumpfigen Ufern der Palte; auch noch c. 4000' bei den Fischteichen von Hohentauern.

726. **Ped. rosea** Wulf. Auf steinigen und felsigen Triften der höchsten Kalkalpen (6—7000') häufig, besonders von der Schafleithen zum Kalbling und Sparafeld, am Scheiblstein und Natterriegel; seltener am Pyrgas, Hexenthurm, Buchstein. Auch auf Felstriften des Hochschwung (Glimmerschiefer).

727. **Ped. versicolor** Whlb. β unicolor (Helm einfärbig). Auf grasigen Abhängen zwischen den Felsen des Hochschwung häufig (Glimmerschiefer, c. 6000').

728. **Ped. verticillata** L. Auf grasigen und steinigen Abhängen (5—6000') in der ganzen Kalkkette fast gemein; häufig auch am Hochschwung (Glimmerschiefer), selten auf Gneiss: Ob der Schaunitzeralm im Triebenthale.

729. **Ped. Sceptrum Carolinum** L. Auf sumpfigen Wiesen an der Palte bei Gaishorn (Angelis!), bei Trieben, Rottenmann (Haffner im Joh. Herb.!), auf Torf am Triebnersee (Stur). Im Ennsthale (Maly 1868) aber nie beobachtet.

730. **Rhinanthus minor Ehrh.** α latifolius, β angustifolius Willk. Lange. Auf Sumpf- und Bergwiesen des Enns- und Paltenthales sehr gemein, z. B. Griesmayrwiesen, Kaiserauerweiden.

731. **Rhin. major Ehrh.** Auf trockenen und feuchten, auch torfigen Wiesen sehr häufig: In der Krumau, beim Griesmayr etc.

732. **Rhin. Alectorolophus Poll.** Auf Aeckern, Rainen, an Wegen um Admont, besonders in der Nähe des Griesmayr, häufig.

733. **Rhin. aristatus Cel.** Oest. bot. Zeitschrift 1870. alpinus Maly 1868, non Bmg. Der alpinus unserer Alpen entspricht genau der Beschreibung des aristatus Cel., ist auch identisch mit Kerner'schen Exemplaren desselben vom Blaser in Centraltyrol. Der angustifolius unseres Gebietes ist nur eine sehr schmalblättrige, durch die mannigfachsten Uebergänge mit der Normalform verkettete Varietät desselben, von angustif. Gmel. verschieden durch die ausserordentlich feinen Grannen der Deckblätter, stark gewölbte Oberlippe und abstehende Unterlippe; von Kerner am Solstein als angust. Gmel. gesammelte Exemplare sind mit unserer Form identisch; habituell ist aber auch der echte angust. aus Baden (com. Döll!) nicht unterscheidbar. Alpinus Baumg. ist nach Exemplaren Siebenbürgens, der Tatra und der Sudeten in der That von unserem „alpinus" verschieden. Näheres siehe in citirter Zeitschrift. — Auf Grasplätzen, an Waldrändern, steinigen, buschigen Abhängen der Voralpen und Alpen des Kalkzuges bis 6000' überall gemein, doch so, dass die breitblättrige Form vorzugsweise die höheren, var. β angustifolius aber vorwiegend die tieferen und tiefsten Lagen (z. B. das Gesäuss, den Schafferweg, Lafferwald) bewohnt; gemein auch auf den Kalkvorlagen der Tauernkette; häufig auch (doch nur α) auf den Felsen des Hochschwung (Glimmerschiefer), um den Gemeinsee und ob dem Scheiblsee (Gneiss).

734. **Bartsia alpina** L. Auf Triften, felsigen Gehängen, unter Strauchwerk, besonders aber an feuchten Bachrändern (5—7000') des Kalkzuges gemein, doch auch in den Gneiss- und Schieferalpen sehr häufig.

13

735. **Euphrasia Rostkoviana Hayne** (officinalis α pratensis
Fr. Maly 1868). Auf Rainen und Wiesen der Tief- und Bergregion
äusserst gemein; steigt bis in die Voralpen, z. B. Johnsbacheralpen
(Felicetti!), Krummholzwiesen des Kalbling! etc.

736. **Euphr. stricta Host.** Fl. Austr. II. 185. An haideartigen
Busch- und Waldrändern, auf trockenen, kalkschotterigen Rainen
(vor Mühlau, vor'm Griesmayr, vor'm Gesäuss, längs der Tauernstrasse) sehr häufig und typisch; auch auf Voralpenwiesen des
Kalbling etc. in einer niedrigen, kleinblüthigen Form, welche der
pumila Kerner Fl. austr. exs. äusserst ähnlich ist, sich aber durch
kürzere Kelchzähne und die gelbe Mackel der Unterlippe unterscheidet. Kerner, welcher die Güte hatte, meine Euphrasien zu revidiren, notirte zu dieser Form: „Scheint pumila".

737. **Euphr. versicolor Kerner** Fl. austr. exs. Auf Hoch-
alpenwiesen des Kalbling (Kalk, c. 6500') und kurzgrasigen Alpenweiden des Hochschwung (Schiefer, c. 5—6000') sehr häufig.

738. **Euphr. minima Schleicher.** „Auf Alpenwiesen im Sulzkahr sehr häufig, auffallend durch ? die fast ganz gelben Blüthen."
(Herr Oberförster Pachmayr, der mir auch ein Exemplar mitbrachte);
häufig auch auf Krummholzwiesen um die Scheibleggerhochalpe in
einer schlafferen und einer steiferen Form.

739. **Euphr. pulchella Kerner** Fl. Austr. exs. Auf Alpentriften
der Gneiss- und Schieferzone: Am Bösenstein und Hochschwung.

740. **Euphr. salisburgensis Funk** α genuina. Blätter freudig-
grün, dünn, Blüthen grösser, gedrängtährig. β cuprea (Jord.) Kerner
Fl. austr. exs. Blätter trübgrün, dick, meist bedeutend breiter, spitzer
gesägt, Sägezähne öfters zahlreicher, Blüthen kleiner, mehr über den
ganzen Stengel zerstreut. Auf steinigen, buschigen Abhängen der
Kalkvoralpen gemein; α äusserst gemein im Gesäuss,*) am Schafferwege, überhaupt vorherrschend in tieferen Lagen; β mehr auf sonnigen,
trockenen Höhen, z. B. am Pyrgas, Scheiblstein, im Sunk, an der
Tauernstrasse, auf der Pitz; beide Formen nur auf Kalk.

NB. Die aufgezählten Euphrasien haben gewiss im Gebiete
eine weitere Verbreitung, doch konnte ich nur die bei der Revision
vorliegenden Standorte berücksichtigen.

741. **Euphr. serotina Lam.** Kerner Veget. S. 377. An Mooren,
Wassergräben, Lachen, wüsten Plätzen und Wegrändern sehr gemein.
Variirt mit langen und mit sehr kurzen Deckblättern.

XLVII. Fam. Orobancheae Lindl.

742. **Orobanche gracilis Sm.** (cruenta Aut. germ.) Auf Wiesen
und grasigen Abhängen vom Thale bis auf die Voralpen sehr häufig,
z. B. neben der Enns in der Krumau, am Lichtmessberg, hinter

---

*) Die Exemplare des Gesäuses nähern sich teste Kerner sehr der car-
niolica Kern. und dürften vielleicht von salisb. spezifisch verschieden sein;
besonders fällt ihre grosse, rein weisse Unterlippe auf.

Kaiserau, am Pyrgasgatterl, beim Griesmayr, im Paltenthale; meist auf Lotus corniculatus.

743. **Orob. Epithymum DC.** Auf Feldern, Haiden, buschigen Kalkhügeln bis in die Voralpen an Thymus-Arten häufig, z. B. im Gesäuss, beim Galgen vor'm Griesmayr.

744. **Orob. caryophyllacea Sm.** Wird in einem alten Verzeichnisse als Galii Dub. bei der Hackenhuben und als major (ohne Autornamen) am Wege zur Bockmayralpe angegeben.

745. **Orob. rubens Wllr.** Nach demselben Verzeichnisse (als elatior) auf der Schedelleithen bei Admont. Von mir gleich voriger nicht gesehen.

746. **Orob. Scabiosae Koch.** Auf Voralpenwiesen: Nicht selten um den Rinnstein bei Johnsbach auf Adenostyles alpina, Carduus defloratus und Knautia sylvatica, auch von Angelis auf Scabiosenwurzeln bei Johnsbach gefunden; auf Card. deflor. am Kalbling (Angelis!, Hatzi), an Waldrändern hinter der Kaiserau.

747. **Orob. flava Mart.** Auf Petasites niveus im Johnsbachgraben, schon von der Johnsbachbrücke an, häufig, zuerst von Angelis entdeckt; nach Maly 1868 auch auf Petas. albus bei Admont.

748. **Orob. Salviae F. W. Schultz.** Auf allen Bergen und Vorlagen der Kalkkette, sowie in Schieferschluchten an Salvia glutinosa meist sehr gemein, z. B. durch's Gesäuss, im Johnsbachgraben, unter der Brucksattelhöhe, am Aufstieg zur Griesweber- und Scheibleggerhochalm, am Schafferweg, im Veitlgraben, innerhalb der Klamm. Zuerst von Angelis entdeckt.

749. **Lathraea squamaria L.** In Gärten, Hainen und feuchten Wäldern, sowie unter Gebüsch an Wegrändern auf Baumwurzeln (bes. Corylus) hie und da, z. B. im Stiftsgarten, Gesäuss, am Schafferweg, vor Mühlau, auf der Buchau.

XLVIII. Fam. Utriculariéae Endl.

750. **Pinguicula flavescens Schrad.** (alpina Maly, non L.) An feuchten, sandigen Stellen, auf nassen Felsen und an Bächen der Berg- bis Alpenregion (bis 6000') im Dachsteinzuge und auf Kalkvorlagen der Tauernkette gemein, steigt im Gesäuss, Johnsbachgraben, am Mühlauerfalle bis in die Ebene herab; ich fand sie sogar am Rande eines Ennsarmes in der Sautratte; seltener auf Gneiss und Schiefer: Ob der Bacheralpe an Bächen gegen den Grünsee häufig, an sumpfigen Bachrändern unterhalb der Kothhütten, um die Scheiplseen.

751. **Ping. vulgaris L. α pratensis Koch.** Auf nassen Wiesen, an sumpfigen Bachrändern und feuchten Abhängen der Schiefervorberge des Enns- und Paltenthales (bis 5200') ziemlich häufig: Um den Kaiserauerteich, beim Jagdhause des Kalbling, auf der Höhe der Buchau (2600'), neben der Griesmayrlache, auf der Kater-Hald (Hatzi!), am Schafferweg (Strobl sen.), ob der Messneralm am Dürnschöberl (c. 5200'), ob der Reiteralm des Hochschwung.

752. **Utricularia vulgaris** L. In einem Wassergraben am Ost-
rande des Hofmoores häufig; sonst von keinem Fundorte aus dem
„Enns- und Paltenthale" (Maly 1868) bekannt.
753. **Utric. minor** L. In der Triebnerlache (Angelis!); sonst
sah ich sie nirgends im Enns- und Paltenthale" (Maly). Auch intermedia Hayne wird von Maly 1868 „im Enns- und Paltenthale (Angelis)", von Maly 1838 „in den Sümpfen der Palte (Sommerauer)",
von Strobl sen. im Triebnersumpfe angegeben; die Exemplare Sommerauer's im Maly'schen Herbar vom obigen Standorte aber scheinen
sich von minor nicht zu unterscheiden; es bezieht sich wohl die
ganze Reihe von Angaben auf das Vorkommen der minor in der
Triebnerlache, die von der Palte durchflossen wird; intermedia Hayne
aber fehlt.

II. Fam. Primulaceae Vent.

754. **Androsace alpina** Lam. (glacialis Schl., Hppe.) Am
felsigen, dürren Rücken der Hochhaide vom Mitterstein aufwärts
bis zur höchsten Spitze (c. 7300', Gneiss) häufig, var. fl. rubro.
Ist die ächte alpina. nicht Pacheri Leyb. Die Angaben Maly's 1838
„Rottenmannertauern (Sommerauer)" und „am Wege vom Steinwend
(unrichtig statt Steinamandl) auf das Dreisteckengebirge (Gebhard)"
beziehen sich auf dieselbe Höhe, da allen Botanikern unseres Gebietes ein zweiter Standort unbekannt ist und man vom Steinamandl
nur auf die Hochhaide gelangt. Die Angabe Maly's 1868 „Kalbling"
ist gewiss irrig, da alpina nur Gneiss und Schiefer bewohnt.
755. **Andr. Chamaejasme** Host. Auf grasigen und steinigen
Abhängen am Hund (dem Uebergange von Johnsbach in's Sulzkahr) zwischen 5000 und 5500' sehr gemein; nach Strobl sen. und
Maly 1868 auch am Kalbling, doch fehlt sie im Herbar beider;
wohl Verwechslung mit folgender.
756. **Andr. obtusifolia** All. Auf grasigen Abhängen, an Schneefeldern und Schneegruben des Kalbling von der Schafleithen bis
zum Fusse des Sparafeld (6—7000') sehr häufig; nach Maly 1868
auch am Rottenmannertauern: möglich, weil auch auf benachbarten
Gneiss- und Schieferalpen, doch sah ich kein Exemplar.
757. **Andr. lactea** L. Auf Felsen und im Felsschutt der Kalkalpen von der Krummholzregion bis gegen 7000' häufig: Am Pyrgas
der österreichisch-steyrischen Grenze entlang (5—7000') sehr häufig,
seltener am Scheiblstein, der hohen Kalblingmauer entlang, am Hund
mit Chamaejasme; sehr häufig aber auf Kalksand im Gesäuss und
Johnsbachgraben (c. 2000').
758. **Primula farinosa** L. Auf sumpfigen Wiesen, an lehmigen
Flussufern im Ennsthale gemein, z. B. Schultering. Sautratte, Griesmayrwiese (Alluvium), seltener im Gesäuss (Kalk) und im Paltenthale (bei Lichtmessdorf etc.)
759. **Pr. acaulis** (L.) Jacq. Bisher nur in der Nähe des Oed-
bauer von Strobl sen. gesammelt!

760. **Pr. elatior (L.) Jacq.** Auf Wiesen, in Auen, Obstgärten, Hainen, Bergwäldern bis auf die Kalkalpen und Kalkvorberge der Tauernkette äusserst gemein; höchster Standort: Schneegrubenränder am Scheiblstein bei 6500'. Eine var. brevicalyx (Kelch nur so lang, als die halbe Kronenröhre, bauchig, weit geöffnet mit sehr breiten Kelchzähnen) fand ich selten im unteren Stiftsgarten, doch mit Uebergängen in die Normalform.

761. **Pr. officinalis (L.) Jacq.** Fehlt im Enns- und Paltenthale, tritt aber schon häufig auf um Hieflau und S. Gallen.

762. **Pr. Auricula L.** α foliis integerrimis, β fol. crenatis. Auf Felsen und steinigen Abhängen, sowie im Schutte der Admonter Kalkgebirge von der Thalsohle bis 7000' sehr häufig, jedoch nicht überall: Im Gesäuss, Johnsbachgraben, Laffawald, Bruckgraben, in der Bodenlucken, ob der grossen Buchauerschütt am Buchstein (bisweilen neben elatior), am Kalbling, Pyrgas, Scheiblstein, in den Johnsbacheralpen etc.

763. **Pr. Clusiana Tausch.** Auf Felsen, feuchten, steinigen Abhängen, sowie im Felsschutt der Admonter Kalkgebirge von der Ebene bis auf die Hochalpen (2—7000') sehr gemein, oft neben voriger, aber noch viel häufiger; variirt α parviflora (meist auf Schutt) und β grandiflora (an Felsen). Die tiefsten Standorte sind: Gesäuss, Johnsbachgraben, Schwarzenbachgraben, Mühlauerfall, Felsen vor'm Admonter Kalkofen; zuhöchst (bis 7000') steigt sie am Kalbling und Scheiblstein.

764. **Pr. glutinosa Wulf.** Auf feuchten, steinigen Abhängen, an Schneefeldern (5—7000') im ganzen Tauernzuge gemein (Gneiss, Glimmerschiefer).

765. **Pr. minima L.** Auf feuchten, grasigen und steinigen Abhängen, an Schneefeldern der ganzen Tauernkette (5—7400', Gneiss, Gl. Schiefer) sehr gemein, im Kalkzuge nur am Speikboden des Kalbling (6500') sehr häufig, am Pyrgas, Scheiblstein, Neuburg bei Johnsbach aber selten.

766. **Cortusa Matthioli L.** In feuchten, schattigen Bergwäldern, in Schluchten, an Bächen und unter Felswänden der Kalkvoralpen bis in die Krummholzregion: sehr häufig am Aufstiege zur Scheibleggerhochalpe, sowie links zur Stumpfnagleralm und rechts dem Fusse der Kemetwand entlang, ferner vom „mittleren Boden" innerhalb Johnsbach gegen die obere Fachneralm und am Rücken des Hund; wurde noch am Scheiblstein von Hatzi! und im Gesäuss von Gebhard und Welden gefunden.

767. **Soldanella montana W.** In moosigen Wäldern der Weide Pitz bei Weng auf fettem, feuchtem Boden an Baumwurzeln (Kalk, 2500', Hatzi!); auch neben der Hütte der Pitz und im Walde gegen Hall (Strobl sen.!); ich suchte sie hier zweimal vergebens. Am Kalbling (Maly 1868)?

768. **Sold. alpina L.** Auf nassen Abhängen, an Bächen und Schneefeldern der Kalkkette (5—7000') gemein, oft mit minima; steigt bis zu den Triften der Kaiserau und zum Mühlauerfall herab;

in der Hochregion oft einblüthig, zwergig; auch ob der Messneralm am Dürnschöberl (5000', Grauwacke).

769. Sold. Ganderi Huter öst. bot. Zeitschr. XXIII. (alpina ×
minima) In der Alpenregion des Scheiblstein zwischen den Stammältern selten.

770. Sold. pusilla Bmg. Auf feuchten Triften, an Bächen und
Schneefeldern der Tauernkette (4—7000', Gneiss, Glimmerschiefer)
überall äusserst gemein. ob der Bacheralpe und am Hochschwung
auch bisweilen var. billora; auf Kalk selten, nur an Schneerändern
im Sulzkahr am Fusse des Hund mit alpina sehr häufig (c. 4500').

771. Sold. minima Hoppe. Auf feuchten Abhängen, an Bächen,
Schneefeldern und Erdfällen der Kalkkette von der Vor- bis in die
Hochalpenregion überall äusserst gemein: steigt am Folkernotbache
bis zum Mühlauerfalle und an Giessbächen des Buchstein bis zur
grossen Buchauerschütt (2600') massenhaft herunter; auch auf Kalkvorlagen der Tauernkette: Bei der Hölleralm häufig (Angelis),
im Sunk.

772. Cyclamen europaeum L. In Bergwäldern der Dachstein-
kalkzone nicht gar häufig: Im Gesäuss, Rauchbodenwalde; sehr
häufig aber auf silurischem Kalke um Strechau (besonders im Hauswalde). Rottenmann (Bürgerwald).

773. Naumburgia thyrsiflora (L.) Duby. An Rändern der
Sümpfe, Teiche und Moore im Enns- und Paltenthale ziemlich häufig:
Am Scheiblteich und Raithmayrmoore der Krumau, am Triebner-
sumpfe (Sommerauer), im Paltenthale (Gassner!).

774. Lysimachia vulgaris L. An Bächen und Gräben, auf
Sumpfwiesen zwischen Schilfrohr, in feuchten Gebüschen und an
Waldrändern β verticillata gemein, α oppositifolia seltener.

775. Lys. Nummularia L. Auf sumpfigen Wiesen, feuchtlehmigen Ufern, an Baumwurzeln, in Hainen gemein, besonders in
der Schultering.

776. Lys. nemorum L. An feuchten, schattigen Stellen der
Haine. Laub- und Nadelwälder häufig, z. B. im unteren Stiftsgarten,
auf der Fuchsweide an der alten Enns, im Gesäuss, Rauchbodenwalde. am Lichtmessberg, bei Röthelstein. in der Waldregion des
Rottenmannertauern. Schiefer, Kalk, Alluvium.

777. Anagallis arvensis L. Auf Brachen, Feldrainen, in Gärten
sehr häufig.

778. An. coerulea Schreb. Wurde nach einem alten Verzeichnisse im Stiftsgarten von Admont gefunden.

L. Fam. Ericaceae Lindl.

779. Arctostaphylos alpina (L.) Spr. An dürren, steinigen
Abhängen der Tauernkette von 6000' an überall gemein. doch auch
im Kalkzuge (z. B. Kalblingrücken. letzte Erhebungen des Scheiblstein, Pyrgas, Hund, Ostseite der Kemetwand) sehr häufig.

7

780. **Arct. uva Ursi (L.) Spr.** An Waldrändern, buschigen Stellen der Alpen und Voralpen nach Maly 1868 in ganz Steiermark gemein; aus unserem Gebiete bisher nur von einem alten Verzeichnisse am Kalbling angegeben.

781. **Andromeda polifolia L.** Auf allen Mooren des Enns- und Paltenthales höchst gemein.

782. **Calluna vulgaris (L.) Sal.** In Torfmooren, Haiden und trockenen Wäldern bis auf die Alpen höchst gemein, zumal im Tauernzuge, auf den Grauwacken- und Werfnerschiefer - Gebirgen; überzieht z. B. die Plösch bis zur Spitze (5413'); variirt selten flore albo, z. B. Plösch.

783. **Erica carnea L.** Auf den Höhen der Wegraine, in Wäldern, an steinigen und felsigen Abhängen der Berge und Voralpen im Kalkgebiete (Dachstein- und Grauwacken - Kalk) überall sehr gemein (2—4500').

784. **Loiseleuria procumbens (L.) Dsv.** Auf dürren, steinigen Abhängen und Rückenhöhen der Tauernkette von 5000' aufwärts überall höchst gemein, doch auch im Kalkzuge, z. B. am Pyrgas, Scheiblstein, Kalbling, gemein; überkleidet oft weite Strecken.

785. **Rhododendron ferrugineum L.** In der Voralpen- bis Alpenregion der Tauernkette sehr gemein, im Kalkzuge jedoch (am Pyrgas, Kalbling, in der Kemeten, auf der Ardning, von Johnsbach auf den Hund) nur sporadisch; häufiger auf der Plösch (Werfnerschiefer).

.786. **Rhod. intermedium Tsch.** Hie und da an subalpinen Abhängen des Kalbling (Angelis!): interm. vom Bösenstein im Herb. Maly gehört zu ferrugineum.

787. **Rhod. hirsutum L.** Im Schatten der Hochwälder, zwischen Krummholz, sowie an steinigen und grasigen Abhängen der Voralpenregion bis 5000' im ganzen Kalkzuge sehr gemein; steigt im Gesäuss und Johnsbachgraben bis zur Fahrstrasse herab.

788. **Rodothamnus Chamaecistus (L.) Rchb.** An felsigen Stellen der Kalkvoralpen sehr gemein; steigt seltener bis 6600' auf (z. B. Spitze des Hexenthurm), geht aber häufig längs der Giessbäche bis zur Thalsohle (Mühlauerfall, Schwarzenbach- und Johnsbachgraben, Gesäuss).

789. **Ledum palustre L.** Findet sich im Herb. Maly von „Mooren bei Admont" (leg. Sommerauer); wurde von dem Finder nach Angelis' Mittheilung als im Hofmoore häufig angegeben, nach Sommerauer's Aufschreibung aber im Krumauermoore gesammelt; ich suchte es an beiden Standorten vergeblich.

790. **Vaccinium Myrtillus L.** In Wäldern der Gneiss- und Schieferzone äusserst gemein, steigt hoch in die Alpen auf, bedeckt z. B. die Plösch bis zur Spitze (5413'); auf Kalkbergen viel seltener, doch auch da bis 6500' (am Scheiblstein).

791. **Vacc. uliginosum L.** In Torfmooren äusserst gemein; gemein auch auf Abhängen der Plösch (Werfnerschiefer) und der Tauernkette bis 6300'; weit seltener auf Kalkalpen, z. B. bei 6800' am Rücken des Scheiblstein, bei der Treffneralpe.

792. **Vacc. Vitis Idaea** L. Auf Torfmooren und in Wäldern der Kalk- und Tauernkette bis in die Alpenregion gemein; z. B. noch bei 6400' um die Höhe des Steinamandl an felsigen Stellen.

793. **Oxycoccos palustris** Pers. Auf Sphagneen der Torfmoore im Ennsthale gemein, von Angelis und Stur auch auf Torf um den Triebnersee im Paltenthale gesammelt.

LI. Fam. Pirolaceae Lindl.

794. **Pirola rotundifoiia** L. An schattigen Stellen der Berge, besonders auf Kalk, stellenweise häufig: Im Gesäuss vor Gstatterboden, im Lafferwald, in der Flietzen, am Unterkalbling bis 4500', unter der Kemetwand; am Wege zur Bockmayralm, zwischen Hohentauern und Scheiplsee selten.

795. **Pir. chlorantha** Sw. In Wäldern bei Admont (Strobl sen., Angelis), in einem Voralpenwalde des Kalbling (Angelis): jedenfalls sehr selten.

796. **Pir. media** Sw. Ebenso selten in schattigen Bergwäldern: Am Fusse des Kalbling (Strobl sen., Angelis), in der Flietzen anno 1833 ein Exemplar (Angelis).

797. **Pir. minor.** L. An schattigen Stellen im Thale, in Wäldern der Berge und Voralpen ziemlich häufig: Unter den Linden des Stiftsteiches, unter Gesträuch in der Sautratte stellenweise sehr häufig, im Lafferwald beim aufgelassenen Kohlenbau, im Hartlersgraben, in den Johnsbacher Voralpen, bei der Treffneralm und am Kalbling flore roseo, am Lichtmessberge, Hochschwung c. 5500'. Alluvium. Kalk, Schiefer.

798. **Pir. secunda** L. In Wäldern der Berge und Voralpen auf Kalk und Schiefer sehr häufig, z. B. im Gesäuss, vor'm Mühlbauerfall, am Aufstieg zur Scheibleggerhochalpe, vom Schafferweg zur Scheibleggerhochalpe gemein, am Unterkalbling, im Bürgerwalde von Rottenmann.

799. **Pir. uniflora** L. In moosigen Wäldern und an Waldrändern hie und da truppweise. z. B. um Mühlau, am Schafferweg, neben der Fahrstrasse des Lichtmessberges, am Schafweg des Kalbling, auf der Pitz, unterhalb der Scheibleggerhochalm (2000—5000', Kalk, Schiefer).

LII. Fam. Monotropeae Nutt.

800. α. **Monotropa Hypopitis** L. 800. β. **Mon. glabra** Bernh. In trockenen Berg- und Voralpenwäldern, besonders auf Moosboden, beide Arten gleich selten und vereinzelt: Am Aufstieg zur Scheibleggerhochalm (β), Schafferweg (α), Unterkalbling (α und β), unterhalb der Pfarrerhub bei Lorenzen, um Strechau unter Fichten, am Bruckstein vor Gstatterboden (Hatzi!), etc.

2*

LIII. Fam. Umbelliferae Juss.

801. Sanicula europaea L. In Wäldern des Kalkzuges sehr häufig, z. B. im Rauchboden- und Lafferwalde, am Aufstieg zur Pitz, vor'm Mühlauerfall, am Aufstieg zum Pyrgas, zur Scheibleggerhochalpe, am Schaffer- und Schafweg des Kalbling (bis 4500′).

802. Astrantia major L. Auf sumpfigen Wiesen, an schattigen, feuchten Orten der Voralpen im Enns- und Paltenthale sehr häufig. z. B. um Rottenmann, um das Hofmoor, am Rande der Oberhofwiese, am Schafferweg, ob der Gstattmayrvoralpe; an diesen Standorten meist β involucrata (Hpp.) Kch.; an trockenen, kalksteinigen Waldrändern im Gesäuss jedoch ist β seltener, α vulgaris Koch aber gemein.

803. Cicuta virosa L. An Teichen und in Moorsümpfen häufig: Bei Ardning, Frauenberg, in der Kruman seltener, sehr häufig aber in den Paltensümpfen bei Trieben und an den Fischteichen von Hohentauern (c. 3800′).

804. Apium graveolens L. Häufig kultivirt, auch auf einem Schutthaufen am Wege in's Gesäuss verwildert angetroffen; schon in einem alten Verzeichnisse angegeben.

805. Aegopodium Podagraria L. An feuchten, schattigen Stellen bis in die Voralpen überall sehr gemein; besonders im Stiftsgarten und um Voralpenhütten.

806. Carum Carvi L. Auf Rainen, Feldern, Wiesen bis in die Voralpen sehr gemein, z. B. noch am Pyrgasgatterl (4300′).

807. Pimpinella magna L. Auf Wiesen, Feldern, Hügeln, in Obstgärten höchst gemein; β rubra (Hoppe) in Hochwäldern und auf Voralpenwiesen des Pyrgas, Scheiblstein, Kalbling, der Johnsbacheralpen etc. sehr häufig, selten im Gesäuss.

808. Pimp. Saxifraga L. Auf dürren, sonnigen Rainen bis in die Voralpen sehr häufig. Variirt nach der Behaarung: α glabra, β pubescens; nach der Blüthenfarbe: α albiflora (gemein), β rosea (selten, z. B. Ennsthal, leg. Angelis!); nach der Blattform: α major Wllr. Blättchen eiförmig, Pflanze höher (Form der üppigeren Standorte); β minor poteriifolia Wllr. Blättchen rundlich eiförmig. gekerbt, Pflanze niedrig (Form der dürrsten Raine, z. B. vor'm Mühlauerwäldchen, beim Griesmayr, vor'm Gesäuss, am Schafferweg); γ alpestris Spr. Blättchen fast handförmig eingeschnitten mit zugespitzten Blattzipfeln (Form der Kalkalpen und angrenzenden Voralpen, z. B. Damischbachthurm, Kalbling); δ dissectifolia Wllr. Blättchen zerschnitten (selten, hie und da mit α und β).

809. Oenanthe aquatica (L.) Lam. Am Rande stehender Gewässer selten; wird in einem alten Verzeichnisse angeführt und dürfte nach Angelis zwischen Reitthal (ob Ardning) und Selzthal vorkommen.

810. Aethusa Cynapium L. An Wegen, Zäunen, Häusern, auf Schutthaufen und besonders in Gärten sehr häufig, z. B. um Admont.

811. **Libanotis montana** Cr. Auf felsigen Abhängen der Kalkvoralpen: Am Scheiblstein (Herb. Hatzi!), sehr häufig am Fusse des Gamsstein bei Johnsbach und am Südwestfusse der Kemetwand.

812. **Athamanta cretensis** L. α hirsuta DC. Pr. Blätter reichlich kurzhaarig, Blattzipfeln kürzer und breiter. β mutellinoides (Lam.) DC. Blätter fast kahl, Blattzipfeln schmäler und länger. Auf Gerölle und an steinigen Abhängen der Kalkzone von der Ebene (z. B. Gesäuss, Johnsbachgraben, Schwarzenbachgraben) bis 6300′ sehr gemein, vereinzelt sogar bis 7000′: meist α, β seltener, z. B. am Kalbling mit α. Ath. Matthioli „Bei Johnsbach" (Maly 1868) gehört gewiss auch zu β; fehlt im Herb. Maly.

813. **Meum athamanticum** Jcq. An rasigen Stellen felsiger Abhänge, unter Krummholz und auf Krummholzwiesen (5—6500′) in der ganzen Dachsteinkette gemein.

814. **Meum Mutellina** (L.) Gärtn. Auf Voralpen- und Alpentriften (5—6500′) der Tauernkette sehr gemein: im Kalkzuge nur an einigen Stellen der Johnsbacheralpen (um die Farchneralm und links am Hand hinauf) sehr häufig.

815. **Pachypleurum simplex** (L.) Rchb. An grasigen Stellen der Tauernkette selten: Im Ochsenkahr (Altes Verzeichniss), am grossen Griesstein (Stur). Gneiss.

816. **Selinum carvifolia** L. Auf einer sumpfigen Wiese zwischen Hoffeld und Hofmoos ausserhalb der Eichen sehr häufig: auch in einem alten Verzeichnisse angegeben.

NB. Levisticum officinale Koch wird in allen Hausgärten bis 4000′ (Hohentauern) kultivirt, verwildert aber traf ich es nirgends.

817. **Angelica silvestris** L. Auf sumpfigen Wiesen, an Teichen, in Auen und feuchten Wäldern sehr gemein.

818. **Ang. montana** Schleicher. An feuchten, schattigen Orten der Voralpenregion: Ob der Gstattmayrvoralpe am Scheiblstein unter Strauchwerk hie und da (Kalk), im Strechengraben (Schiefer).

819. **Peucedanum palustre** (L.) Mnch. In Sumpfwiesen des Enns- und Paltenthales ziemlich häufig: Um den Krumauerteich, ausserhalb der Schultering, an der Palte bei Lorenzen, Trieben und um den Gaishornsee.

830. **Imperatoria Ostruthium** L. In Hochwäldern und auf feuchten üppigen Triften der Tauernkette, besonders am Fusse der Felswände sehr häufig; z. B. am Hochschwung, um den Grün-, Gemein- und Scheiplsee, am Kampl, Blahberg in der Strechen, im Triebenthal bei der Schaunitzeralpe; etwas seltener im Dachsteinzuge, z. B. zwischen Krummholz am Scheiblstein häufig, am Kalbling um das Jagdhaus, am Hund.

821. **Anethum graveolens** L. Auf wüsten Plätzen verwildert (Altes Verzeichniss); fand es nie.

822. **Pastinaca sativa** L. An Rainen in Gstatterboden neben dem Stationsgebäude vereinzelt: sonst im Gebiete noch nicht beobachtet, während sie im oberen Murthale höchst gemein ist.

823. **Heracleum Sphondylium** L. Auf Wiesen, Feldern, an Bächen, in Obstgärten höchst gemein; am üppigsten wohl auf einer Waldwiese des Hartlersgrabens bei 3500'.

824. **Her. montanum Gd.** (asperum Koch, Maly). An hochgrasigen, feuchtschattigen Stellen der Berg- und Voralpenregion (4—5500') nicht selten: Sehr häufig am Aufstieg zur Scheibleggerhochalpe, vorzüglich unterhalb der Kemetwand; seltener in der Krummholzregion zwischen Scheiblstein und Pyrgas, auf der Ardning, um die Felsen des Hochschwung. Kalk, selten Schiefer.

NB. Die Mannigfaltigkeit der Blattformen an einem und demselben Standorte geht in's Unglaubliche.

825. **Her. austriacum Jacq.** Auf Wiesen der Voralpen und Alpen bis über 6000' im ganzen Kalkgebiete sehr häufig, sogar schon im Gesäuss sehr verbreitet.

826. **Laserpitium latifolium L.** In grasigen Bergwäldern, sowie an bewachsenen Felsterrassen bis auf die Voralpen der Kalkkette und der Kalkvorlagen des Tauernzuges fast überall, doch selten in grösserer Menge: steigt im Gesäuss, Johnsbachgraben, längs des Schwarzenbaches und der Folkernot (bei Mühlau) bis zur Thalsohle herab.

827. **Daucus Carota L.** Auf trockenen Wiesen, an Wegen und Rainen sehr gemein bis in die Voralpen.

828. **Torilis Anthriscus (L.) Gmel.** An Wegen, auf sonnigen Rainen und lichten Waldplätzen hie und da häufig: Bei Weng, am Aufstiege zur Pitz, vor Frauenberg, um die Klause ob Ardning, bei Dittmannsdorf, am Fusse der Klammfelsen, um Strechau.

829. **Anthriscus silvestris (L.) Hffm.** Auf Wiesen, in Grasgärten, an Zäunen und Bachrändern, höchst gemein: β alpestris (W. Gr.), nach Maly auf Voralpen Obersteier's, wurde im Gebiete nicht beobachtet und fehlt auch im Herb. Maly.

830. **Anthr. Cerefolium (L.) Hffm.** An Zäunen und Häusern nicht selten verwildert, z. B. vor den Stiftsthoren, in Hall, beim Ruppgarten.

Chaerophyllum temulum L. Bei Admont häufig (Angelis), im Enns- und Paltenthale (Maly 1868). Da Maly seine Angaben zumeist Angelis verdankt, letzterer aber eine Verwechslung mit aureum zugibt, so ist diese Pflanze für unser Gebiet sehr fraglich.

831. **Chaer. aureum L.** An Wegen, Zäunen, Getreidefeldern und Waldrändern bis in die höhere Bergregion sehr häufig, z. B. in der Kruman, am Pyrgasbache ob der Gstadtmayrvoralpe, um Lorenzen, um die Pfarrerhub ob Lorenzen, um Hohentauern (4000'). Alluvium, Kalk, Schiefer.

832. **Chaer. Cicutaria Vill** (hirsutum Koch, non L.) An Bächen, unter Gebüsch, in Obstgärten und Wäldern bis auf die Voralpen der Kalk- und Tauernkette gemein, auf Voralpenwiesen meist β rubriflorum DC.

833. **Chaer. hirsutum L.** (Villarsii Koch). An feuchten, grasigen Stellen der mittleren Alpenregion im Kalk- und Tauernzuge ziem-

lich häufig, z. B. unter Krummholz am Pyrgas, Scheiblstein, Kalbling (Kalk); im Hochalpenthale zwischen Klein- und Gross-Bösenstein bis 7000' selten, an Bachrändern ob der Bacheralpe, am Fusse der Hochhaide ob dem Gemeinsee häufig (Gneiss); um die Felsen des Hochschwung sehr häufig (Glimmerschiefer).

834. **Myrrhis odorata** (L.) Scop. An Zäunen und Gartenwegen der Ortschaft Hohentauern, vorzüglich inner- und ausserhalb des Pfarrergartens, ebenso bei Admont (Angelis) und im Sattlergarten zu Hall (Strobl sen.!); scheint blos verwildert.

835. **Conium maculatum** L. An Wassergräben bei Ardning (Altes Verzeichniss), um Ardning (Strobl sen!).

836. **Pleurospermum austriacum** (L.) Hffm. An schattigen Stellen im Gesäuss und Johnsbachgraben äusserst selten, um den Gamsstein selten (Kalk); ziemlich häufig aber auf üppigen Alpenwiesen an der Südseite des Hochschwung (Gl.-Schiefer, 5800').

LIV. Fam. Araliaceae Juss.

837. **Hedera Helix** L. Sehr häufig in Wäldern (2—4000'), theils den moosigen Waldgrund überrankend, theils an Bäumen und Felsen emporkletternd; im Gesäuss, von Weng auf die Buchau, vor dem Mühlauerfalle, am Aufstiege zur Scheibleggervor- und Hochalpe etc., besonders häufig aber um Strechau.

LV. Fam. Corneae DC.

838. **Cornus sanguinea** L. An Zäunen, in Hecken und Vorhölzern sehr häufig, z. B. neben der Essling, im Stiftsgarten.

Corn. mas L. wird im Stiftsgarten etc. kultivirt, ist aber meines Wissens nirgends wild oder verwildert.

LVI. Fam. Loranthaceae Don.

839. **Viscum album** L. Auf Apfelbäumen hie und da um Weng, Hall. Aigen, Admont, im Selzthale etc., von Hatzi auch auf Eichen beobachtet.

LVII. Fam. Crassulaceae DC.

840. **Sedum Rhodiola** Scop. (roseum (L.) unterscheidet sich nach schwedischen Ex. durch viel breitere, kürzere, fast ganzrandige Blätter). Auf steinigen Abhängen und im Gerölle der mittleren Alpenregion: Sehr gemein um die Felsen des Hochschwung, der Hochhaide, seltener im Ochsenkahr und ob dem Scheiplsee am Bösenstein; im Kalkzuge in den Johnsbacheralpen, besonders vom Mitterboden

auf den Hund und gegen das Hochthor sehr häufig, am Kalbling selten.

841. **Sed. maximum Suter.** Auf Felsen und Mauern der Tiefregion häufig, z. B. an Stadtmauern Rottenmanns, an Felsen bei der Melzen, um Strechau.

842. **Sed. purpurascens Koch.** An Mauern um Admont von Angelis 1878 gesammelt und mir mitgetheilt.

843. **Sed. villosum L.** Auf sumpfigen Bergwiesen des Seckauer Zuges bis hart an die Grenze unseres Gebietes nicht selten, für unser Gebiet aber noch aufzufinden.

844. **Sed. atratum L.** Auf steinigen, kurzgrasigen Triften, auf Felsblöcken und Felsen (4500—7000') in der ganzen Kalkkette sehr häufig, auch auf Kalkvorlagen der Tauernkette. Variirt α genuinum und β carinthiacum (Hpp.) mit gelbgrünen, von einem grünen Mittelnerv durchzogenen Blumenblättern; letztere fast häufiger.

845. **Sed. annuum L.** An Felsen und Mauern der Tauernstrasse von Trieben bis Hohentauern sehr häufig, ebenso von der Klamm bis tief in den Strechengraben, seltener von Lorenzen zur Pfarrerhube. Schiefer, 2—4000'. Scheint im Ennsthale zu fehlen.

846. **Sed. album L.** An Felsen und Mauern bis auf die Voralpen des Kalkzuges sehr verbreitet, ebenso auf den silur. Kalklagen der Tauernkette; auf Schiefer aber nur innerhalb der Klamm gegen den Strechengraben beobachtet.

847. **Sed. dasyphyllum L.** An Felsen in der Klamm, sowie von da gegen Oppenberg und in den Strechengraben ziemlich selten (Glimmerschiefer), auf Kalkgerölle im Sunk, nach dem Herb. Hatzi auch „auf Alpen um Admont“.

848. **Sed. sexangulare L.** Auf Mauern, Steinhaufen, Felsen der Tiefregion im Enns- und Paltenthale sehr häufig, z. B. am Wege nach Mühlau, Hall, Frauenberg, im Gesäuss, am Lichtmessberg, um Dittmannsdorf, Lorenzen, Trieben. Kalk, Schiefer.

849. **Sed. acre L.** An denselben Standorten, wie voriges, im ganzen oberen Murthale häufig, für unser Gebiet aber nur von einem alten Verzeichnisse angegeben, dessen Verfasser es möglicherweise mit vorigem verwechselte.

850. **Sed alpestre Vill.** Auf Felsen und steinigen Abhängen der Tauernkette (Gneiss, Glimmerschiefer) etwa von 4500' an bis zu den höchsten Gipfeln überall sehr häufig, am Bösenstein bis 7784'.

851. **Sempervivum Wulfenii Hpp.** Auf Felsen des Blachberges in der Strechen häufig (Glimmerschiefer, 5- 5300').

852. **Semp. Funkii Braun.** „Auf der höchsten Schneide des Bösenstein mehr vereinzelt“ (Schleicher), also auf Gneiss bei 7780': ich fand es aber nie daselbst.

853. **Semp. montanum L.** Auf Felsen und Steinblöcken der Tauernkette von 5000 bis über 7000' überall sehr häufig, z. B. Bösenstein, Hochhaide, Steinamandl, Hochschwung; gedeiht auch prächtig an Werfnerschiefer - Platten des Pfarrergartens zu Frauenberg, hier jedenfalls kultivirt.

854. **Semp. hirtum** L. Auf Bergfelsen der Kalkzone häufig; Auf der Pitz, am Südwestfusse und auf der Spitze der Kemetwand, zwischen Bärnkoppe und Stumpfnagleralm, am Almsteig des Kalbling und um die hohe Kalblingmauer, am Aufstiege zum Sulzkahr, am Gamsstein, im Sunk: selten auf Glimmerschiefer am Eingange in den Strechengraben.

LVIII. Fam. Ribesiaceae Endl.

855. **Ribes Grossularia** L. α glanduloso - setosum Koch. An Zäunen, Hecken und in Wäldern gemein.
856. **Rib. rubrum** L. In Gärten allgemein kultivirt und halb verwildert: nigrum L. wird selten gepflanzt, z. B. im Stiftsgarten.
857. **Rib. alpinum** L. Zwischen Gesträuch der höheren Wald-bis Krummholzregion ziemlich selten: Tief unter'm Rinnstein in den Johnsbacheralpen, unterhalb der Scheibleggerhochalpe und am Wege zur Stumpfnagleralpe: an letzterem Standorte gibt Gebhard und auf dessen Autorität Maly 1838 petraeum Wlf. an, ich und Strobl sen. aber haben hier nur alpinum gesammelt: es dürfte somit Gebhard's Angabe auf irriger Bestimmung beruhen: auch sonst wurde petraeum im Gebiete nirgends beobachtet.

LIX. Fam. Saxifrageae Vent.

858. **Saxifraga Aizoon** Jacq. Auf Felsen des Kalkzuges und der Kalkvoralpen des Tauernzuges (4—7000') sehr gemein, bisweilen auch bis zur Thalsohle herabgeschwemmt: auch am Hochschwung, besonders unter der Spitze sehr gemein und ob der Bacheralpe unterhalb des Gemeinsee's sehr häufig (Glimmerschiefer). Variirt im Gebiete nach den Blüthen: α immaculata und seltener β maculata: nach den Wurzelblättern: α brevifolia Engler Mon. (= laeta Schott, wenn die Blumenblätter gross und ungefleckt sind) und β longifolia Wimmer = f. robusta (Schott) Engler. Beide kommen öfters nebeneinander vor, z. B. von der Treffneralpe zum Reichenstein (Angelis!) und ob der Bacheralpe, wo α brevif. noch blühte, während β schon lange verblüht war: im Allgemeinen liebt β tiefere und α höhere Lagen.
859. **Sax. altissima** Kerner. „Auf Alpen um Admont" Maly 1868; im Herb. Maly liegen Exemplare mit der Etiquette „Admont": der nächste mir bekannte, aber schon ausserhalb der Gebietsgrenzen gelegene Fundort sind verwitternde Schieferwände im Hagenbachgraben bei Kalwang.
860. **Sax. mutata** L. Im Flietzengraben bei Gaishorn, an Waldrändern unterhalb der Griesweberalm ziemlich häufig, selten im Schwarzenbachgraben und im Gaisthale am Kalbling. Kalk, Schiefer.
861. **Sax. Burseriana** L. Auf den höchsten, felsigen Abhängen der Kalkkette: Häufig am Sparafeld (6600—7000') selten am Hexenthurm, Kalblingrücken (Angelis), am Pyrgas (Strobl sen.), Scheibl-

stein (Herb. Joann.!); auf Kalkfelsen des Sunk und Triebenstein in der Tauernkette schon in der Waldregion häufig.

862. **Sax. caesia** L. Auf Felsen und im Felsschutt der Kalkkette und der Kalkvorlagen des Tauernzuges (4—6600') gemein, auch ziemlich häufig herabgeschwemmt am Mühlauerfall, im Schwarzenbachgraben, Gesäuss etc.

863. **Sax. oppositifolia** L. Umkränzt in dichten Rasen die Felsen des Strechauer Schiefergebirges, vorzüglich gemein am Hochschwung; auch am Grieskogel im Triebenthale (Angelis, Gneiss), am Griesstein (Hatzi! Gneiss); auf Kalk nur unter der Spitze des Pyrgas c. 7150' in einer kleinen Mulde ziemlich häufig und auf der Spitze des Hexenthurm (6618') selten.

864. **Sax. blepharophylla** Kerner. Auf Glimmerschieferfelsen des Hochschwung c. 6000' mit der vorigen; ob häufig, könnte ich nicht angeben, da ich sie früher nicht unterschied; vielleicht gehört auch „biflora All. am Rottenmannertauern" Maly 1868 hieher; sie fehlt im Herbarium Maly.

865. **Sax. aspera** L. „An felsigen, feuchten Orten des Rottenmannertauern" Maly 1868; jedenfalls auf Angelis' Autorität, der sie aber nie in unserem Gebiete, sondern nur auf Hochalpen um Kleinsölk sammelte; ich entdeckte sie häufig (4500—5000') am Blahberg in der Strechen und etwas seltener am Hochschwung (6000'). beidesmal auf Glimmerschiefer.

866. **Sax. bryoides** L. An trockenen, felsigen Abhängen und windigen Rückenflächen der Tauernkette, (6—7784') sehr häufig: Am Bösenstein gemein, im Ochsenkahr, auf den drei Stecken, der Hochhaide, am Grieskogel, Hochschwung (Gneiss, Glimmerschiefer).

867. **Sax. aizoides** L. An feuchten, quelligen Stellen (4—7000') im Kalkzuge gemein, doch auch in der Tauernkette, z. B. Hochschwung, Bacheralpe, Bösenstein, sehr häufig. Variirt α citrina (citrongelb), β crocea Gd. (safrangelb), γ atrorubens (Bert) (dunkelsafranroth), oft, z. B. am Kalbling, Hochschwung, ob der Bacheralpe, alle drei Variationen an demselben Standorte und mit Uebergängen; eine sehr üppige, grossblättrige Form mit vielen unfruchtbaren Ausläufern (= var. riparia Kerner Herb.) sammelte ich an Gräben sumpfiger Wiesen vom Griesmayr gegen die Enns hinab, wohl nur Standortsmodifikation.

868. **Sax. stellaris** L. α forma vulgaris Engl., β f. glabrata Sternb., γ f. hispidula Rochel, δ f. pauciflora Engl. An feuchten Stellen, besonders an Bächen und Schneefeldern, der Berg- bis Hochregion des Kalk- und Tauernzuges meist sehr gemein, am Bösenstein bis 7400'; α und γ am häufigsten, β an den feuchtesten, δ an den höchsten Standorten; var. comosa Poir (Aeste mit kleinen Blattrosetten) dürfte ebenfalls vorkommen; wenigstens sammelte ich sie in Obersteier zweimal.

869. **Sax. hieracifolia** W. K. An haideartigen und üppigeren Abhängen um die Felsen des Hochschwung (Glimmerschiefer, 5500') gar nicht selten; sammelte bereits über 60 Exemplare.

870. Sax. rotundifolia L. α forma vulgaris Engler. An Gebirgsbächen, in schattigen Bergschluchten und im feuchten Boden der
Hochwälder des Kalk- und Tauernzuges fast überall, doch nicht
gemein und kaum bis in die Alpenregion, etwa bis 5000'; auch
schon in der Tiefregion, z. B. im Gesäuss, Johnsbach-, Veitlgraben,
am Mühlauerfall.

871. Sax. pyrenaica Vill. Engler. An felsigen, kurzgrasigen
Orten der Kalk- und Tauernkette (5—7784') sehr häufig, besonders
auf Kalk; variirt ausserordentlich : 1. nach der Blattform : α trifida
(gemein); β pygmaea Haw = integrifolia Koch (seltener. in der Hoch-
region der Kalkalpen): 2. nach der Behaarung: α forma vulgaris
Engler (Blätter fast kahl, Stengel unten ziemlich kahl. Auf Kalkalpen, seltener im Tauernzuge); β glandulosa Engl. (= moschata
Wlf.. Stengl unten und oben drüsig, Blätter dicht drüsig — nur im
Tauernzuge): 3. nach der Rasenform: α compacta Mert. Koch,
β intermedia Koch, γ laxa Sternb. und Koch, alle drei oft in nächster
Nähe miteinander vorkommend, z. B. α und γ auf der Spitze des
Bösenstein; endlich wäre noch zu erwähnen, dass manche Exemplare
der Tauernkette, z. B. form. glabrescens laxa vom Bösenstein und
f. glandulosa laxa vom Hochschwung, fast so stark vorspringende
Blattnerven. wie exarata Vill, dabei aber noch die schmalen Blumenblätter der pyrenaica besitzen; die echte exarata mit breiten, ver-
kehrteiförmigen Blumenblättern von doppelter Länge der Kelchzipfeln
wurde im Gebiete noch nicht gefunden.

872. Sax. aphylla Sternb. 1810 (stenopetala Gd. 1818). An
steilen, felsigen Abhängen der höchsten Kalkalpen (6—7000'): Auf
der letzten Erhebung des Scheiblstein, an Felswänden der Schafleithen, am Rücken des Sparafeld (hier häufig), unter der Spitze
des Kalbling, am Pyrgas (Sauter), Natterriegl (Hatzi!).

873. Sax. sedoides L. An denselben Standorten, wie vorige und
meist mit ihr gesellschaftlich, am Sparafeld ebenfalls am häufigsten.
ausserdem noch neben Schneefeldern des Hochthor sehr häufig und
nach einem alten Verzeichniss am Buchstein; am Sparafeld sammelte
Angelis auch eine schlaffrasige, höhere var. dispar (viele Blätter
dreispaltig, die Blumenblätter etwas schmäler, als bei der Normalform, jedoch lanzettlich und kürzer, als der Kelch); höchst wahrscheinlich Bastard mit Aphylla; ich möchte ihn zu Ehren des Ent-
deckers Sax. Angelisii nennen.

874. Sax. androsacea L. An feuchten, felsigen Stellen der
Voralpen- und Alpenregion des Kalkzuges. vorzüglich in Schluchten
der Alpenbäche. an Schneefeldern und Schneegruben (4500—7000')
gemein, oft sogar massenhaft; auch um die Felsen des Hochschwung
(Glimmerschiefer) sehr häufig.

875. Sax. Scopolii Vill 1789 (controversa Sternb. 1810) α f.
Linnaei Boiss. Engler (Höher, Blätter meist fünftheilig); β integri-
folia Gd. (zart, einfach, Blätter ungetheilt). Auf einem moosigen
Abhange im Sunk unterhalb der gesprengten Kalkwand zerstreut (α),

in der Flietzen ob der Flietzenalm, am Wege zur Höller alm auf
Kalk (Angelis!); an letzterem Standorte α, β und Uebergänge.
876. **Chrysosplenium alternifolium L.** An Bächen, Quellen, in
Obstgärten und feuchten Schluchten gemein.

IX. Fam. Ranunculaceae Juss.

877. **Clematis Vitalba L.** α grossedentata, selten β integrata DC.
An buschigen Stellen und in Bergwäldern zerstreut: Ueberzieht im
Rauchbodenwalde von Gstatterboden auf den Brucksattel weithin die
Wegränder und das steinige Beet eines Giessbaches, überrankt im
Lafferwald am Rande des Reiterbaches Gesträuche; am Wege auf
die Buchau, gegen die Pitz hinauf und hoch oben am Dörflstein.
878. **Atragene alpina L.** An felsigen und schattigen Stellen
der Voralpenregion des Kalkzuges und der sil. Kalkvorlagen des
Tauernzuges überall häufig, sehr gemein sogar um den Himbeerstein
am Ostende des Ennsthales und durch's Gesäuss; in Schieferschluchten (z. B. Wolfs- und Strechengraben), sowie auf Schiefer-
voralpen (Hochschwung, ob der Pesendorferalpe gegen die Hochhaide
hinauf) spärlich.
879. **Thalictrum aquilegifolium L.** An Quellen, Bächen und in
Wäldern der Kalkzone (3 5000') überall häufig, viel seltener auf
Schieferbergen (beim Stege im Wolfsgraben, unter Felsen des Hochschwung, am Blahberge in der Strechen); var. albiflorum unterhalb
der Scheibleggerhochalm.
880. **Thal. minus L.** α virens Wllr., β roridum Wllr. (Blätter
intensiv blau bereift), γ majus (Jacq.) Kch. = β elatum Nlr. (Eine
sehr üppige, hohe, grossblättrige Form; meine Exemplare stimmen
genau mit Exemplaren Kerner's und Haffuer's aus der Umgebung
Wien's). Auf grasigen, buschigen und felsigen Stellen der Kalkvoralpen ziemlich selten: Am häufigsten von der Gstadtmayrvoralpe
gegen den Scheiblstein hinauf (α und γ), seltener unter Krummholz
um die Ringmauer des Kalbling, am Wege in die Krumau ob dem
Schmidbacher (Angelis), am Wege nach Johnsbach (α und β, letztere
von P. Rudolf Gersprich gesammelt und von Angelis mir mitgetheilt).
881. **Thal. angustifolium Jacq.** β heterophyllum Gd. (Die
unteren Blättchen länglich — bisweilen einige dreispaltig — die
oberen schmal — linear). Auf feuchten Wiesen, besonders zwischen
Schilfrohr und zwischen Gebüsch auf Kalkvorlagen häufig, z. B.
unterhalb der Ziegelbrennerei, in der Krumau, im Gesäuss, von
Gstatterboden auf den Brucksattel.
882. **Thal. nigricans Jacq.** Reichb. Jc. 4638 XLIII. Auf feuchten
Wiesen, besonders zwischen Schilfrohr, z. B. um das Hofmoor, an
der Enns in der Schultering, unterhalb der Ziegelbrennerei, an der
Palte. Oft mit voriger und wohl kaum spezifisch verschieden.
883. **Thal. flavum L.** Rchb. Jc.! Auf Wiesen im Gesäuss von
Angelis gesammelt und mir mitgetheilt.

884. **Hepatica triloba Chaix.** Unter Laub- und Nadelholz, besonders der Bergwälder auf Kalk und Schiefer fast überall gemein (2—4000'): auch var. albiflora am Schafferwege, an der Fahrstrasse des Lichtmessberges, auf der Buchau etc. nicht selten.

885. **Anemone narcissiflora L.** f. austriaca Kerner Herb. (Kalk-Race). An berasten, feuchten Stellen, um Schneegruben (4—7000') in den Hallermauern und Johnsbacheralpen sehr häufig, seltener am Kalblingstocke; auf den höchsten Punkten meist einblüthig. Die Form der Urgebirge wurde im Gebiete noch nicht aufgefunden.

886. **An. baldensis L.** Auf Alpenwiesen am Hund bei Johnsbach (Hatzi!): von Strobl sen. auch am Pyrgas angegeben.

887. **An. nemorosa L.** In Wäldern, Hainen, Obstgärten, unter Gebüsch der Tief- und Bergregion höchst gemein; selten var. rosea.

888. **An. ranunculoides L.** Zwischen Gebüsch, an Hügeln und auf Feldern ziemlich selten: Am häufigsten an Zäunen zwischen Bärndorf und Büschendorf, seltener am Leichenberg, am Wege in die Mühlau, am Heindlfeld, vor'm Gesäuss, im unteren Stiftsgarten.

889. **Pulsatilla alba Lobel.** Rchb. Jc. 4653 LI. An feuchten Gehängen und Bachrändern der ganzen Tauernkette (4—6500') sehr häufig: häufig auch auf den windigen Höhen und Graten der Hochregion, z. B. am Bösenstein bis 7300', auf der Hochhaide etc.

890. **Puls. Burseriana Scop.** Auf feuchten und felsigen Abhängen der Voralpen- bis Alpenregion im Kalkzuge fast überall, wenn auch nicht gerade gemein; steigt bis in's Gesäuss und den Johnsbachgraben hinab; ich fand nur α grandiflora Hpp; β sulphurea (L.) wurde von Hatzi am Scheiblstein gesammelt (Herb. Maly), von Strobl sen. am Kalbling und von Welden speziell „am Schneefelde des Speikbodens" angegeben.

891. **Adonis aestivalis L.** Unter Saaten (Strobl sen. Herb. ohne näheren Standort).

892. **Myosurus minimus L.** Auf überschwemmt gewesenen Stellen am Gaishornsee (Speckmoser).

893. **Ranunculus aquatilis L.** var. homophyllus Wlr. (Von paucistam. verschieden durch doppelt so grosse, vieladerige Blumenblätter, gegen die Spitze verschmälerte Blüthenstiele, zahlreiche Staubgefässe, ausserhalb des Wassers pinselförmig sich vereinigende Blattfäden). In stehenden und fliessenden Gewässern gemein, z. B. Bäche beim Griesmayr, Gräben am Temmelteich, Gansmüllerteich, Krumauerteich, Stiftsteiche, Ennsarme, Tauernteiche (c. 4000'): nach Maly 1868 käme auch α peltatus und β tripartitus (Nolte) im Enns-und Paltenthale vor, doch sah ich keine Exemplare.

894. **Ran. paucistamineus Tausch.** (identisch mit Diagn. und Exempl. Freyn's in Kerner Flora exs. Austr.). In stehenden Gewässern wahrscheinlich häufig: ich sammelte ihn im grossen Stiftsteiche und in Ennsarmen der Krumau.

895. **Ran. circinatus Sibth.** Im Krumauerteiche und in den Teichen des Stiftsgartens, besonders den kleineren, nicht selten.

NB. Ran. glacialis L. „Im Gesäuss (Maly 1868) ist jedenfalls ein Irrthum, weil nie auf Kalk und nie in der Tiefregion.

896. Ran. alpestris L. Auf felsigen, feuchten Stellen der Kalkkette (4—7000′) sehr gemein, auch auf den sil. Kalkvorbergen der
Tauernkette häufig: steigt mit den Giessbächen in die Tiefregion,
z. B. Gesäuss, Johnsbachgraben, wo er sehr üppig wird, während
die Exemplare der Hochregion kaum 2—3 cm. Höhe und oft ab-
norme Blätter zeigen: am Scheiblstein von Strobl sen. auch flore
pleno gefunden.

897. Ran. crenatus W. K. In ausgetrockneten Giessbachbeeten,
an Rändern der Seeen und Schneefelder (5500—6500′) des Tauernzuges stellenweise höchst gemein: so links ob dem Scheiplsee
(wurde hier „am Hengst" von Sommerauer entdeckt und als vagi-
natus Som. versendet), um den gefrornen See, den Gemeinsee, von
dort aufwärts bis zum Sattel zwischen Mitterstein und Hochhaide,
um den Grünsee, am Fusse der drei Stecken und an der Weissgulling hinter Oppenberg; wird in Maly 1868 irrig auch vom Sparafeld angegeben. Gneiss, Glimmerschiefer.

898. Ran. aconitifolius L. und β platanifolius (L.) Koch. α:
Auf feuchten Triften und zwischen Gestände der Kalk- und Urgebirgsalpen häufig, z. B. zwischen Krummholz am Kalbling und
herabgeschwemmt bis zum Kaiserauerteich, am Steinamandl bis
6400′, Kampl, Scheiblstein, in den Johnsbacheralpen; β: An Bächen
und feuchten, schattigen Stellen der Tief- und Voralpenregion des
ganzen Gebietes zerstreut, noch häufiger als α, z. B. um Mühlau,
Johnsbach, am Aufstieg zur Scheibleggerhochalpe, im Wolfs- und
Strechengraben, bei der Pfarrerhub ob Lorenzen, unter Erlen ob
der Bacheralpe, um den Scheiplsee: oft Uebergänge von α zu β.

899. Ran. Flammula L. α lauceolatus und β ovatus (Pers.) DC.
In Gräben, Sümpfen, an Teichen und Mooren des Enns- und Paltenthales gemein: z. B. an den Rändern des Hofmoores, an sandigen
Ufern der Enns und bei der Griesmayrlache; auch eine weithin
kriechende Form mit fast linealen Blättern = reptans L.?: doch
sah ich nie so zarte und so schmalblättrige Exemplare, wie aus
Norddeutschland und der Schweiz.

900. Ran. Lingua L. In tiefen Sümpfen, an sumpfigen Teich-
und Flussrändern ziemlich häufig: Ausserhalb der Schultering, in
der Krumau zwischen Schilfrohr, an Ennsarmen, an der Palte bei
Trieben, am Gaishornsee (Verbniak!).

901. Ran. hybridus Biria. Auf feuchten Abhängen, an Schneegruben und Schneefeldern der ganzen Dachsteinkette (5—6500′)
häufig, besonders am Pyrgas, Scheiblstein, Natterriegel, Buchstein,
Kalbling, Hund: selten bis zum Mühlauerfall herabgeschwemmt.

902. Ran. auricomus L. Auf der feuchten Schulteringwiese
(Angelis! Hatzi!), an Ennsufern bei Admont (Hatzi), unterhalb der
Ziegelbrennerei im Kothgraben (Angelis!).

903. Ran. montanus W. Auf feuchten, gut berasten Abhängen
der Voralpen und Alpen des Kalkzuges, besonders auf freien Plätzen
zwischen Krummholz gemein, etwas seltener, doch ebenfalls von 4500′
an fast überall verbreitet, im Tauernzuge; auch schon auf Kalksand

im Gesäuss (c. 2000') und zwar theils in üppigen Exemplaren der Hauptform, theils in der noch üppigeren var. β major Koch, die auch noch hie und da auf Voralpen des Scheiblstein etc. sporadisch auftritt: habituell davon gänzlich verschieden ist die kaum 3 cm. hohe, kleinblüthige (Durchmesser 11—14 mm.) Form mit schmäleren, tiefer getheilten Blättern, die bei 7000' die Höhe des Kalbling häufig bewohnt: sie sieht dem carinthiacus Hpp. sehr ähnlich, muss aber doch nur als Hochalpenform des montanus aufgefasst werden. Wie in der Ueppigkeit, gibt es auch in der Behaarung von der dichten, abstehenden Stengelbehaarung der var. β bis zu fast gänzlicher Kahlheit zahllose Uebergänge.

904. **Ran. acris L.** Auf Feldern, Wiesen, trockenen Weiden und in Obstgärten gemein bis auf die Voralpen, wo er in einer niedrigen f. subalpina mihi mit breiteren, weniger tief getheilten Blättern die Almhütten in Menge umgibt.

905. **Ran. lanuginosus L.** An feuchten, schattigen Waldstellen, an Bächen und in Schluchten der Vorberge sehr verbreitet, doch nicht sehr häufig, z. B. im Gesäuss, auf der Buchau, am Bache des Oberhoffeldes, längs der Strasse des Lichtmessberges, am Almsteig, im Wolfsgraben. Kalk, Schiefer, Alluvium.

906. **Ran. aureus Schl.** 1814 (nemorosus DC. 1828). In Berg- und Voralpenwäldern des Kalkzuges auf steiniger Unterlage überall sehr häufig, steigt von 2000' (z. B. Gesäuss, Mühlau) bis zur oberen Grenze des Krummholzes.

907. **Ran. repens L.** An überschwemmt gewesenen Bach- und-Flussrändern, an Wegen, in Gräben und feuchten Wäldern sehr gemein; an trockenen Stellen öfters aufrecht und ohne Ausläufer.

908. **Ran. bulbosus L.** Sommerauer hatte ihn im Herbar und gab ihn als Admonter Bürger an (Angelis): auch von Strobl sen. wurde er vom Gebiete angegeben; ich fand ihn nie.

909. **Ran. sardous Cr.** (Philonotis Ehrh.) An wüsten Plätzen vor Häusern und an Wegen ziemlich gemein, z. B. vor'm Krumauerteiche, am Hoffelde, hinter Johnsbach.

910. **Ran. sceleratus L.** Im Gebiete sehr selten: ich fand ihn einmal auf einem Kleefelde im Stiftsgarten, Hatzi an der Saulache des Stiftsmayrhofes; auch am Stiftsteiche stand er früher.

911. **Ran. arvensis L.** Ebenso selten, nur in einem alten Verzeichnisse aufgeführt.

912. **Ficaria ranunculoides Much.** Aeusserst gemein in den Beeten der Krautgärten, wo sie (z. B. im unteren Stiftsgarten) oft förmliche Bestände bildet, gerne auch in der Nähe von Häusern und Hecken auf feuchter, humusreicher Unterlage.

913. **Caltha palustris L.** In Wassergräben, Sümpfen, an Bächen und Teichen höchst gemein, steigt am Hund bis 5500' (Kalk), ebenso durch den Strechengraben bis in die Alpenregion des Hochschwung.

914. **Trollius europaeus L.** Auf fetten Triften der Berge, Voralpen und Alpen des Kalkzuges sehr häufig; erscheint auf den

höchsten Spitzen (Kalbling, Scheiblstein bei 7000′, Pyrgas bei 7200′) als humilis Cr., zieht sich aber am Pyrgas, wo er höchst gemein ist, bis in die Voralpenregion herab und geht allmählig in die Normalform (altissimus Cr.) über; im Tauernzuge traf ich ihn nur um die Felsen des Hochschwung (Glimmerschiefer) häufig, sonst vereinzelt.

915. **Helleborus niger L.** In Berg- und Voralpenwäldern des Kalkzuges und der Kalkvorlagen des Tauernzuges höchst gemein, auch auf Kalkschotter der Thalsohle: die erste Frühlingspflanze.

916. **Isopyrum thalictroides L.** In schattigen Laubwäldern bis 3500′ nicht selten: Gegen das Gesäuss hinab und im Gesäuss hie und da truppweise unter Laubbäumen häufig, am Leichenberg, Schafferweg, unter der Kemetenmauer, im Sunk (Angelis).

917. **Aquilegia vulgaris L.** In Bergwäldern und auf Waldwiesen des Kalkzuges zerstreut, aber ziemlich überall, häufig.

918. **Aquil. nigricans Bmg.** (atrata Koch). In Bergwäldern und auf Waldwiesen des Kalkzuges: Häufig vom Dörflstein zu den Pilzhütten hinab und von da zum Natterriegel bis 3500′, nicht selten von der Buchau nach S. Gallen, von Angelis noch am Mühlauerfalle und im Esslingsande gesammelt. Haenkeana Maly 1868 „auf Abhängen bei Hall (Hatzi)“ gehört auch hieher.

919. **Delphinium Consolida L.** Von Sommerauer bei Weng zwischen dem Grabnerhofe und der Enns, wahrscheinlich auf einem Acker, gesammelt; seither nicht mehr beobachtet.

920. **Aconitum Lycoctonum L.** α Vulparia (Rchb.), β Thelyphonum (Rchb. Jc.) In Wäldern, Holzschlägen, Schluchten der Berge und Voralpen des Kalk- und Tauernzuges bis 4500′ fast überall, α sehr häufig, β seltener.

921. **Ac. Cammarum Jacq.** Rchb. Jc. 4684. β judenbergense Rchb. An waldigen und buschigen Stellen der Vorberge in der Dachsteinkette und auf den sil. Kalkvorbergen der Tauernkette überall sehr häufig; var. albiflorum um die Kemetmauer vereinzelt.

922. **Ac. variegatum L.** Rchb. 4682. Zwischen Gebüsch am Eingange in's Gesäuss (Kalk, 2000′) ziemlich häufig mit vorigem; vielleicht gehört hieher auch das von Strobl sen. am Pyrgas angegebene paniculatum.

923. **Ac. speciosum Otto Rchb.** 4690 (? aber Stengel nicht schlaff, Schnabel nicht aufgebogen, Blattstücke an der Basis nicht zusammengeflossen; steht auch dem Stoerkeanum Rchb. 4692 sehr nahe, unterscheidet sich jedoch durch kaum behaarte Staubfäden und sehr grosse, hohe Blüthen.) Diese prächtige Pflanze fand ich häufig oberhalb des Alpsteiges an der Südwestseite der Kemetwand zwischen Krummholz und Gesträuch (Kalk, c. 4000′).

924. **Ac. multifidum Koch,** Rchb. 4696. β latisectum Rchb. Um die Stumpfnagleralm (Kalk, c. 4000′) am 28. September 1868 mit Cammarum und Napellus häufig und noch blühend gefunden.

925. **Ac. Napellus Dod.** Lob. Rchb. Jc. α pubescens mihi (Blüthentraube flaumhaarig), β glabrum mihi (die ganze Pflanze völlig kahl). In Voralpenwäldern der Kalkkette: Am Scheiblstein, im Sulzkahr

(Herb. Hatzi, v. α), von der Farchneralm bis in's Sulzkahr hinab häufig, am Fusse des Rinnstein sehr häufig (α), ebenso sehr häufig um die Hütte der Stumpfnagleralm mit Camm. und multifid.; war schon reiffrüchtig, während diese noch blühten; hier auch var. β, aber seltener.

926. Ac. laxum Rchb. Jc. 4701 (stimmt genau, aber Staubfäden dicht langbehaart). Am Alpenbache, welcher von den Kothhütten am Rottenmannertauern herabfliesst, mit der folgenden Art, aber sehr selten.

927. Ac. tauricum Wlf. Rchb. An Gebirgsbächen und um Almhütten in der ganzen Tauernkette höchst gemein, meist α latisectum m., seltener β angustisectum m. (mit schmallinearen Blattzipfeln).

928. Ac. Koelleanum Rchb. In dem hohen Alpenthale zwischen dem grossen und kleinen Bösenstein (Gneiss, 6—7200') sehr häufig; ist vielleicht nur hochalpine Zwergform der vorigen.

929. Actaea spicata L. In schattigen Bergwäldern und auf Voralpen der Kalk- und Schieferzone überall verbreitet, aber meist vereinzelt, steigt von der Thalsohle (z. B. Wäldchen vor'm Gesäuss, Klamm) bis in's Krummholz (z. B. am Scheiblstein, Kalbling).

LXI. Fam. Berberideae Vent.

930. Berberis vulgaris L. In Hecken, an Zäunen und Waldrändern bis auf die Voralpen gemein.

LXII. Fam. Papaveraceae Juss.

931. Papaver alpinum L. var. albiflorum Kch. Auf Dachsteinkalk-Gerölle unter den Felsen der Schafleithen am Schafwege und im Kalblingbachbeete abwärts, am Natterriegel (Strobl sen., Hatzi!), in den Johnsbacheralpen (Hatzi!); sehr gemein auf Gerölle und an Giessbachrändern im Johnsbachgraben und im Gesäuss vor Gstatterboden.

932. Pap. Rhoeas L. Unter Getreide und Lein hie und da häufig.

NB. Pap. somniferum L. wird nur in Ziergärten kultivirt.

933. Chelidonium majus L. Auf bebautem und wüstem Boden, besonders an Mauern und auf Schutt sehr gemein.

934. Corydalis cava (L.) Schweigg. Auf Feldern, z. B. sehr gemein ob der Kapelle vor Weng, im Heindlfelde vor'm Gesäuss (an beiden Localitäten auch var. albiflora [Kit]). um Hall; doch auch an steinigen Waldrändern, z. B. häufig ob Röthelstein, seltener beim Kalkofen ob Kaiserau (4000'). Meist über Kalk.

935. Cor. solida (L.) Sm. Im Schatten der Laubbäume und Gebüsche; Gemein im Stiftsgarten, sowie im Paltenthale von Bärndorf nach Rottenmann und Gaishorn, sonst seltener. Kalk, Schiefer.

936. **Fumaria officinalis** L. In Krautgärten und Kartoffelfeldern, auch auf Schuttplätzen sehr häufig.

937. **Fum. Schleicheri** Soy. W. Haussknecht Reg. Flora 1873 pag. 411. An ähnlichen Standorten, aber seltener, z. B. auf einem Kartoffelfelde im oberen Stiftsgarten, auf dem im Nordostende des unteren Stiftsgartens sich erhebenden Hügel. Stimmt genau mit Exemplaren Haussknecht's und lässt sich von Vaillantii Lois., die wohl auch im Gebiete vorkommen dürfte, leicht unterscheiden durch die Bracteen, welche dreimal kürzer sind als die dünnen, kaum nach oben verbreiterten, 4 mm. langen Fruchtstiele, durch die dunkler gefärbten Blüthen und längeren, breiteren Kelchblätter.

LXIII. Fam. Cruciferae Juss.

938. **Nasturtium sylvestre** (L.) R. Br. An Gräben, Wegen, lehmigen Ufern der Flüsse und Bäche sehr häufig, z. B. gegen Frauenberg, an Ennsarmen, an der Palte bei Bärendorf, um das Hofmoor.

939. **Nast. palustre** (Leys.) DC. An überschwemmten Ufern der Enns und Palte, in Wassergräben, abgelassenen Teichen, überhaupt an nassen und sumpfigen Orten gemein.

NB. Nast. austriacum Cr. wird von Maly 1868 „im Enns- und Paltenthale (Angelis)" angegeben. Angelis aber erinnert sich nicht, die Pflanze im Gebiete gesammelt zu haben.

940. **Barbarea vulgaris** R. Br. Unter Gebüsch, an steinigen, sandigen Ufern der Bäche und Flüsse hie und da nicht selten: In der Sautratte, an der Enns unterhalb des Griesmayr und gegen Frauenberg, im Hoffelde, bei Gstatterboden (Angelis!); sehr häufig im Fürstenparke bei Rottenmann.

941. **Barb. arcuata** Rchb. Auf kalkschotterigen Stellen unter Gebüsch in der Sautratte nicht selten.

942. **Turritis glabra** L. Auf grasigen, steinigen Anhöhen, an sandigen Feldrainen hie und da, meist in wenigen Exemplaren: am häufigsten auf buschigen Hügeln vor Frauenberg und auf versandeten Aeckern bei Lichtmessdorf.

943. **Arabis alpina** L. Auf sandigen, steinigen und felsigen, meist etwas feuchten Stellen der Voralpen und Alpen im Kalkzuge überall häufig, selten in der Hochregion, wie z. B. am Scheiblstein bei 6800'; sehr oft von Giessbächen in die Ebene geführt und auch an steinigen Ennsufern. Häufig auch auf den sil. Kalkvorlagen der Tauernkette, seltener auf sil. Schiefern, z. B. Wolfs- und Strechengraben, noch seltener auf Glimmerschiefer (am Hochschwung). Aendert bedeutend ab: An ganz trockenen Stellen dichtbehaart und graulich, an feuchten, schattigen Stellen schwach behaart, grünlich bis hellgrün, die Blätter beider Formen manchmal wellig (β crispata W.): ebenso variirt die Schotenlänge.

944. **Ar. hirsuta** (L.) Scop. Auf trockenen, unkultivirten Hügeln, Wiesen und Rainen, an grasigen Abhängen der Berge und Voralpen

nicht selten: Zwischen Griesmayr und Weng, in der Schultering, an Eisenbahndämmen bei Admont (Angelis!), um Gstatterboden, am Unterkalbling: sehr häufig an Wegrainen vor'm Melzner im Paltenthale (sil. Schiefer), von Lorenzen zum 'Rothleithner (Angelis). 945. Ar. ciliata R. Br. Auf steinigen, grasigen Höhen der mittleren Kalkalpen bis in die Krummholzregion herab, wo sie am häufigsten vorkommt: von den Giessbächen in die Ebene geführt, tritt sie auch da an Bachrändern, trockenen Rainen und auf sandigen Wiesen bald sporadisch, bald ziemlich häufig auf, z. B. von der Ennsbrücke gegen Hall und Mühlau, um den Griesmayr, stets auf Kalksand. Meist β hirsuta Koch, bisweilen aber, besonders zwischen Krummholz ob der Jägerhütte am Kalbling, auch α glabrata Koch und eine Reihe von Mittelformen.

946. Ar. arenosa (L.) Scop. Auf sandigen und steinigen Stellen der Tief- bis Voralpenregion, zumal an Bach- und Flussrändern, in der Kalkzone sehr häufig. seltener auf Schiefer (Wolfs-, Veitl-, Strechengraben, unter den Felsen des Hochschwung etc.). Variirt α albiflora, β rosea: ferner α simplex Nlr. (in höheren Lagen), β multiceps Nlr. (meist an Giessbächen etc. der Tiefregion).

947. Ar. Halleri L. Auf Feldern, Wiesen, trockenen Hügeln und in Obstgärten beider Thäler höchst gemein, steigt bis auf die mittleren Alpenhöhen des Kalk- und Tauernzuges: meist α cordata (Wurzelblätter herzförmig, ohne Oehrchen) und β auriculata (mit oft zahlreichen Oehrchen); auf sandigen Stellen in der Sautratte lebt sie gesellschaftlich mit arenosa, wird rauhhaarig, bastardirt? und lässt sich oft kaum oder gar nicht von derselben unterscheiden.

948. Ar. pumila Jacq. α scaberrima. Auf felsigen Stellen der Voralpen bis in die höchsten Alpen des Kalkzuges gemein, auch schon auf Kalkschutt im Gesäuss, Johnsbach-. Schwarzenbachgraben. am Mühlauerfall: in den niederen Lagen wird sie sehr üppig und geht oft über in β ciliaris (W.) (Pflanze grossblättrig mit mehrblättrigem Stengel. Blätter glänzend, nur oder fast nur am Rande behaart: Habitus sehr ähnlich dem der folgenden): besonders am Mühlauerfall, an Bächen um den Fuss des Kalbling, selten am Bächlein des Schafferweges: eine zur Blüthezeit bewimperte, zur Fruchtzeit kahlblättrige Uebergangsform zu bellidif. findet sich sehr häufig auf Moosen am Einflusse in den Kaiseraucrteich (kalkhältige Grauwacke. c. 4000').

949. Ar. bellidifolia Jcq. Typisch nur auf Voralpen der Gneissund Glimmerschieferzone: nicht selten an quelligen Stellen am Fusse des Hochschwung, von der Bacheralpe gegen den Grünsee; nach Angelis auch an einem Bächlein zwischen Sunk und Hohentauern.

950. Arabis Thaliana L. Auf Feldern. Brachäckern, an Rainen, sandigen Wegrändern beider Thäler sehr häufig, im Fürstenparke bei Rottenmann und im unteren Stiftsgarten sogar massenhaft.

951. Cardamine alpina W. An steinig-grasigen Abhängen der höchsten Gneiss- und Glimmerschieferalpen: Im Oppenberger Gebirge (Gebhard), am Gemeinsee (Angelis), am Bösenstein von 7000'

aufwärts zerstreut und oberhalb des hintersten Schneefeldes gegen die Scharte (zwischen Gross- und Klein-Bösenstein) hinauf sogar häufig.

952. **Card. resedifolia L.** An quelligen, grasigen und steinigen Stellen der ganzen Tauernkette von der Waldregion bis zu den höchsten Spitzen (am Bösenstein über 7700') sehr häufig; auf den höchsten Gehängen des Bösenstein etc. sind öfters alle Wurzel-, manchmal auch die Stengelblätter ungetheilt = var. integrifolia DC.

953. **Card. impatiens L.** Im Schatten feuchter Laubwälder und an Bergbächen hin und wieder, nicht selten; unterhalb der Kemetwand, am Lichtmessberg, am Wege nach Frauenberg, Aufstieg zur Pitz, im Johnsbachgraben, bei Dittmannsdorf, im Wolfsgraben etc. Schiefer, Kalk.

954. **Card. silvatica Lk.** An feuchten, schattigen Waldstellen der Berge und Voralpen; sehr gemein in schieferhältigen Schluchten, z. B. im Veitl-, Wolfs-, Strechen-, Ardninggraben, ob Lorenzen; seltener auf Kalk, z. B. im Gesäuss, Sunk, am Schafferweg, Brucksattel, unter der Kemetwand; auf Voralpen mehr sporadisch.

955. **Card. pratensis L.** Auf feuchten Wiesen, an Quellen und Bächen bis auf die Voralpen, besonders der Tauernkette, gemein; in der tieferen Alpenregion des Hochschwung gesammelte Exemplare weichen von der Normalform etwas ab, daher sie Kerner in litt. „nicht so ohne weiteres mit pratensis identifiziren möchte;" doch gelang es nicht, zur spezifischen Trennung taugliche Unterschiede aufzufinden.

956. **Card. amara L.** An Wald- und Voralpenbächen, besonders wo sie in kleinere Arme sich zertheilen und klare Sümpfe bilden, sehr häufig, z. B. im Veitlgraben, am Scheiblegger-, Strechen-, Kothhüttenbache, um die Bacheralpe; sehr häufig auch unter den Eichen der Sautratte; nach Kerner Veg. dürften die Pflanzen der Tauernkette grösstentheils f. Opicii Presl sein.

957. **Card. trifolia L.** In Bergwäldern der Kalkkette überall sehr gemein, steigt vom Gesäuss und Johnsbachgraben bis auf die Voralpen; auch auf Talkschiefer im Veitlgraben sehr häufig, seltener auf Schieferfelsen bei der Brücke des Strechengrabens.

958. **Dentaria enneaphyllos L.** In Berg- und Voralpenwäldern der ganzen Kalkzone sehr häufig: bisweilen auch var. alternifolia.

959. **Dent. bulbifera L.** In Wäldern und unter Strauchwerk der Kalkvoralpen selten: Am Alpsteig und Jägerweg des Kalbling, von der Kemetwand gegen die Scheibleggerhochalpe.

960. **Hesperis inodora L.** Rchb. Jc. 4378. An Zäunen bei Johnsbach (Angelis!, Strobl sen.!); als Gartenflüchtling auf Schutthügeln im Stiftsgarten.

961. **Sisymbrium officinale (L.) Scop.** Auf Schutt, an Mauern, Wegen, Zäunen etc. sehr gemein.

962. **Sis. Sophia L.** An gleichen Standorten ziemlich selten, z. B. neben Stiftsgebäuden, am Zimmeranger.

963. **Sis. strictissimum L.** An buschigen Ackerrändern zwischen Dittmannsdorf und der Paltenbrücke ziemlich häufig, bei Trieben

(Unger); sonst kein Fundort aus dem „Enns- (?) und Paltenthale"
(Maly 1868) bekannt.

964. **Erysimum sylvestre** (Cr.), Cheiranthus Pers. Maly. An der
Hartelsbrücke und bei Gstatterboden im Gesäuss spärlich (Kalk, c. 1800').

965. **Brassica campestris** L. Auf bebauten Feldern und an
Wegen sehr häufig. Br. oleracea L., Rapa L. und selten Napus L.
werden kultivirt.

966. **Sinapis arvensis** L. α lejocarpa, β retrohirsuta Bess. Auf
Aeckern und an Wegrändern beide Var. mit Uebergängen sehr häufig.

967. **Sin. nigra** L. Auf Schutt im Stiftshofe und im Markte
Admont von Angelis entdeckt und mir mitgetheilt.

968. **Alyssum calycinum** L. 969. Berteroa incana (L.) DC.
Beide wurden von Angelis an Eisenbahndämmen bei Admont gesammelt und fehlten vor Bau der Eisenbahn im Gebiete.

970. **Lunaria rediviva** L. Im Gesäuss an schattigen Orten nahe
der Johnsbacherbrücke nicht selten. Kalk., c. 1900'.

971. **Petrocallis pyrenaica** (L.) R. Br. An Felsen und steinig-
grasigen Abhängen der höchsten Kalkalpen (6—6800') : Am Rücken
des Kalbling bis gegen den Jägerweg hinab, am Fusse der letzten
Erhebung des Scheiblstein, an beiden Standorten häufig.

972. **Draba aizoides** L. α vulgaris Rchb. Je. An felsigen Stellen
der höheren und höchsten Kalkalpen (6—7000') häufig, besonders
am Pyrgas, Scheiblstein und Kalbling; an den höchstgelegenen Standorten bisweilen schaftlos mit grösseren Rosetten und Blüthen.

973. **Dr. stellata Jacq.** Auf Felsen und im Felsschutte der
ganzen Kalkzone (6—7000') ziemlich häufig, besonders am Pyrgas,
Scheiblstein, Hexenthurm, Festkogel, Kalbling und Sparafeld : auch
am Hochschwung (Glimmerschiefer, c. 6000').

NB. Dr. frigida Sauter und Johannis Host werden von Maly 1868
ebenfalls am Kalbling angegeben, nach meiner und Angelis' Ansicht
aber irrthümlich, zumal beide keine Kalkpflanzen sind. Welden er-
wähnt vom Sparafeld eine merkwürdige „Var. der stellata mit ganz
glattem Stengel und Blättern, die 6—8" lange Ranken aus den
Felsritzen treibt."

974. **Dr. verna** L. var. macrocarpa Nlr. An Abhängen um
Dittmannsdorf oft massenhaft, von Angelis auch nahe den Almhütten
der Hölleralm am Rott. Tauern häufig gesammelt.

975. **Cochlearia saxatilis** (L.) Lam. An Kalkfelsen und im
Kalkschutte von der Tiefregion bis 6500' gemein, auch auf den
sil. Kalkvorlagen der Tauernkette sehr häufig.

976. **Camelina sativa** Cr. Rchb. 4292. Auf Feldern und Aeckern
ziemlich häufig, besonders unter Lein.

977. **Thlaspi arvense** L. Auf Aeckern, in Gärten und überhaupt
auf bebautem Boden gemein.

978. **Thl. alpinum Jacq.** An feuchten, felsigen Stellen der
Kalkkette (4500—7000') höchst gemein, steigt aber im Gesäuss,
Johnsbachgraben, sowie längs der Giessbäche (Folkernot, Schwarzen-
bach, Scheibleggerbach) auch häufig bis zur Thalsohle.

979. **Thl. rotundifolium (L.) Gd.** Auf Kalkgeröll unter der Hochthorscharte bis zum Festkogel (c. 5500—6500′) sehr häufig. NB. In einem alten Verzeichnisse werden auch noch alliaceum L. und montanum L. aufgeführt, da aber die alte Flora Adm. verbrannte, lässt sich über diese und ähnliche Angaben nichts Sicheres behaupten.

980. **Biscutella laevigata L.** Auf Kalkschotter und steinigen Triften der Kalkzone (1800—5000′) stellenweise sehr gemein, z. B. im Gesäuss, Johnsbachgraben, Mühlauerwäldchen, hinter Kaiserau, am Schafwege des Kalbling bis auf die Schafleithen (c. 6200′): meist α asperifolia Nlr., selten β glabra Gd. (= lucida DC.), noch seltener γ hispidissima Koch (Hochalpen um Admont Herb. Hatzi!); auch v. saxatilis Schleich. wird vom Kalkofen hinter der Kaiserau angegeben (Altes Verzeichniss).

981. **Hutchinsia alpina (L.) R. Br.** Auf steinigen Abhängen, in Felsspalten, auf Gerölle und an Schneegrubenrändern der Kalkalpen (5—7000′) sehr gemein, von den Giessbächen häufig in die Ebene geschwemmt (z. B. Mühlauerfall, Schwarzenbachgraben, Gesäuss).

982. **Hutch. brevicaulis Hpp.** Auf Gneiss am grossen Griesstein (Stur).

983. **Capsella bursa pastoris (L.) Mnch.** Auf Aeckern, Grasplätzen, an Wegen, Rainen bis um die Hütten der Voralpen höchst gemein, vorzüglich var. sinuata und v. pinnatifida Koch, seltener α integrifolia (Schl.), diese sogar noch um die Scheibleggerhochalpe.

984. **Aethionema saxatile (L.) R. Br.** Auf Kalkschutt im Gesäuss selten; „am Kalbling" (Maly 1868) ist nach Angelis unrichtig.

985. **Neslia paniculata (L.) Dsv.** Auf Aeckern unter der Saat hie und da: Bei Gaishorn (Verbniack), um Admont besonders auf Leinäckern von Angelis und Strobl sen. mehrmals gesammelt.

986. **Raphanus Raphanistrum L.** Auf Aeckern, unter Saaten var. α arvense (Rchb.) und γ segetum (Rchb.) häufig. — R. sativus L. wird häufig kultivirt.

LXIV. Fam. Resedaceae DC.

987. **Reseda lutea L.** Mit der Bahn eingeschleppt, jetzt hie und da an Eisenbahndämmen (Angelis!).

LXV. Fam. Nymphaeaceae DC.

988. **Nymphaea alba L.** In Lachen und Teichen der Krumau höchst gemein, seltener im Triebnersee, Gaishornsee etc.

989. **N. biradiata Sommerauer.** Im Triebner- und Gaishornsee sehr gemein, besonders in ersterem.

LXVI. Fam. Cistineae DC.

990. **Helianthemum alpeste** (Jacq.) Auf dürren und felsigen Abhängen der Kalkalpen von 5500' an bis zu den höchsten Spitzen sehr gemein. α glabratum DC. mit vielen Uebergängen zu β hirtum (Nlr.). Auch zwischen den Schieferfelsen des Hochschwung findet sich häufig eine wenig behaarte und wegen des feuchten, hochgrasigen Standortes schlaffe, fast krautige Form, wahrscheinlich γ elongatum DC. Pr.

991. Hel. serpyllifolium (Kram) = vulgare var. glabrescens Nlr. Auf Kalkhügeln bei Admont, ob Weng, hinter Strechau, auf Abhängen der Kalkvoralpen: geht hier über in die weit gemeinere var. grandiflorum (Scop.) Koch, welche in der Krummholzregion und höher hinauf bis zum Verbreitungsbezirke des alpestre überall in den Kalkalpen auftritt.

LXVII. Fam. Droseraceae DC.

992. **Drosera rotundifolia** L. In allen Torfmooren des Enns- und Paltenthales höchst gemein.

993. Dros. obovata M. K. (rot. × longifolia Rchb.). Auf Torfmooren mit den Stammältern seltener: Im Hofmoore, am Rande eines grösseren Tümpels im Südostende des unteren Krumauermoores.

994. Dros. longifolia L. Auf Torfmooren und torfigen Sumpfwiesen des Enns- und Paltenthales sehr gemein.

995. **Parnassia palustris** L. Auf feuchten Wiesen und Hügeln der Ebene bis auf die höchsten Alpen der Kalk- und Tauernkette gemein.

LXVIII. Fam. Violarieae DC.

996. **Viola palustris** L. Auf Moorwiesen und in Mooren des Enns- und Paltenthales sehr gemein, z. B. Hof-, Krumauer-, Wolfsbacher-, Triebnermoor, in der Schultering: auch auf trockenen Hügeln am Nordrande des Hoffeldes gegen die Enns hin.

997. V. hirta L. α minima mihi (Blüthe blässer und kleiner als bei β, die Blätter kurz-herzförmig-dreieckig, wenig behaart, zur Blüthezeit fast gar nicht entfaltet). Am Ufer der Enns auf einem Felde unterhalb des Ziegelstadls mit β; β parvula (Op.) = v. fraterna Rchb. Jc. 4493. (Blätter kurz-herzförmig-dreieckig, wenig behaart, Blüthen geruchlos, blasslila, nach dem Mittelpunkte zu weiss oder seltener ganz weiss.) Auf Wiesen, Hügeln, Rainen in der ganzen Tiefregion sehr gemein; var. grandifolia Rchb. Jc. (Blätter grösser, länglich-herzförmig.) Im Hohlwege der Au bei Gaishorn mit β.

998. V. collina Bess. Auf Hügeln bei Gaishorn (Angelis), Trieben, an Wegrändern im Paltenthale (Sommerauer), am Oberhoffelde bei Admont (Ang.!); Strobl sen. und ich fanden sie an

Wegrainen des Hofweges bei Au zwischen der daselbst gemeinen und sehr variablen hirta, deren kleinere Formen ihr sehr ähnlich sind, sich aber durch Geruchlosigkeit und die Nebenblätter unterscheiden, ziemlich selten.

999. V. styriaca nov. spec. Von voriger verschieden durch grössere Blumen, gelbgrüne, lichtere, breitere Blätter, kahle Kapseln, von sciaphila Koch durch lichtere, viel stärker behaarte Blätter und Blattstiele, stärker gefranste und ausserdem noch stark rauhhaarige Nebenblätter und grössere, inwendig sehr zierlich verästelt geaderte Blumen; Blume wohlriechend, blassblau, inwendig weiss, Sporn weiss, Fransen sehr lang, entfernt, gewimpert, Blätter breitherzförmig, stumpflich, langgestielt. Von den übrigen Arten meines Herbar's noch stärker verschieden. Ob dem Admonter Kalkofen am Wege zur Weberalm an Waldrändern gegen den Bach zu selten (Kalk c. 2500').

1000. V. odorata L. In Grasgärten, an Feldrainen, Hecken, Waldsäumen etc. sehr häufig.

1001. V. alba Bess. An der Mauer des Pfarrergartens hinter Frauenberg.

1002. V. arenaria DC. und f. rupestris Schm. (Kahler, mit grösseren Blüthen). Auf Kalkschotter im Johnsbachgraben, gegen Hall, Mühlau, beim Griesmayr; häufig an Strassenrainen zwischen Rottenmann und Gaishorn, sowie im Hohlwege bei Au.

1003. V. canina L. var. ericetorum Rchb. Jc. Auf sonnigen, sandigen Hügeln und Wegrainen nicht häufig: Hohlweg der Krumau, unterhalb Röthelstein, am Lichtmessberge (Angelis), im Paltenthale und ob der Pfarrerhub bei Lorenzen (Aug.): letztere Standorte gehören wohl theilweise zu v. lucorum Rchb. Jc., die ich auch von Strobl sen. aus dem Gebiete besitze.

1004. V. Riviniana Rchb. Jc. 4502. Auf buschigen Wegrainen, an Zäunen und in Laubwäldern des ganzen Gebietes ungemein häufig. Kalk, Alluvium, Schiefer.

1005. V. silvatica Fr. Gr. God. (sylvestris Rchb. 4503, non Lam.) Wie vorige, aber seltener, z. B. an Zäunen oberhalb des Hoffeldes, am Schafferweg, häufig von Weng auf die Buchau.

1006. V. biflora L. In feuchtem Waldboden, an Rändern der Wald- und Voralpenbäche, vorzüglich aber an und unter triefenden Felswänden von der Ebene bis hoch in die Alpen der Kalkzone gemein, z. B. schon im Gesäuss, Johnsbachgraben, am Schafferweg; auch in Schieferschluchten (Wolfs-, Strechen-, Veitlgraben) und auf Voralpen der Tauernkette (Hochschwung, ob der Bacheralpe etc.) nicht selten.

1007. V. arvensis Murr. Auf Feldern und in Gärten sehr häufig.

1008. V. tricolor L. Auf Aeckern, Feldern und in Gärten sehr gemein; die mannigfachen Farbenvarietäten lassen sich auf drei Grundformen zurückführen: α lutea (die vier oberen Blumenblätter weissgelb, das untere gelb). Die oberen Blätter färben sich allmählig, vorerst an den Rändern, hellblau und so geht α über in β tricolor

(die zwei oberen Blätter sammtartig violett, die zwei mittleren weissgelb, das untere gelb, im Frauenfelde auch häufig goldbraun). Allmählig werden auch die mittleren und das untere Blumenblatt von
den Rändern einwärts violett, bis die mit Ausnahme des Nagels
des unteren Blattes ganz schwarzviolette var. γ violacea entsteht.
Oft wachsen alle Nuancen durcheinander, β am gemeinsten, γ vorzüglich auf fetter Gartenerde.
1009. V. lutea Sm. γ. grandiflora Rchb. Jc. 4519. Auf feuchten,
steinigen Triften am Hengst und Hauseck, zwei Vorbergen des
Bösenstein (Sommerauer, Hatzi, Angelis!). Gneiss, c. 6000'.

LXIX. Fam. Cucurbitaceae Juss.

1010. Bryonia alba L. An Zäunen und in Gärten hie und da,
selten: In der Nähe des Stiftsmayrhofes, im Schlossgarten von
Strechau.
Häufig kultivirt werden Cucumis sativus L., Melo L.. Cucur-
bita Pepo L., letztere auch auf Feldern.

LXX. Fam. Portulaceae Juss.

1011. Moutia rivularis Gmel. (fontana β major Schrd.) In
Bächen und Wasserbecken der Tauernkette (4—5500'): Sehr häufig
in den Salmlingteichen beim Dorfe Hohentauern, seltener an einem
Alpenbache unterhalb der Kothhütten, im Bache der Schaunitzeralm
des Triebenthales und am Steinamandl.

LXXI. Fam. Caryophylleae Endl.

1012. Herniaria glabra L. An trockenen, sandigen Stellen, besonders Wegrändern, in der Sautratte, an der Enns, von der Marktbrücke zur Essling, vor'm Griesmayr häufig; sehr häufig auch an
Bachrändern im Veitlgraben.
1013. Scleranthus annuus L. Auf Aeckern unter Getreide
gemein, z. B. im Hoffelde (die Exemplare dieses Standortes determinirte Rchb. sen. als arenarius Schur), am Lichtmessberge ob
Dittmannsdorf; auch an grasigen Wegrändern gegen Frauenberg und
von der Klause bis Liezen.
1014. Sagina procumbens L. Auf Aeckern, Weiden, feuchten
Abhängen, an Waldwegen, auf Sumpfwiesen häufig, z. B. am nörd-
lichen Hoffeldrande, auf torfigen Weiden im Hofmoore, Sumpfwiesen
hinter'm Wolfsbachermoore, an Waldrändern bei Lorenzen, Rottenmann, Trieben, am Schafferwege, auf der Kaiserau.
1015. Sag. Linnaei Presl. (saxatilis. Wimm.) An feuchten Wegrändern (im Sunk, hinter Hohentauern, bei Lorenzen, im Stiftsgarten),

lehmigen Grabenrändern (am Lichtmessberg etc.), Quellen (am Brucksattel etc.), auf dürren Alpenhöhen: sehr gemein am Gipfel der
Plösch (5400′, Werfnerschiefer), selten am Kalbling bei der Schäferhütte (c. 5000′), zwischen Kalbling und Sparafeld (c. 6500′).
1016. **Sag. nodosa (L.)** Fenzl β glandulosa (Bess.) Rchb. „Im
Enns- und Paltenthale (?)" Maly 1868. Jedenfalls sehr selten: Angelis sammelte einige Exemplare bei der Griesmayrlache, suchte
sie aber seitdem dreimal vergebens: auch von Strobl sen. besitze
ich Exemplare.
1017. **Spergula arvensis L.** β vulgaris (Bönn.) Kch. Auf Lehmboden der Ziegelbrennerei, auf Aeckern bei Lorenzen, Dittmannsdorf,
Frauenberg, Admont (besonders im Hoffelde) gemein.
1018. **Spergularia rubra (L.)** Pers. Auf lehmigen und sandigen
Plätzen, an Häusern hie und da, z. B. häufig bei der Ziegelbrennerei,
bei Schwarzenbach im Paltenthale, seltener am Lichtmessberge.
1019. **Cherleria sedoides L.** An steinigen Abhängen der ganzen
Kalkzone (5—7000′) sehr gemein, auch sehr häufig am Hochschwung
(Gl.-Schiefer).
1020. **Alsine aretioides (Port.)** M. K. Auf trockenen Hochalpen-
Gehängen (6500—7100′) der Kalkalpen: Häufig am Festkogel, Sparafeld, Scheiblstein, seltener am Hexenthurm, Buchstein (Hatzi!),
Pyrgas (Sauter).
1021. **Als. austriaca (Jacq.)** M. K. Auf Felsschutt und an Felsen
der mittleren Alpenregion im Kalkzuge ziemlich häufig, besonders
am Kalbling, Pyrgas, Scheiblstein, Hund; sonst mehr vereinzelt.
1022. **Als. Gerardi (W.)** Whl. Auf steinigen Hochalpentriften
(6—7000′) im ganzen Kalkzuge sehr häufig, selten herabgeschwemmt;
nach Sommerauer (Herb. Maly!) auch am Wege vom Steinamandl
zu den drei Stecken (Gneiss).
1023. **Moehringia muscosa L.** Auf feuchten Sandriesen, an beschatteten Felsen und bemoosten Steinblöcken von der Ebene bis
in die Voralpen der Kalkzone sehr gemein, doch auch in Schieferschluchten (Veitl-, Wolfs-, Strechengraben etc.) sehr häufig; an
dürren Stellen der Kalkvoralpen, z. B. am Pyrgasgatterl, unter der
Scheibleggerhochalpe, sind die Blätter kürzer und steifer = var.
acifolia Rchb. Je.
1024. **Moehr. polygonoides (Wlf.)** M. K. Auf steilen, felsigen
und geröllbedeckten Höhen der Kalkalpen (z. B. am Uebergange
vom Scheibleck zur Schafleithen, um die hohe Kalblingmauer, Kemetenwand, auf den Hallermauern) ziemlich selten, häufig aber von
den Giessbächen herabgeschwemmt bis in die Thalsohle (besonders
des Gesäusses und Johnsbachgrabens, des Schwarzenbachgrabens).
1025. **Moehr. trinervia (L.)** Clairv. In feuchten, schattigen
Wäldern und Bergschluchten, vorzüglich auf Schieferboden sehr
häufig, z. B. Ardninger-, Veitl-, Strechengraben, von Lorenzen zur
Pfarrerhub, von Hall zur Pitz.
1026. **Arenaria serpyllifolia L.** Auf sandigem Boden der Aecker,
Wegränder, Wälder bis in die Voralpen sehr häufig; Kalk, seltener
Schiefer.

1027. **Ar. multicaulis (L.) Wulf.** Auf steinigen Hochalpentriften (6—7000') am Kalbling, Sparafeld, Scheiblstein sehr häufig (Kalk), seltener am Hochschwung (Gl.-Schiefer).

1028. **Ar. biflora L.** An feuchten, sandigen Rändern der Alpenbäche und Alpenseeen, doch auch auf dürren, steinigen Höhen der Tauernkette (5—7000') gemein. Gneiss, Glimmerschiefer.

1029. **Stellaria cerastoides L.** An feuchten Stellen der Tauernkette (5—6500') sehr spärlich : Am Scheiplsee, Gemeinsee, Grünsee (Angelis), an einem Bache der Hochhaide ob der Singsdorferalm.

1030. **Stell. nemorum L.** In schattigen Bergschluchten und feuchten Wäldern, vorzüglich auf Schieferkrume : Lichtmessberg, Veitl-, Wolfs- und Strechengraben, hier sehr gemein.

1031. **Stell. media L.** Auf Aeckern, wüsten und bebauten Plätzen, in Gärten sehr gemein bis um die Hütten der Voralpen.

1032. **Stell. graminea L.** Auf Wiesen, Rainen, Waldplätzen bis in die Voralpen sehr häufig.

1033. **Stell. uliginosa Murr.** In Wassergräben und an sumpfigen Stellen sehr häufig, z. B. im Hofmoore, Bichlmayrmoore, bei Aigen, Hall, am Lichtmessberg, auch auf Voralpen der Tauernkette (um die Kothhütten, höchst gemein an den Fischteichen bei Hohentauern).

1034. **Malachium aquaticum (Scop.) Fr.** An nassen und sumpfigen Stellen der Tiefregion häufig, besonders in abgelassenen Stiftsteichen.

1035. **Cerastium viscosum L. (glomeratum Thuill.)** An feuchten Weg- und Grabenrändern, auf Feldern und um die Hütten der Voralpen ; an vielen Standorten, doch stets in wenigen Exemplaren : variirt α glandulosum, β eglandulosum Kch., γ apetalum (Dum.) Kch.

1036. **Cer. pumilum Curt. (glutinosum Fr.).** Auf Lehmboden bei der Ziegelbrennerei einmal gesammelt.

1037. **Cer. vulgatum L. (triviale Lk).** An wüsten und bebauten Plätzen, im Schlamme der Sümpfe und trocken gelegten Teiche, auf Voralpentriften sehr gemein, α hirsutum Nlr. und β glandulosum (Bönn.) Kch.

1038. **Cer. arvense L.** α hirtum Nlr. An trockenen Hügeln und Rainen, steinigen Plätzen der Tiefregion nicht häufig : β ciliatum (W. K. Rchb. Jc. 4981, nach meinem Urtheile eine kahlere, breitblättrige Voralpenform). Auf Voralpentriften des Pyrgas, Scheiblstein, Kalbling, der Scheibleggerhochalpe häufig ; γ strictum (Haenke) Koch (wie β, aber noch kahler, Blätter schmäler) ; im Kalkgebirge selten (Spitze des Scheiblstein 6930'), sehr häufig an Bächrändern und auf Triften des Hochschwung (Gl. - Schiefer).

1039. **Cer. alpinum L.** α villosum, β glanduliferum Kch. Im Gebiete sehr selten : Ich sah beide Var. vom Tauernzuge im Herb. Strobl. sen., Stur. gibt die Art von der Peewurzalpe am Bösenstein auf Glimmerschiefer und körnigem Kalk an.

1040. **Cer. lanatum Lam.** α eglandulosum, β glutinosum Koch. Beide Var. häufig auf Felsterrassen des Hochschwung, ob der Bacheralpe rechts vom Gemeinsee und vom Mitterstein gegen die Höhe der Hochhaide hinauf. Glimmerschiefer 6—7000'.

1041. **Cer. uniflorum Murr.** Stein in öst. bot. Ztschr. XXVIII. Auf steinigen, haideartigen Höhen der Tauernkette: Am Bösenstein, Grieskogel, ob dem Ochsenkahr, auf der Hochhaide sehr häufig, zumal längs der windigen Kanten. Gneiss, Glimmerschiefer.

1042. **Cer. latifolium L.** Stein. Am Buchstein auf Dachsteinkalk (Herb. Kerner teste Stein).

1043. **Cer. carinthiacum Vest** 1808 (ovatum Hpp. 1818). Auf steinigen und schuttbedeckten Stellen der Kalkalpen, und zwar α ovatum mit Uebergängen zu β lanceolatum Britt. · sehr häufig, sodann aber herabgeschwemmt als β im Gerölle der Alpenbäche sehr gemein, besonders im Gesäuss, Johnsbach-, Bruck-, Schwarzenbachgraben etc.

1044. **Gypsophila repens L.** Auf Felsen und im Felsschutte der mittleren Kalkalpen (4—6000′), sowie auf Kalkvorlagen der Tauernkette häufig: Kalbling, Bärnkoppe, Kemetenwand, Pyrgas, Scheiblstein, Hochthor, Sunk etc.; selten auf Gneiss am Bösenstein.

1045. **Gyps. muralis L.** Auf Schieferkrume des Lichtmessberges (an Wegrändern ob Dittmannsdorf) nicht selten; soll auch an Sandwegen im Stiftsgarten gefunden worden sein.

1046. **Dianthus Carthusianorum L.** Auf trockenen Wiesen, sonnigen Hügeln, grasigen Bergabhängen zerstreut, z. B. um Admont, am Pyrgas, Scheiblstein, Leichenberg, Damischbachthurm, Gamsstein, im Sulzkahr, sehr häufig hinter Johnsbach; in winzigen Exemplaren (v. nanus DC. Pr.) sehr häufig auf Pignolithfelsen im Sunk; eine sehr schmal- und grasgrünblättrige Form (v. graminicolor Rchb. Jc.) selten auf einer Kalkschütt vor der Schäferhütte am Kalbling.

1047. **D. alpinus L.** Auf Alpen- und Voralpenweiden der Dachsteinkette, vorzüglich auf krummholz-umschlossenen, nicht zu üppig berasten Stellen sehr gemein; steigt am Kalbling bis 6500′.

1048. **D. plumarius L.** An steinigen Stellen und im Gerölle der Giessbäche: Im Johnsbachgraben (Angelis), am Arduingbache (Altes Verzeichniss), ziemlich häufig in der grossen Schütt unterhalb des Brucksattels, sehr häufig am Leierbache, seltener am Buchstein. Kalk, 2—4000′.

1049. **Saponaria officinalis L.** An Bachufern unterhalb des Adam sehr häufig, seltener am Wege in's Gesäuss und an Ennsufern in der Sautratte.

1050. **Silene inflata Sm.** α vesicaria (Schrd.). (Blätter ziemlich gross, elliptisch, gewimpert oder ungewimpert, Kelch gross, kugelig). Auf Wiesen der Tiefregion, an grasigen Abhängen der Voralpen und Alpen im Kalk- und Tauernzuge sehr häufig, z. B. Hochschwung, ob der Bacheralpe bis zur Hochhaide, am Scheiplsee, Scheiblstein zwischen Krummholz, in der Sautratte, gegen Frauenberg; var. latifolia Koch und angustifolia (Ten.) wurden noch nicht gefunden.

1051. **Sil. alpina Thom.** (infl. γ alp. Koch). Auf Schutt und Gerölle der Kalkzone (1800—6000′) sehr gemein, besonders im Gesäuss, Johnsbachgraben, Bruckgraben, am Kalbling.

1052. **Sil. Pumilio Wulf.** Auf dürren, mit Flechten bewachsenen

Höhen der Tauernkette, besonders auf windigen Kanten und Rücken der Hochregion (6—7700') überall gemein. Gneiss, Glimmerschiefer. 1053. Sil. acaulis L. Auf trockenen Vor- bis Hochalpenweiden der Kalkkette (5—7000') sehr gemein: meist α vulgaris Rchb. Jc. und in tieferen Lagen β dianthifolia Rchb. Jc.: seltener γ pedunculosa Rchb., welche Strobl sen. in einer f. albiflora ziemlich häufig am Kalbling sammelte.

1054. Sil. excapa All. Bei 7700' am Bösenstein gemein, ebenso auf dürren Abhängen um die Felsen des Hochschwung (c. 6000'). Ist wohl als Urgebirgsrace der vorigen aufzufassen.

1055. Sil. nutans L. Auf trockenen Wiesen, steinigen Hügeln, sonnigen und buschigen Bergabhängen der Kalk-, vorzüglich aber der Schieferzone bis 4000' sehr gemein.

1056. Sil. rupestris L. In allen Gneiss- und Schiefergebirgen von der Thalsohle bis 6500' an felsigen Stellen gemein, auf Kalk niemals beobachtet; im Ennsthale nur an Werfnerschieferbergen. Blüthe gewöhnlich weiss, seltener schön rosa, z. B. ob der Bacheralpe, Blätter bald ziemlich grasgrün, bald intensiv blaugrün.

1057. Sil. quadrifida L. An feuchten, sandigen Stellen, vorzüglich in den Giessbachbeeten der Kalkzone überall, bald vereinzelt, bald gemein; steigt von der Hochregion (z. B. Spitze des Scheiblstein) längs der Giessbäche bis zur Thalsohle, ist z. B. im Gesäuss und Johnsbachgraben gemein; auch auf sil. Kalk der Tauernkette und an feuchten Glimmerschieferfelsen des Hochschwung nicht selten.

1058. Sil. alpestris Jacq. An schattigen, feuchten und steinigen Stellen der Kalkthäler bis in die Voralpen überall sehr häufig, besonders an moosigen Kalkblöcken; schon auf Kalkschotter vor'm Griesmayr, im Gesäuss und Johnsbachgraben.

1059. Sil. Armeria L. Aus Gärten verwildert, hie und da.

1060. Lychnis Viscaria L. Auf grasigen Hügeln, in lichten Wäldern der Grauwacken- und Werfnerschieferzone: Vor Frauenberg häufig, am Lichtmessberg ob Dittmannsdorf sehr gemein, ob S. Lorenzen und im Strechengraben häufig.

1061. L. floscuculi L. Auf feuchten Wiesen, besonders Waldwiesen von der Ebene bis in die Voralpen höchst gemein. Kalk, Schiefer, Alluvium.

1062. L. vespertina Sibth. Auf Wiesen und Feldern, an Zäunen und Wegen sehr häufig.

1063. L. diurna Sibth. An Gräben, Bächen, auf Wiesen bis in die Voralpen sehr gemein.

1064. Agrostemma Githago L. Unter Saaten häufig.

LXXII. Fam. Malvaceae Br.

1065. Althaea officinalis L. Auf Wiesengrund neben dem Jägerhause der Krumau, auf Schutt im Stiftshofe, gegen Liezen hinauf an Wegrändern; wohl nur verwildert.

1066. Malva Alcea L. An Zäunen, auf steinigen Hügeln und Feldrainen hie und da, z. B. ausserhalb der Stiftsmauer vor dem Ziegelstadl, beim Kornbauer, vor Weng. in der Eichelau.

1067. M. silvestris L. An wüsten Plätzen, vorzüglich auf Schutt und an Wegrändern häufig, z. B. im Stiftsgarten, neben der Marktbrücke, gegen Weng.

1068. M. vulgaris Fr. An Wegen, Zäunen, Mauern und auf Schutt sehr häufig. z. B. Stiftsmauern, Häuser beim Temmelteich, Zäune bei Weng.

LXXIII. Fam. Tiliaceae Juss.

1069. Tilia parvifolia Ehrh. Häufig kultivirt im Stiftsgarten, uralte Bäume auch bei Weng, Hall und Ardning neben den Kirchen, kleinere um Rottenmann etc.

1070. Til. grandifolia Ehrh. In den Alleen des Stiftsgartens hie und da, auch um den grossen Stiftsteich mit der vorigen, ebenfalls kultivirt.

LXXIV. Fam. Hypericineae DC.

1071. Hypericum humifusum L. Auf schieferhältigem Boden an schattigen Wegrändern hie und da: Am Lichtmessberg ob Dittmannsdorf, bei Lorenzen, am Wege nach Frauenberg, am Aufstiege zur Plösch, im Hoffelde.

1072. Hyp. perforatum L. Auf Wiesen, buschigen Wegrainen und Hügeln ziemlich häufig, z. B. längs der Enns, am Wege gegen Frauenberg.

1073. Hyp. quadrangulum L. Auf Wiesen, Hügeln, an Wald- und Ackerrändern bis in die Voralpen äusserst gemein.

1074. Hyp. tetrapterum Fr. In Sümpfen, Wassergräben und an Teichrändern ziemlich häufig, z. B. am Temmelteich, am Wege nach Frauenberg, am Rande des Hofmoores, in Waldsümpfen gegen die Scheibleggerhochalpe, beim Reitmeier.

1075. Hyp. montanum L. An Waldrändern von der Klause gegen Liezen hinauf vereinzelt (Werfnerschiefer). nach einem alten Verzeichniss auch am Weg zur Scheibleggerhochalpe.

1076. Hyp. hirsutum L. An feuchten und trockenen buschigen Stellen, in lichten Wäldern hie und da, ziemlich selten: An Wegrändern im Gesäuss, zwischen Gebüsch am linken Ennsufer unterhalb des Griesmayr, in Gräben am Rande des Hofmoores, am Essling- und Oberhoffeldbache.

LXXV.—LXXVII. Fam. Tamarisc., Acerin., Hippocastaneae.

1077. Myricaria germanica (L.) Dsv. An sandigen Uferstellen der Enns sehr häufig, besonders in der Sautratte und Krumau, auch an der Essling und Palte (bei Gaishorn).

1078. **Acer Pseudoplatanus** L. In Laubwäldern von der Thalsohle bis in die Kalkvoralpen sehr häufig, bisweilen noch unter Krummholz: auch auf Grauwackenschiefer von Lorenzen bis zur Pfarreralm etc. nicht selten: zwei uralte Bäume stehen vor'm Heindl.
1079. **Aesculus Hippocastanum** L. Eine prachtvolle Allee im Stiftsgarten: sonst wenig kultivirt. Auch Pavia L. wird im Stiftsgarten gezogen.

LXXVIII. Fam. Polygaleae Juss.

1080. **Polygala vulgaris** L. Auf Feldern, Hügeln, Wald- und Bergwiesen häufig, z. B. bei Lorenzen, am Lichtmessberge, Aufstiege zur Pitz, zur Hölleralm. Schiefer. Kalk.
1081. **Pol. comosa Schk.** Wie vorige, aber viel häufiger, z. B. Oberhofwiese, Schulterung, Griesmayr-Sumpfwiesen, Esslingufer, Abhänge bei Hall, Aufstieg zur Pitz.
1082. **Pol. amara Jacq.** In lichten Wäldern und an steinigen Abhängen von der Thalsohle bis in die Hochregion der Kalkkette sehr häufig: in der Hochregion meist die Form mit breiteren Wurzel- und Stengelblättern = γ alpestris Koch (β alpina Rchb., non alpestris Rchb. 146 III): von dieser Form fand ich am Kalblingbache ob der Schäferhütte auch v. rosea.
1083. **Pol. austriaca Cr.** Auf Sumpfwiesen, Schotterbänken, feuchten und trockenen Bergabhängen bis 4500' sehr häufig: variirt flore albo (diese am häufigsten. zumal auf Kalkschotter vor Mühlau, vor'm Gesäuss, in der Sautratte, hinter Kaiserau etc.), fl. roseo (selten z. B. in der Sautratte), fl. coeruleo (meist auf Sumpfwiesen und feuchten Bergwiesen): ferner mit abgerundeter und keilförmiger Kapsel: letztere ist, wenn die Blüthe blau, uliginosa Rchb.
1084. **Pol. Chamaebuxus** L. Auf steinigen Hügeln und in lichten Wäldern der Kalkzone (1800—5000') gemein: auch auf sil. Kalk der Tauernkette: var. purpurea scheint zu fehlen.

LXXIX. Fam. Celastrineae R. Br.

1085. **Evonymus europaeus** L. An Zäunen, Bachufern und in Laubgebüsch sehr gemein.
1086. **Ev. verrucosus** L. Im Herb. Felicetti liegen zwei Exemplare mit der Etiquette: Admont.
1087. **Ev. latifolius** L. „Im Enns- und Paltenthale" Maly 1868. Ich sah Exemplare aus dem Gebiete und fand ihn selbst zwischen Gesträuch unterhalb der Kochenalm (Kalk, c. 4000') spärlich.

LXXX. Fam. Rhamneae R. Br.

1088. **Rhamnus cathartica** L. An Zäunen, Bachufern, zwischen Strauchwerk: bei Weng sehr häufig, am Hofmoore, Wege nach Mühlau, in der Krumau, Sautratte etc. nur vereinzelt.

1089. **Rh. saxatilis L.** An steinigen, felsigen Abhängen im Gesäuss hie und da ein Strauch, besonders am linken Ennsufer (!, Gebhard, Strobl sen.!); im Paltenthale wohl nirgends.
1090. **Rh. Frangula L.** In den Alleeen des Stiftsgartens, an feuchten Wiesen- und Moorrändern, sowie in Vorhölzern sehr gemein.

LXXXI. Fam. Empetreae Nutt.

1091. **Empetrum nigrum L.** Auf trockenen, felsigen Höhen der Gneiss- und Glimmerschieferberge (5—6500') stellenweise äusserst gemein: Von der Höhe des Enzianplonspitzes in der Strechen gegen die Simonbauernhütte hinab, in der Schlucht zwischen Gross- und Klein-Bösenstein, auf der Rückenhöhe des Steinamandl: nie auf Kalk gefunden.

LXXXII. Fam. Euphorbiaceae R. Br.

1092. **Buxus sempervirens L.** In aufgelassenen Gartenanlagen (besonders vor dem Schlosse Strechau) und auf Friedhöfen gleichsam verwildert.
1093. **Euphorbia helioscopia L.** Auf Schutt, an Wegrändern, wüsten Stellen, besonders aber in Gärten und Getreidefeldern gemein.
1094. **Euph. platyphyllos L.** An Wegen, Schuttplätzen, Bachrändern und in Waldlichtungen sehr verbreitet, aber selten in grösserer Anzahl: Gegen Hall, Mühlau, Frauenberg, vor'm Griesmayr, gegen die Pitz hinauf, im Lafferwald, vor dem alten Admonter Kalkofen, an der Lichtmessbergstrasse etc.
1095. **Euph. dulcis (L.?) Jacq.** α lasiocarpa Nlr. In Wäldern, feuchten Bergschluchten und an Bächen hie und da, ziemlich selten: Im Buchenbestande vor der Kochenalm ob Mühlau, im Lafferwald, am Oberhoffeldbache (Angelis!), am Bächlein des Schafferweges etc. Meist auf Kalk.
1096. **Euph. verrucosa Lam.** Auf üppigen Grasplätzen am Rande der Gebüsche und Wälder bis in die Kalkvoralpen nicht selten, z. B. im Gesäuss (besonders am linken Ennsufer), am Fusse des Gamsstein und gegen den „oberen Boden" hinauf, am Futterweg ob der Gstattmayrvoralpe des Scheiblstein.
1097. **Euph. pilosa L.** γ trichocarpa Nlr. An Waldlichtungen, Giessbächen und auf hochgrasigen Voralpentriften, besonders am unteren Rande der Krummholzregion im ganzen Dachsteinzuge sehr häufig, schon im Gesäuss und Johnsbachgraben.
1098. **Euph. amygdaloides L.** In Vorhölzern, Wäldern und Holzschlägen von der Ebene bis auf die Voralpen des Kalkzuges sehr häufig, seltener auf Schiefer.
1099. **Euph. Cyparissias L.** Auf dürren Rainen mit Schotter-Unterlage, verwahrlosten Grasplätzen und Wegrändern stellenweise in grosser Menge, z. B. vor'm Griesmayr, unterhalb des Adam, am Brucksattel (4000').

1100. **Euph. Esula L.** Auf einem Krautacker ausserhalb der alten Marktschiessstätte spärlich, von Angelis auch nächst dem Griesmayr angegeben.

1101. **Euph. Peplus L.** Auf Aeckern, wüsten Plätzen und in Gemüsegärten sehr häufig.

1102. **Mercurialis perennis L.** An buschigen Stellen, in Hainen und schattigen Wäldern bis auf die Kalkvoralpen, wo sie oft im Gerölle truppweise wurzelt, sehr häufig; var. latifolia mihi (Blätter eiförmig, wie bei ovata Strnb.. aber langgestielt) einzeln unter der Normalform, z. B. unterhalb der Scheibleggervoralpe.

NB. Die in anderen Gebieten Steiermarks so gemeinen Euph. exigia L. und Merc. annua L. wurden hier noch nie gefunden.

LXXXIII. Fam. Juglandeae DC.

1103. **Juglans regia L.** Selten an Wegen und in Obstgärten kultivirt, in Frauenberg wild oder doch verwildert.

LXXXIV. Fam. Geraniaceae DC.

1104. **Geranium Phaeum L.** In Obstgärten, Auen, Waldlichtungen, in den Futtergärten der Voralpenhütten etc. sehr häufig.

1105. **Ger. sylvaticum L.** Auf buschigen Berg- und Voralpenwiesen bis zur Strauchgrenze des Kalk- und Tauernzuges sehr häufig. Variirt A grandiflorum (Blumenblätter von doppelter Kelchlänge (14 mm.), verkehrteiförmig), die gemeine Form, die sich wieder theilt in α glandulosum und seltener β eglandulosum; B. parviflorum (Blumenblätter nur 7 mm. lang, kaum länger, als der kleine Kelch, verkehrteiförmig-keilig, der Nagel stark bebartet.) Kommt ebenfalls vor als α glandulosum (Voralpenregion des Kalbling) und β eglandulosum (flaumig, fast kahl), (Waldregion des Pyrgas inmitten einer üppigen Vegetation).

1106. **Ger. pratense L.** Auf Feldern und Wiesen im Paltenthale zu beiden Seiten der Landstrasse sehr häufig, im Ennsthale nur bei den Eichen des Hoffeldes von Hatzi gesammelt; findet sich auch nicht selten an hochgrasigen Stellen ob dem Gemeinsee um die Felsen der Hochhaide (Gneiss, c. 6000').

1107. **Ger. palustre L.** An Gräben, Zäunen und zwischen Gebüsch auf sumpfigen Wiesen nicht häufig, z. B. in der Krumau, vor'm Hofmoore, auf der Fuchsweide.

1108. **Ger. pusillum L.** An Häusern, Zäunen, Wegen, auf Schutt hie und da häufig, z. B. um die Mauern des Stiftsgartens, bei Weng, Hall, beim Farchner, Griesmayr.

1109. **Ger. molle L.** Wird in einem alten Verzeichnisse angegeben.

1110. **Ger. columbinum L.** Auf steinigen, trockenen Rainen, an Wegrändern und Zäunen hie und da, selten, z. B. um Admont (Hatzi!), Dittmannsdorf. vor St. Gallen.

1111. Ger. dissectum L. Auf Aeckern unter Getreide und auf Schutt selten: Im Hoffelde, bei der Ziegelbrennerei.

1112. Ger. robertianum L. An alten Mauern, auf Steinhaufen, feuchten Kalk- und Schieferfelsen, im Schatten der Wälder und Bergschluchten auf nassem Sandgerölle, bis auf die Voralpen, wo es den Kalkschutt der Giessbäche liebt, sehr gemein.

1113. Erodium cicutarium (L.) Her. var. chaerophyllum (Cav.) Rchb. 4864. Auf sandigen Aeckern und Rainen hie und da sehr häufig, z. B. unterhalb des Griesmayrhauses, um Dittmannsdorf, an sandigen Ufern des Triebnerbaches; v. pimpinellifolium (Cav.) form. pilosa (Thuill) Rchb. Jc. fand Angelis am Pfarrhofe zu Gaishorn.

LXXXV. Fam. Lineae DC.

1114. Linum usitatissimum L. Nicht selten kultivirt, hie und da auch verwildert.

1115. Lin. alpinum Jacq. Auf Geröll und steinigen Abhängen der Kalkzone (1800—6000') ziemlich häufig: Im Gesäuss bei der Hartelsbrücke (Angelis), beim Amtmannsgalgen vor Johnsbach, bei der unteren Farchneralm, am Fusse des Reichenstein ob der Treffneralm, von der Kalblingvormauer bis zur hohen Kalblingmauer häufig, am Scheiblstein (Hatzi.!) und Natterriegel.

1116. Lin. catharticum L. Auf trockenen Wiesen, Rainen und Hügeln der Ebene, Berge und Voralpen sehr verbreitet; steigt bis auf die höchsten Alpen der Kalkkette.

LXXXVI.—VII. Fam. Oxalideae DC. u. Balsamineae Rich.

1117. Oxalis Acetosella L. Unter Gebüsch, an Baumwurzeln und auf Moosen in Nadelholzwäldern, auf feuchten, moosigen Gneissblöcken der Bergschluchten etc. äusserst gemein. Blüthe weiss mit röthlichen Adern oder lila geadert bis lila (= v. lilacina Rchb.).

1118. Ox. corniculata L. Wurde im Stiftsgarten verwildert als Unkraut beobachtet.

1119. Impatiens noli tangere L. An Quellen, Bächen, überhaupt an schattigen, feuchten Orten der Thäler und Bergschluchten äusserst gemein.

LXXXVIII. Fam. Oenothereae Endl.

NB. Alle Epilob. wurden von Prof. Haussknecht revidirt.

1120. Epilobium angustifolium L. Auf freien Waldplätzen und Holzschlägen zumal der Schieferberge bis auf die Voralpen überaus gemein; riesige Flächen werden von ihren Blüthen roth gefärbt.

1121. **Ep. hirsutum** L. An den Wassergräben der Fuchsweide (Altes Verzeichniss).

1122. **Ep. parviflorum Schreb.** An feuchten Wegrändern, in Gräben, Mooren und Sumpfwiesen bis 4000' sehr häufig.

1123. **Ep. montanum** L. An Gräben, feuchten, schattigen Orten, vorzüglich in Wäldern, bis auf die Voralpen sehr gemein: var. verticillatum Sturm vom Sulzkahr gegen den Hartlersbach hinab am Grunde einer Kalkfelswand häufig; auch v. minus Haussknecht (det. ipse!) wurde von Angelis um Admont gesammelt.

1124. **Ep. collinum** Gmel. Auf trockenen, sonnigen Hügeln unterhalb Röthelstein, am Lichtmessberg, Steinamandl, in der Strechen, vor Frauenberg etc. sehr häufig.

1125. **Ep. collinum × montanum** Haussku. det. ipse; An Bächen und Kohlstätten in der höheren Bergregion der Tauernkette häufig, z. B. am Steinamandl, bei der Hölleralm.

1126. **Ep. collinum × roseum** Haussku. det. ipse! An der Aussenseite des ehemaligen Kaltenbrunnerischen Kohlenbarrens von Angelis gesammelt.

1127. **Ep. roseum Schreb.** α genuinum G. G. (Aestig, Blattzähne genähert). An Wassergräben und Bächen häufig; β simplex G. G. (Winzig, einfach, Blattzähne entfernt, schwach.) Auf den steinernen, der Mittagssonne sehr ausgesetzten Stufen des Pavillons im Stiftsgarten häufig, oft kaum 2'' hoch; auch sonst um Admont: „tetragonum L. am Höpflinger Fluder" (Altes Verzeichniss) gehört wohl auch zu roseum.

1128. **Ep. palustre** L. Auf Sumpfwiesen und Mooren sehr häufig, z. B. in der Krumau, beim Griesmayr, im Hofmoore, vor Frauenberg etc.; auch am Lichtmessbache unterhalb des Adam.

1129. **Ep. trigonum Schrk.** An schattigen, hochgrasigen Stellen der Kalkvoralpen bis 5800' fast im ganzen Gebiete, doch nirgends häufig; sehr häufig an Ackerrainen um das Dorf Hohentauern; var. β oppositifolium nicht selten mit der Normalform.

1130. **Ep. alsinefolium** Vill. Haussku. An Quellen, Bächen und Seeen im Gneiss- und Schieferzuge höchst gemein, aber auch in der Kalkzone häufig; steigt bis zur Thalsohle, z. B. Gesäuss, Schwarzenbachgraben, an der Griesmayrlache.

1131. **Ep. anagallidifolium** Lam. Haussku. Auf feuchten Abhängen, an kleinen Bächen und Seeen der Alpenregion in der Tauernkette häufig, z. B. am Bösenstein, Hochschwung, um den Gemeinsee, die Bacheralpe, die Hölleralm, auf der Hochhaide: im Kalkzuge nur beim Brünnl des Kalbling und am Hochkalbling: an letzterem Standorte sind die Früchte ziemlich stark flaumig, in der Tauernkette aber kahl.

1132. **Oenothera biennis** L. An lehmigen, abschüssigen Ufern der Enns und ihrer Arme, sowie an Wegen nicht selten: häufig am Schieferraine, der sich um den Kulmberg zur Mödringerbrücke hinzieht: auch auf dem Schutthügel des Stiftsgartens.

1133. **Circaea alpina L.** An feuchten, schattigen Abhängen der Schieferschluchten sehr gemein, z. B. im Veitl-, Ardning-, Wolfs-, Flietzen-, Strechengraben, am Lichtmessberge überhaupt und auf den Voralpen der Tauernkette; seltener und nie in solcher Menge auf Kalk: Am Brucksattel, um die Stumpfnagleralm, Kemetwand, im Sunk etc.

1134. **Circ. intermedia Ehrh.** An Bächen, feuchten, schattigen, Stellen der Ebene und der niederen Bergwälder häufig: Im Gesäuss vor der Johnsbachbrücke, am Wege nach Weng, von Hall zur Pitz hinauf, im Walde vor'm Mühlauerfälle, am Oberhoffeldbache, Lichtmessbache, um Rottenmann (Stur); meist in dichten Trupps.

1135. **Circ. Lutetiana L.** An ähnlichen Standorten ziemlich häufig, liebt aber grössere Trockenheit: Am Eingang in's Gesäuss, von der Johnsbachbrücke gegen Gstatterboden, in Wäldern zwischen Weng und der Pitzweide, am Schafferweg, am Heindlgut (Hatzi!), im Johnsbacher Friedhofe (Angelis!).

1136. **Isnardia palustris L.** In regenwasserhältigen Vertiefungen am Westende des Hoffeldes gleich am Wege gegen die Eichen hinab (Hatzi).

LXXXIX. Fam. Halagoreae R. Br.

1137. **Hippuris vulgaris L.** Sehr häufig in der Griesmayrlache und in Ennsarmen der Krumau; gewiss auch in den Sümpfen der Palte.

1138. **Myriophyllum verticillatum L.** α und β intermedium Koch. In stagnirenden Gewässern sehr häufig, z. B. bei Trieben, in der Krumau, in Ennsarmen, in einer Lache ausserhalb des Hofmoores.

1139. **Myr. spicatum L.** In den Admonter Stiftsteichen sehr häufig.

1140. **Trapa natans L.** Im Krumauerteiche wahrscheinlich häufig; beim Reinigen desselben wurden viele Nüsse gefunden.

XC. Fam. Lythrarieae Juss.

1141. **Lythrum Salicaria L.** An Gräben, Bächen, in Sümpfen sehr häufig.

1142. **Peplis Portula L.** An Gräben im Hofmoore (Altes Verzeichniss), um Admont (Herb. Gebhard!).

IXC. Pomaceae Juss.

1143. **Crataegus Oxyacantha L.** In Hecken, Vorhölzern mit Berberis, Prunus spin., Alnus inc. etc. sehr häufig.

1144. **Crat. monogyna Jacq.** An ähnlichen Orten, z. B. vor'm Griesmayr, an der Essling, ebenfalls sehr häufig.

1145. **Cotoneaster tomentosa** Lindl. Von der Bärnkoppe den Kalkwänden entlang gegen die Stumpfnagleralm spärlich, vom Gamsstein zum Hochthor ziemlich häufig.

1146. **Pyrus communis** L. In Gebüschen und Wäldern sehr häufig wild.

1147. **Pyr. Malus** L. In Vorhölzern und Wäldern häufig; wie vorige auch in zahlreichen Spielarten kultivirt.

1148. **Aronia rotundifolia** Pers. In Berg- und Voralpenwäldern des Kalkzuges überall häufig, z. B. im Gesäuss, Bruckgraben, am Dörflstein, Scheiblstein, Pyrgas, Kalbling, um den Mühlauerfall.

1149. **Sorbus Aucuparia** L. In Berg- und Voralpenwäldern des Kalk-, sowie des Tauernzuges sehr gemein; auch in schönen Alleeen beim Ausgange des Paltenthales, in der Klamm, vor Kaiserau etc. kultivirt.

1150. **Sorb. domestica** L. Um Admont (Angelis!), wohl nur kultivirt.

1151. **Sorb. scandica** (L.) Fr. In Wäldern bei Liezen (Praesens) Maly 1868. Ich sah die Exemplare im Herb. Maly; sie zeichnen sich vor den andern Arten unseres Gebietes durch liederlappige, unten weissfilzige Blätter aus, doch wäre noch zu untersuchen, ob es nicht intermedia Schult. Kerner Veget., eine Bewohnerin der Kalkterrassen, ist.

1152. **Sorb. Aria** (L.) Cr. In Bergwäldern des Kalkzuges bis zur Krummholzregion überall, doch sehr zerstreut, bisweilen sehr schöne Bäume: am häufigsten im Gesäuss, zwischen Gamsstein und Hochthor, am Scheiblstein.

1153. **Sorb. Chamaemespilus** (L.) Cr. α glabra Nlr. In der höheren Berg- und Voralpenregion des Kalkzuges zwischen Gesträuch und Krummholz zerstreut: Am Pyrgas, Kalbling, unterhalb der Scheibleggerhochalpe; häufig von der Gstattmayrvoralpe den Futterweg entlang zum Scheiblstein und vom Gamsstein zum Hochthor.

VIIIC. Fam. Sanguisorbeae T. Gr.

1154. **Alchemilla vulgaris** L. α glabra DC. Pr. Auf nassen Wiesen und an Bächen häufig, auch noch unterhalb der Kemetwand und sehr häufig mit Rumex arifol. und Aronicum scorp. in Schneegruben am Scheiblstein (Kalk, c. 6200'); β pilosa Nlr. Auf Wiesen, Feldern, Waldplätzen, um Voralpenhütten gemein.

1155. **Alch. hybrida** (L.) Kern. Veg. montana W. Auf sonnigen Hügeln der Ebene selten (z. B. vor der Ziegelbrennerei), sehr häufig aber auf trockenen Berg- und Voralpenweiden bis über 6000', z. B. am Brucksattel, Scheiblstein, Kalbling, in den Johnsbacheralpen (Kalk), um die Scharte des Hochschwung mit pubescens (Glimmerschiefer).

1156. **Alch. pubescens** MB. Um die Scharte des Hochschwung (Gl.-Schiefer, 5600') ziemlich häufig: von Strobl sen. auch am Pyrgas angegeben, aber wohl Verwechslung mit voriger.

1157. **Alch. pyrenaica** Duf. 1821, fissa Schum. 1827. Auf
feuchten Alpenweiden: Am südwestlichen Aufstiege vom Speikboden
auf den Gipfel des Kalbling (Herb. Hatzi!), am Pyrgas (Brittinger!),
an Bachrändern zwischen der Bacheralm und dem Gemeinsee (Gl.-
Schiefer).

1158. **Alch. alpina L.** Auf sonnigen und steinigen Triften der
mittleren Kalkalpenregion überall sehr häufig, besonders in den
Johnsbacheralpen, am Pyrgas, Scheiblstein und Kalbling; auch nicht
selten herabgeschwemmt bis Mühlau.

1159. **Sanguisorba officinalis L.** Auf sumpfigen Wiesen des
Enns- und Paltenthales häufig, auch β auriculata (Scop.) All.

1160. **Poterium polygamum W. K.** pl. rar. II. 117, muricatum
Spach. (Ausgezeichnet durch die fast geflügelten, sehr erhabenen,
an meinen Exemplaren wellig gezähnten Kanten und die tief grubigen,
stachelig-höckerigen Felder des Fruchtkelches.) An Eisenbahndämmen
bei Admont von Angelis gesammelt.

1161. **Pot. Sanguisorba L.** (dictyocarpum Spach). In der
Schulteringwiese von Angelis gesammelt.

VIIC. Fam. Rosaceae Juss.

1162. **Rosa arvensis Hds.** Am Abhange eines tiefen Grabens,
der S. Gallen von der Ruine Gallenstein trennt. — Allerdings schon
etwas ausserhalb der Gebirgsgrenzen, doch wahrscheinlich auch im
Gebiete.

1163. **Ros. alpina L.** β pyrenaica (Gou.) Ser. Blättchen einfach gesägt, Blüthenstiele (oder auch Kelch) drüsig steifhaarig.
γ monspeliaca (Gou.) Koch. Blättchen doppelt gesägt, Blüthenstiele
(oder auch Kelch) drüsig steifhaarig. An buschigen, waldigen Orten der
Berge und Voralpen bis in die Krummholzregion der Kalkkette überall,
doch ziemlich vereinzelt; schon im Gesäuss, Johnsbachgraben, am
Schwarzenbach. β am gemeinsten, γ seltener, z. B. unter der Bärnkoppe (mit kahlem Kelche), am Fusse des Gamsstein bei Johnsbach
(mit drüsigem Kelche). var. α vulgaris Dsv. mit einfach gesägten
Blättern und kahlen Blüthenstielen scheint zu fehlen.

1164. **Ros. cinerascens Dum.** f. subadenophylla Borbás (det.
Heinr. Braun!) Auf Hügeln, an Waldrändern vereinzelt: Eingang
in's Gesäuss, unterhalb Röthelstein, am Fahrwege unterhalb Frauenberg, im Strechengraben, nach Maly Fl. auch am Lichtmessberge
(als toment.).

NB. Dieselben Exemplare, welche Braun vorlagen, determinirte
mir Christ als tomentosa Sm.

1165. **Ros. canescens Déségl.** (non Backer sec. Borbás) f.
subatrichostylis Borbás (Gruppe der Caninae pubesc., det. H. Braun!).
An Zäunen um Admont hie und da.

1166. **Ros. canina L.** α genuina W. Lg. (= Lutetiana Lem.)
An Zäunen, Wegen, in Hecken, Bergwäldern gemein.

1167. **Rus. oblonga Rip.** (det. H. Braun. Dieselben Exemplare determinirte Christ als canina f. dumalis Bechst., Braun schreibt jedoch: „Griffel kahl oder fast kahl, Kelchröhre verlängert-ellipsoidisch, daher dumalis absolut ausgeschlossen!). An Zäunen um Admont und an Wegrändern der Buchau (c. 2600').

1168. **Ros. rubiginosa L.** (det. Christ). Am Wege von der Klamm nach Oppenberg selten (Grauwackenschiefer, 3000').

NB. Ros. graveolens Gr. God. (det. Christ). Im oberen Ennsthale bei Oeblarn, gewiss auch im Gebiete.

1169. **Rubus hirtus W. K.** α genuinus Gr. God., W. Lge. (Stimmt mit der Beschreibung W. K. vollkommen überein, nur dass meine Exemplare lauter dreizählige Blätter besitzen, ist auch mit Exemplaren Wirzbicki's aus dem Banate identisch). In Wäldern und Holzschlägen sehr häufig, z. B. gegen die Pitz hinauf sehr gemein, am Eingange in den Schwarzenbachgraben, am Brucksattel, im Gesäuss, um Aigen, am Lichtmessberge.

1170. **Rub. plicatus Weihe** (teste Dr. Halacsy). An den mit Strauchwerk bewachsenen Rändern des Krumauer Torfmoores dem Ennsarme entlang sehr gemein, auch an anderen Stellen der Krumau und in Holzschlägen häufig.

1171. **Rub. bifrons Vest.** Neben einer verlassenen Voralpenhütte beim Aufstiege von Gstatterboden zum Brucksattel ein sehr üppiger Stock.

NB. Dr. Halacsy bemerkt zu meinem Exemplare: „Kann nicht reiner bifrons sein, da vereinzelte Stieldrüsen im Blüthenstande vorkommen"; da ich jedoch weit umher ausser hirtus keinen Rubus traf, so möchte ich doch nur an eine Variation denken.

1172. **Rub. vestitus W. N.** (teste Dr. Halacsy.) An Wegrändern oberhalb Grünau bei Spital am Fusse des Pyrgas sehr häufig (Werfnerschiefer, 2500').

1173. **Rubus caesius L.** α umbrosus Wlr. (Blätter grün, weich, fast kahl). Unter Buschwerk an feuchten, lehmigen Rändern der Enns und ihrer Arme sehr gemein, ebenso um Aigen, an schattigen Wegrändern gegen Frauenberg, Weng, im Stiftsgarten etc.

1174. **Rub. saxatilis L.** In steinigen Wäldern bis auf die Voralpen der Kalkkette überall zerstreut, schon im Gesäuss, Johnsbach- und Schwarzenbachgraben, auf Felsen der Klamm.

1175. **Rub. Idaeus L.** In Holzschlägen der Tief- und Bergregion höchst gemein bis auf die Voralpen: meist mit plicatus und verwandten, den Felsen der Bärnkoppe entlang auch häufig mit vorigem.

1176. **Agrimonia Eupatoria L.** Auf sonnigen Hügeln beim Griesmayr, bei Aigen, gegen Frauenberg, am Aufstiege zum Brucksattel etc. häufig; öfters sind, z. B. gegen Frauenberg, die Früchte genau halbkugelig, also auch Agr. odorata Mill?

1177. **Geum urbanum L.** An Zäunen, Scheunen, zwischen Gebüsch hie und da, nicht häufig, z. B. im Stiftsgarten, Frauenfelde, am Wege zur Pitz, an der Essling.

1178. **G. rivale L.** An sumpfigen Rändern der Gräben und
Bäche, zwischen Gebüsch, in feuchten Schluchten und Bergwäldern
ziemlich häufig: Alleeen des Stiftsgartens, Umgebung des Hofmoores,
vor der Kaiserau, vom Wolfsbauern zum Hund, im Strechengraben
bis auf die Voralpen, um dem Scheiplsee am Rott. Tauern (2—5500',
Alluvium, Kalk, Schiefer, Gneiss).

1179. **G. reptans L.** Am Rottenmannertauern (Strobl sen!),
am Griesstein (Gersprich im Herb. Hatzi!). Gneiss.

1180. **G. montanum L.** Auf grasigen Alpenhöhen des Tauernzuges sehr gemein, auch im Kalkzuge nicht selten, z. B. am Scheiblstein (5—6000'), auf der Speikwiese des Kalbling (c. 6500'), um
die Farchneralm vor'm Hund sehr häufig.

1181. **Dryas octopetala L.** An feuchten, felsigen Abhängen,
auf steinigen, windigen Triften und Kanten der Kalk- und Tauernkette (6—7700') äusserst gemein, steigt auf Felsschutt und längs
der Giessbäche des Kalkzuges auch sehr oft bis zur Thalsohle herab,
z. B. im Gesäuss sehr gemein, seltener am Mühlauerfall, im Schwarzen-
bach-, Johnsbach-, Bruckgraben etc.

1182. **Sibbaldia procumbens L.** Auf den höchsten Gipfeln der
Oppenberger Gebirge (Gebhard), an kurzgrasigen, steinigen Abhängen
unter den Felsen des Hochschwung (Gl.-Schiefer 5—6000').

1183. **Comarum palustre L.** Auf Mooren, Sumpfwiesen, an
Teichrändern beider Thäler bis auf die Alpen (2—5500') häufig:
Krumauer-, Hof-, Ardninger-, Triebnermoor, um die Hölleralm, um
die Taurer-Fischteiche und die Scheiplseeen.

1184. **Fragaria vesca L.** An Raircn, Hügeln, in Holzschlägen
und Waldlichtungen bis auf die Voralpen äusserst gemein.

1185. **Frag. moschata Duch.** (elatior Ehrh.) An schattigen
Orten der Ebene und in lichten Bergwäldern stellenweise sehr häufig,
z. B. am Aufstiege zur Pitz, von der Heindlbrücke zum Himbeerstein, beim Kohlenbau des Lafferwaldes, unter Alleeen des Stiftsgartens. Meist auf Kalk.

1186. **Potentilla Fragariastrum Ehrh.** Auf Waldhügeln am
Aufstiege zur Scheibleggerhochalpe.

1187. **Pot. alba L.** „Im Gesäuss (Weimayr)" Fürstenwärther.

1188. **Pot. caulescens L.** Auf Kalkfelsen der Wald- und Voralpenregion stellenweise sehr häufig, z. B. im Gesäuss, Johnsbachgraben, am Gamsstein, unterhalb der Scheibleggerhochalpe, am Südwestfusse der Kemetwand; auch auf sil. Kalkvorlagen der Tauernkette und auf Pignolithfelsen im Sunk.

1189. **Pot. Clusiana Jacq.** An Felsen und steinigen Abhängen
der ganzen Kalkzone (5—7000') gemein, selten herabgeschwemmt
im Gesäuss, Johnsbach- und Schwarzenbachgraben; häufig auch in
Felsspalten unter der Höhe des Steinamandl (Gneiss, c. 6400').

1190. **Pot. minima Hall.** Auf kurzgrasigen, steinigen Triften
der Kalkalpen (4500—7000') ziemlich häufig: Hinter der Kaiserau,
in der Nähe der Hölleralm (Angelis), um die Strumpfnagleralm
(Hatzi!), um die Scheibleggerhochalm, am Kalbling, Pyrgas, Scheiblstein, Hexenthurm, Natterriegel.

57

1191. **Pot. maculata Pourr.**, salisburgensis Hnk. Auf üppig begrasten Alpenwiesen zwischen den Schieferfelsen des Hochschwung häufig, auch am Hund im Sulzkahr (Herb. Hatzi!).
1192. **Pot. verna L.** Auf trockenen Rainen, Hügeln, an Waldrändern, oft mit Globul. cordif.; vorzüglich gemein vor'm Griesmayr, vor Hall, vor'm Mühlauerwäldchen, gegen Frauenberg zu.
1193. **Pot. aurea L.** Auf Triften und haideartigen Abhängen von der höheren Waldregion bis 6500' im Kalk-, vorzüglich aber im Tauernzuge sehr gemein.
1194. **Pot. reptans L.** An Gräben, Wegrändern, Ackerrainen sehr gemein.
1195. **Pot. Tormentilla Nestl.** Auf Sumpfwiesen, Torfmooren, nassen Waldlichtungen, triefenden, felsigen Abhängen der Schieferschluchten, aber auch in trockenem, haideartigem Waldgrunde mit Vaccinien bis hoch in die Urgebirgsalpen äusserst gemein.
1196. **Pot. argentea L.** Auf sandigen Bachrändern bei Trieben häufig, auf einer alten Mauer unterhalb Grünbüchel (ob Rottenmann), an Wegrändern gegen Frauenberg, am Sandwege zwischen Kohlmayer und Klamm, sowie von da in den Strechengraben stellenweise häufig. Grauwacke und Werfnerschiefer.
1197. **Pot. anserina L.** α sericea Hayne, β discolor Nlr. Auf Wegrändern, Rainen, Weiden, an feuchten und sandigen Uferstellen äusserst gemein.
1198. **Spiraea salicifolia L.** Am Ufer der Palte bei Trieben (Hatzi!), beim Aubrugger bei Trieben an einem Zaune (Sommerauer in Herb. Maly!), bei der Schanpenziegelbrennerei (Angelis!).
1199. **Spir. Aruncus L.** An feuchten, schattigen Waldstellen, in Schluchten, auf steilen Schiefer- und Kalkfelsen im Wald- bis Voralpengebiete häufig, z. B. Gesäuss, Aufstieg zum Brucksattel, zur Scheibleggerhochalpe, am Schafferwege, auf der Eggerleithen, im Wolfs- und Strechengraben, zwischen Krummholz am Scheiblstein.
1200., 1201. **Spir. Ulmaria L. und denudata Presl.** Auf Sumpfwiesen, an Bach- und Teichrändern, bald zwischen Schilf und Gesträuch, bald frei grosse Strecken bedeckend, beide Arten äusserst gemein.

VIC. Fam. Amygdaleae Juss.

1202. **Prunus spinosa L.** Auf dürren, sonnigen Plätzen, an Zäunen, Waldsäumen sehr häufig, meist mit Crataegus und Berberis.
1203. **Prun. insititia L.** In Hausgärten, an Häusern und Zäunen um die Dörfer häufig kultivirt und verwildert.
1204. **Prun. domestica L.** In Obstgärten, auf Ackerrainen und an Zäunen sehr häufig angepflanzt.
1205. **Prun. avium L.** In Bergwäldern und Vorhölzern häufig wild, in Obstgärten sehr häufig kultivirt in vielen Fruchtvarietäten.
1206. **Prun. cerasus L.** In Obstgärten häufig kultivirt, hie und da gleich sam verwildert; nach Angelis auch wirklich wild.

5

1207. **Prun. Padus L.** In Hecken, Vorhölzern, an Bachufern und Wiesenzäunen sehr häufig strauch-, bisweilen auch baumförmig. NB. Prun. Armeniaca L. und Persica vulgaris Mill. wird nur hie und da an Staketen gezogen.

VC. Fam. Papilionaceae L.

1208. **Genista tinctoria L.** Auf buschigen Hügeln und an grasigen Waldsäumen selten: Am Rücken des Strechauer Kalkzuges gegen Lassing zu, ob Dittmannsdorf am Waldwege (Hatzi!).

1209. **Gen. germanica L.** In einem Wäldchen zwischen Hohentauern und S. Johann.

1210. **Gen. sagittalis L.** An Waldrändern und auf Rainen auf der Passhöhe des Lichtmessberges bei der Sägemühle selten, häufig von da gegen Dittmannsdorf hinab, oft von Cuscuta Epithymum übersponnen; häufig auch an Wegrainen zwischen Hohentauern und S. Johann. Grauwacke.

1211. **Ononis spinosa L.** Auf Wegrändern, trockenen Wiesen, Rainen und in lichten Nadelwäldern bis auf die Voralpen häufig, z. B. am Wege zum Gesäuss, beim Griesmayr, im Mühlauerwäldchen, um die Gstattmayrvoralpe sehr häufig.

1212. **On. procurrens Wllr.** α vulgaris Lge. und β mitis Lge. Auf Sumpfwiesen beim Griesmayr häufig (α und β), am Raine der Griesmayrlache, auf Wiesen zwischen Admont und dem Gesäuss.

1213. **Anthyllis Vulneraria L.** α aurea Nlr. (Blüthen einfärbig goldgelb.) Auf trockenen Wiesen, Hügeln und Rainen von der Ebene bis auf die höchsten Kalkalpen (hier kleiner = f. alpestris Heg.) äusserst gemein; β rubrocarinata m. (goldgelb, oberer Theil des Schiffchens blutroth). Selten mit α, z. B. am Aufstieg zur Kochenalm, mit γ auf einer Ennswiese östlich von der Sautratte; γ ochroleuca Nlr. p. p. (Blüthe gelblichweiss, Schiffchen wie bei β). Auf Rainen und Feldern des Ennsthales, z. B. in der Sautratte sehr häufig, auf der Oberhofwiese sehr gemein. NB. Anth. montana L. wird in einem alten Verzeichnisse am Kalbling angegeben; bezieht sich wohl auf die Alpenform von Vulneraria.

1214. **Medicago sativa L.** Auf Feldern und trockenen Wiesen hie und da kultivirt, eben da, sowie an Wegen, auch öfters verwildert.

1215. **Med. falcata L.** Auf trockenen Wiesen, Feldern, an Rainen und Wegrändern nicht selten; auch γ major Kch., z. B. im Frauenfelde, auf Steinhaufen gegen Mühlau.

1216. **Med. lupulina L.** α vulgaris Kch., β Willdenowii Bönn. Auf Wiesen, Grasplätzen, Rainen und Wegrändern beide Var. sehr gemein bis in die Voralpen, β noch unter Krummholz am Kalbling.

1217. **Melilotus officinalis (L.) Dsr.** Am Lichtmessberge (Angelis), bei Dittmannsdorf (Strobl sen.), auf Schutt und an Wegen um Admont hie und da.

1218. **Mel. alba Dsr.** Auf wüsten und steinigen Stellen, vorzüglich an Wegrändern und den Ennsufern entlang zwischen Gebüsch sehr häufig.

NB. **Mel. coerulea (L.) Lam.** „Auf Wiesen im Enns- und Paltenthale (Angelis)" Maly 1868; ich fand sie immer nur in Hausgärten kultivirt.

1219. **Trifolium pratense L.** Auf sumpfigen und trockenen Wiesen, Feldern, Grasplätzen äusserst gemein, wildwachsend und kultivirt; γ nivale (Sieb.) Kch. Auf Alpentriften im Kalk- und Tauernzuge häufig, z. B. um die Farchneralm vor'm Hund, am Kalbling, Stadlfeld bei Johnsbach (Kalk), ob dem Gemeinsee sehr häufig, am Hochschwung bis 6400' äusserst gemein (Gl.-Schiefer).

1220. **Trif. medium L.** Unter Schilf bei der Euns und am Stiftsteiche, am Oberhoffelde, an Ackerrändern des Lichtmessberges ob Dittmannsdorf häufig, noch häufiger auf den Weiden der Pitz; in den Johnsbachervoralpen (Herb. Hatzi!).

1221. **Trif. arvense L.** An Wegrändern bei Aigen (Angelis!), auf sandigen Aeckern bei Gaishorn.

1222. **Trif. montanum L.** Auf Wiesen von der Ebene bis auf die Voralpen, zumal der Schieferzone, sehr häufig, oft sogar gemein.

1223. **Trif. repens L.** Auf Wiesen, Feldern und Grasplätzen äusserst gemein.

1224. **Trif. hybridum L.** Auf sumpfigen Wiesen bei Admont und Trieben häufig, auch an Wegrändern gegen Krumau, im Stiftshofe und auf Feldern der Klamm.

1225. **Trif. glareosum Schl.** 1821. pallescens Kch. non Schreb. An felsigen Stellen des Hochschwung (Nordseite, c. 6000') ziemlich häufig. Gl.-Schiefer.

1226. **Trif. badium Schreb.** Auf grasigen, feuchten Abhängen der Kalk- und Urgebirgsalpen ziemlich häufig: Bei der Treffneralpe, am Hund, Hochthor, Kalbling, Pyrgas, Scheiblstein (Kalk), auf Alpen bei Trieben (Angelis), am Hochschwung bis 6000' sehr häufig (Gl.-Schiefer).

1227. **Trif. aureum Poll.** Auf Sumpfwiesen der Krumau, auf Rainen gegen Frauenberg, am Wege von Bärndorf gegen Büschendorf und sonst noch im Enns- und Paltenthale häufig.

1228. **Trif. campestre Schreb.** Auf Weiden, Aeckern und Wegrändern sehr häufig.

1229. **Trif. procumbens Schreb.** Wie voriges und ebenfalls häufig.

1230. **Trif. minus Sm.** Auf nassen Wiesen um Admont von Angelis gesammelt, ich selbst fand es nur im oberen Ennsthale.

1231. **Lotus corniculatus L.** α vulgaris Koch. Auf Wiesen, Feldern und Rainen äusserst gemein bis hoch in die Alpen, wo sie oft weit höher aufsteigt, als Hippocr. comosa.

1232. **Tetragonolobus siliquosus (L.) Rth.** An Eisenbahndämmen im Gesäuss bei Hieflau von P. Plac. Bachinger gesammelt und mir mitgetheilt.

1233. **Phaca frigida L.** Auf üppigen Alpenwiesen: Am Hund im Sulzkahr (Strobl sen. und Hatzi!), häufig am Hochschwung mit Hedys. obscurum. Kalk, Glimmerschiefer, 5500—6000'.

1234. Phac. australis L. α glabra. An sehr felsigen Stellen des Hochschwung hie und da häufig (Nordseite, 6400', Gl.-Schiefer).

1235. Phac. astragalina DC. Von dürren Abhängen unter den Felsen des Hochschwung bis zu den üppigen Felsstriften hinauf sehr häufig (5500—6000', Gl.-Schiefer); nach einem alten Verzeichnisse auch im Sulzkahr (Kalk).

1236. Oxytropis campestris (L.) DC. „Auf Alpen bei Strechau" (Maly 1838), am Bösenstein auf Gneiss (Stur).

1237. Ox. montana (L.) DC. Auf trockener Erde an steinigen und felsigen Abhängen der Kalkalpen (5—7000') häufig: Am Südwestfusse der Kemetwand, auf der Höhe des Scheibleck, am Kalbling, Scheiblstein, Pyrgas, im Sulzkahr etc. „Auf der Peewurzalpe am Bösenstein (körniger Kalk) und verändert auf Hornblendeschiefer" Stur; die veränderte Form ist wohl Ox. triflora Hoppe.

1238. Astragalus leontinus Jacq. Auf dem Strechauer und Schwarzgullingergebirge (Gebhard), fehlt im Herb. Maly.

1239. Astrag. Cicer L. Auf Rändern von Getreidefeldern an der Landstrasse des Paltenthales zwischen Singsdorf und dem Walzenhause häufig.

1240. Astrag. glycyphyllos L. Auf buschigen Hügeln, freien Waldstellen, Berg- und Voralpenwiesen hie und da, nicht selten: gegen Frauenberg, unter der letzten Erhebung des Dörflstein, unter Strechau, im Strechengraben, am Aufstieg zur Scheibleggerhochalpe, bei der Bichelmayralmhütte, unter Krummholz auf der Ardningalpe (Strobl sen.) etc.

1241. Coronilla vaginalis Lam. Auf Kalkvoralpen um Admont sehr selten (Altes Verzeichniss); ich fand sie nur im oberen Ennsthale.

1242. Cor. varia L. Auf Rainen, Hügeln, zwischen Gebüsch, selten.

1243. Hippocrepis comosa L. Auf trockenen, sonnigen Triften und über Kalkschotter von der Thalsohle bis 6300' im Kalkzuge und auf sil. Kalkvorlagen der Tauernkette sehr gemein.

1244. Hedysarum obscurum L. Auf grasigen Abhängen der Kalkhochalpen (6000—7100') nicht häufig: Am Pyrgas, Scheiblstein, in den Johnsbacheralpen (besonders von der Farchneralm auf den Hund), am Stadlfeld (Hatzi!); sehr gemein aber auf üppigen Felstriften des Hochschwung (Gl.-Schiefer).

1245. Onobrychis sativa L. Nicht selten kultivirt und verwildert, z. B. im Oberhoffelde, Stiftsgarten, an Rainen um Admont und Johnsbach.

1246. Pisum arvense L. Auf Aeckern unter Getreide häufig; sativum L. wird im Stiftsgarten etc. kultivirt.

1247. Ervum hirsutum L. α eriocarpon G. G. Auf sandigen Aeckern bei Dittmannsdorf, in Kleefeldern um Admont.

1248. Vicia silvatica L. Unter Gebüsch und in Gebirgswäldern stellenweise in Menge, z. B. vom innersten Winkel des Schwarzenbachgrabens zur Griesweberalm hinauf, von der Pitz zum Natterriegel (Kalk), unter der Kemetwand auf einer Rutschfläche (4000', Werfnerschiefer); seltener am Bache des Oberhoffeldes (Angelis), im Walde unter der Bockmaieralm (Hatzi!).

1249. Vic. Cracca L. Auf Wiesen, an Hecken und Zäunen sehr häufig.

1250. Vic. sepium L. In Hainen, an Waldrändern, Zäunen und Hecken gemein.

1251. Vic. sativa L. β obcordata Rchb. Auf Aeckern unter Getreide sehr häufig.

1252. Vic. angustifolia Rth. Auf Steinhaufen bei Trieben von Strobl sen. gesammelt!

1253. Lathyrus sativus L. Auf Aeckern verwildert (Strobl sen.!).

1254. Lath. pratensis L. Auf Wiesen, unter Gebüsch und an Zäunen gemein.

1255. Lath. silvestris L. Unter Gebüsch beim Sausteiger (Saupichler Angelis) am Lichtmessberge (Strobl sen.!), an sonnigen Waldrändern um Admont (Hatzi!).

1256. Orobus laevigatus W. K. Ob dem Pyrgasgatterl (c. 4500', Kalk) zwischen Gebüsch an alten Feuerstätten ziemlich häufig.

Nachträge und Berichtigungen.

Herr Professor Hackel hatte die Güte, die Gramineen der Flora Admont. zu revidiren, wobei sich folgende Veränderungen der Nomenclatur ergaben:
Poa nemoralis β firmula ist var. rigidula Godr., var. subuniflora ist v. alpina G. G.: der Standort: Hatlersgraben ist bei Poa hybrida zu streichen; denn die hier gesammelte Pflanze ist Festuca sylvatica Vill: auch die Exemplare des Blahberges gehören theilweise dazu.

Glyceria fluitans ist plicata Fr.

Festuca ovina vom Stiftsgarten ist var. pseudoovina Hackel, die übrigen sind rubra var. fallax Thuill.

Fest. Halleri ist rupicaprina (Hackel als Var. von ovina).

Fest. duriusc. var. alpestris hat den älteren Namen dura Host. zu führen.

Fest. heterophylla α laxa ist rubra var. fallax Thuill, β rigida ist rubra var. alpina Parl., violacea β major ist violacea var. picta Kit., alpestris ist nur eine Voralpenform von varia.

Neu für das Gebiet wurde von Hackel F. arundinacea Schreb. auf Schutt und Grasplätzen im Stiftshofe entdeckt.

Zu 197. Tofieldia borealis wurde von mir am 26. Juli zwischen Kalbling und Sparafeld an mehreren Punkten gesammelt.

Zu 240. Anacamptis pyramidalis ist nach Professor Strasser am Damischbachthurm häufig.

Zu 254. Cephalanthera rubra fand ich im Hinterwinkel bei Gstatterboden selten.

Zu 286. Callitriche verna (L.) ist auch in subalpinen Lachen des Dürnschöberl ob Aigen häufig.

Cryptogamae.

IVC. Fam. Equisetaceae Rich.

1257. **Equisetum arvense** L. Auf Feldern im ganzen Gebiete gemein.

1258. **Eq. Telmateja Ehrh.** An sumpfigen Waldrändern spärlich: Am oberen Ausgange des Schafferweges (Angelis !), im Käferwäldchen ob dem Frauenfelde.

1259. **Eq. silvaticum** L. An Feldrändern, Waldbächen und auf feuchten Bergabhängen bis 4500' sehr häufig, besonders in der Schiefer- und Gneisszone.

1260. **Eq. palustre** L. In Thal- und Bergsümpfen gemein; auch var. polystachyon Milde.

1261. **Eq. limosum** L. In tiefen Sümpfen des Enns- und Paltenthales sehr häufig, sowohl α Linnaeanum Döll, als auch β verticillatum Döll mit f. leptocladon Döll.

1262. **Eq. variegatum Schleich.** An einer sumpfigen Stelle des Schafferweges häufig.

IIIC. Fam. Lycopodiaceae DC.

1263. **Lycopodium Selago** L. α imbricatum Nlr., β recurvum (Kit.) Milde. In trockenen Wäldern bis auf die Alpenhöhen des Grauwacken- und Tauernzuges beide Var. zerstreut, aber im Ganzen häufig, z. B. im Strechengraben, am Dürnschöberl, Bösenstein, Grünsee der Hochhaide, Steinamandl, Hochschwung (—6000').

1264. **Lyc. inundatum** L. An sumpfigen Stellen im Bürgerwalde von Rottenmann (Grauwacke).

1265. **Lyc. annotinum** L. In Wäldern und Schluchten der Gneiss- und Schieferzone bis in die Voralpenregion sehr häufig.

1266. **Lyc. clavatum** L. Wie voriges, doch etwas seltener, z. B. am Dürnschöberl, Hochschwung, ob Lorenzen.

1267. **Lyc. alpinum** L. Auf trockenen Alpenhöhen (5—7000') der Tauernkette sehr häufig, z. B. am Bösenstein, Steinamandl, Hochschwung: auch auf der Spitze des Dürnschöberl (Grauwacke 5400').

1268. **Selaginella spinulosa** A. Br. Auf steinigen Voralpen- und Alpenweiden (4—6000') der Kalkzone gemein, aber auch im Grauwacken- und Tauernzuge ziemlich häufig, z. B. Spitze des Dürn-

schöberl, Raine um Hohentauern, Bachränder ob der Bacheralpe,
um die Kothhütten, am Bösenstein und Hochschwung; steigt auch
häufig bis in's Gesäuss hinab.
  1269. Sel. helvetica (L.) Spr. An schattigen Rainen und Bergabhängen vom Thale (z. B. Hohlwege vor Mühlau) bis in die Voralpenregion (z. B. Spitze des Dürnschöberl 5400') nicht selten. Kalk,
Grauwacke, Gneiss.

IIC. Fam. Ophioglosseae R. Br.

  1270. Ophioglossum vulgatum L. Auf subalpinen und alpinen
Abhängen des Damischbachthurm nach Professor Strasser häufig,
am Dürnschöberl c. 5200' zwischen Grauwackenblöcken seltener.
  1271. Botrychium Virginianum Sm. Auf Waldwiesen des Pyrn-
passes sehr selten (Presl als anthemoides); ich suchte es vergebens.
  1272. Botr. Lunaria (L.) Sw. Zwischen 4000 und 6000' auf
haideartigen Abhängen im ganzen Gebiete, aber nicht häufig, z. B.
am Pyrgas, Kalbling, Natterriegel, auf der Scheibleggerhochalpe
(Kalk), am Dürnschöberl (Grauwacke), Hochschwung (Gl.-Schiefer).

IC. Fam. Filices L.

  1273. Polypodium vulgare L. α commune Milde. Auf schattigen Kalk-, Schiefer- und Gneissfelsen der Waldregion sehr zerstreut, z. B. am Aufstieg zum Dürnschöberl, zur Scheibleggerhochalpe, um Rottenmann, im Strechengraben.
  1274. Pol. calcareum Sm. In Wäldern und Schluchten der
Kalkzone bis gegen 5000' gemein.
  1275. Pol. Dryopteris L. In Wäldern und Schluchten der
Schieferzone sehr häufig, besonders im Wolfsgraben.
  1276. Pol. Phegopteris L. In Wäldern und Voralpen des Kalk-,
Schiefer- und Gneissgebirges häufig.
  1277. Aspidium Lonchitis (L.) Sw. In Wäldern der Kalkzone bis 5000' häufig; Zwergformen sogar noch bei 6500' am
Scheiblstein.
  1278. Aspid. aculeatum (L.) Döll. α vulgare Döll. In Berg-
und Voralpenwäldern der Kalkzone bis 4500' überall häufig.
  1279. Aspid. Filix mas (L.) Sw. 1. genuinum Milde. In Bergwäldern, besonders der Kalkzone, sehr häufig, z. B. am Pyrnpass,
Brucksattel, im Bruckgraben, Gesäuss, am Schafferweg; doch auch
häufig auf Grauwacke des Lichtmessberges etc.
  1280. Aspid. rigidum (Hffm.) Sw. Auf Kalkblöcken am Fusse
des Hund (c. 4500') und am Fusse der letzten Erhebung des Scheiblstein (5—6500') sehr häufig.
  1281. Aspid. spinulosum (Müll.) Sw. α typicum und β dilatatum (Sm.). An Rändern des Hofmoores häufig (α), an Rändern
des Krumauermoores sehr gemein (α und β); seltener in Berg-

wäldern, z. B. beim Kohlenbau des Lafferwaldes (β), am Pyrnpass, Unterkalbling (α Angelis !), bei der Brunnstube des Lichtmessberges (β).

1282. Aspid. montanum (Vgl.) Aschs. Oreopteris Sw. Am Beginn des Schafferweges unter Fichten häufig (Sil. Schiefer, 2300'), auch sonst am Lichtmessberge bis zum Unterkalbling (Angelis !).

1283. Cystopteris fragilis (L.) Brnh. α lobulatodentata Milde. An feuchten Felsen der Berg- und Voralpenregion ziemlich häufig, z. B. am Scheibleggerbach, unter der Kemetwand, am Aufstieg zum Natterriegel. β alpina (Dsv.) Milde. Auf Kalkfelsen der Voralpen- und Alpenregion: Sehr häufig am Scheiblstein bei 6500', seltener um die Kemetwand mit α, unter der Schafleithen des Kalbling; selten auf Grauwackefelsen des Dürnschöberl (5430').

1284. Cyst. montana (Lam.) Bernh. Sehr häufig auf Kalkfelsen unter der Kemetwand (c. 4500').

1285. Asplenium Filix femina (L) Brnh. In feuchten Wäldern und an Moorrändern des ganzen Gebietes sehr häufig, am Scheiblstein sogar noch unter Krummholz; meist v. multidentatum Döll, seltener (z. B. an steinigen Wegrändern bei Lorenzen, an Hohlwegen um Admont) α dentatum (Hffm.) Döll.

1286. Aspl. Halleri (L.) DC. „Auf Alpen bei Rottenmann (Zahlbruckner)" Maly 1868; fehlt im Herb. Maly.

1287. Aspl. fissum W. K. In Felsritzen zwischen Pyrgas und Scheiblstein, besonders an Schneegruben häufig, ebenso zwischen Geröll am Fusse des Gamsstein bei Johnsbach. Kalk, 4—6000'.

1288. Aspl. Ruta muraria L. Auf Felsen und alten Mauern der Tiefregion gemein, am Buchstein und Scheiblstein noch in der Voralpenregion.

1289. Aspl. septentrionale (L.) Sw. Auf Gneiss- und Schiefer-felsen selten: um Oppenberg (Gebhard im Herb. Maly !), in der Strechen.

1290. Aspl. viride Hds. Auf Kalk bis in die Alpenregion sehr häufig.

1291. Aspl. Trichomanes L. An Mauern und Felsen im ganzen Gebiete sehr häufig. Kalk, Grauwacke etc.

1292. Scolopendrium officinarum Sw. Im Hartlersgraben zwischen Kalkblöcken (2—3000') stellenweise häufig, selten im Gesäuss.

1293. Blechnum Spicant (L.) Rth. In feuchten Wäldern der Kalkzone ziemlich häufig, sehr gemein aber in der Schiefer- und Gneisszone.

1294. Pteris aquilina L. Aeusserst gemein in Wäldern und Waldlichtungen der Tief- bis Voralpenregion, auch an Rändern der Torfmoore.

1295. Allosurus crispus (L.) Brnh. Am Rottenmannertauern (Maly 1868); ich fand ihn selten auf Glimmerschieferblöcken etwa eine Stunde oberhalb der letzten Plintenalm (hinter Oppenberg).

1296. Struthiopteris germanica W. Unter Waldbäumen im Gesäuss, besonders nahe der Johnsbachbrücke, sehr häufig.

C. Fam. Musci frondosi. a. Acrocarpac.

NB. Sämmtliche von mir seit 1862 gesammelte Laub- und Lebermoose wurden von Dr. Poetsch, Herrn Juratzka und nach dessen Tode von Herrn Breidler in zuvorkommendster Weise revidirt und determinirt. Herr Breidler stellte mir überdies umfassende Mittheilungen über die Verbreitung der Laub- und Lebermoose im Gebiete zur Verfügung, die meiner Arbeit sehr zu Statten kamen. Str. = Strobl, Br. = Breidler.

1297. **Ephemerum serratum (Schreb.) Hampe.** Auf Brachäckern und Erdblössen der Wiesen in den Thälern; zwar im Gebiete noch nicht beobachtet, aber nach Br. gewiss einheimisch.

1298. **Phascum cuspidatum Schreb.** Auf Aeckern, Erdblössen der Wiesen und Grasplätze in den Thalgründen: Bei Dittmannsdorf (Br.).

1299. **Pleuridium alternifolium Br. eur.** Auf Wiesen, grasigen Abhängen, Weglehnen, Grabenrändern der Thalgründe und der unteren Bergregion : In Torfgruben bei Selzthal, an einem Ackerraine bei Dittmannsdorf (Br.).

1300. **Sporledera palustris Br. eur.** In Torfgruben bei Selzthal (Br.).

1301. **Hymenostomum microstomum (Hdw.) R. Br.** Auf nackter Erde der Wiesen, Aecker, Waldlichtungen, Weg- und Grabenränder bis in die Bergregion sehr verbreitet: Gaishorn, Trieben, Strechengraben, Liezen, Admont.

1302. **Gymnostomum rupestre Schwg.** Auf feuchten Kalk- und Schieferfelsen bis in die Voralpenregion verbreitet, aber häufig steril; seltener in der Alpenregion: Nordabhang des Schober bei Wald, im Sunk, Flitzengraben bis 4000', an vielen Stellen im Gesäuss (Br.).

1303. **Gymn. curvirostum (Ehrh.) Hdw.** An feuchten und überrieselten Felsen, vorzüglich auf Kalk, von den Thälern bis in die Voralpenregion verbreitet, seltener in der Alpenregion, häufig steril : Gesäuss (Br., Str.), Seeboden, Natterriegel (—5500'), von Raitthal gegen Liezen, Sunk, Flitzengraben, von Eigelsbrunn gegen den Leobnerberg (Br.).

1304. **Eucladium verticillatum (L.) Br. eur.** An nassen Kalkfelsen der Wurzenalm ob Liezen (Str.), wahrscheinlich auch in der Thal- und Bergregion der Kalkzone.

1305. **Anoectangium compactum (Schlch.) Schwg.** An feuchten Gneiss- und Glimmerschieferfelsen im Tauernzuge, besonders in den Bachschluchten: Vom Triebenthal gegen den Griesstein (38—5000' Br.), im Strechengraben (3000', Str.).

1306. **Weisia viridula Brid.** Auf nackter Erde allgemein verbreitet in den Thälern und in der Bergregion, selten auf Alpen, z. B. Abhang des Natterriegel gegen Seeboden (—5500' Br.).

1307. **Dicranoweisia crispula (Hdw.) Lindb.** Auf Felsblöcken des Schiefer- und Urgebirges (2500—7700') höchst gemein.

1308. **Rhabdoweisia fugax (Hdw.) Br. eur.** An beschatteten
Schiefer- und Gneissfelsen, in Felsspalten und an steinigen Abhängen
von 3—6800': Im Walde am Wege von Wald gegen Eigelsbrunn,
im Triebenthale, an den Abhängen des Griesstein und Bösenstein (Br.).
1309. **Rhabd. denticulata (Brd.) Br. eur.** An feuchten, beschatteten Schieferfelsen und in Höhlungen an steinigen, moosigen
Abhängen ziemlich selten: Bei Wald (2850', Br.).
1310. **Cynodontium gracilescens (W. M.) Sch.** An Gneissfelsen
des Griesstein (55—6300', Br.).
1311. **Cyn. polycarpum (Ehrh.) Sch.** An kalkarmen Felsen und
beschatteten steinigen, moosigen Abhängen des Schiefer- und besonders des Urgebirges sehr häufig, von den Thälern bis in die
Alpenregion, z. B. Flitzen-, Wolfs-, Strechengraben, Wagenbänkalm,
Leobner (bis 6000').
1312. **Cyn. virens (Hdw.) Br. eur.** Auf Humus über Dachsteinkalk (5—7000') am Pyrgas bis zur Spitze, am Kalbling, Sparafeld
(Str.), aber auch auf Erde, Steinen, faulem Holze in der Schiefer-
und Gneisszone: Leobnerberg, Bösenstein von der Gamsgrube gegen
den Scheiplsee (5—6000', Br.).
1313. **Dichodontium pellucidum (L.) Sch.** Auf feuchter, steiniger,
sandiger und lehmiger Erde, an nassen Felsen, in Bachschluchten
der Tief- und Bergregion verbreitet, z. B. am Fusse des Schober
bei Wald, von Trieben gegen Hohentauern und im Triebenthal (Br.),
im Strechengraben (Str.); seltener und meist steril in höheren
Lagen: Dürnschöberl (5430', Str.), Seeboden bei Admont (5000 bis
5400', Br.).
1314. **Trematodon ambiguus (Hdw.) Hornsch.** Auf einer von
Ennsschlamm bedeckten Stelle des Selzthalermoores im Jahre 1869
ausgezeichnet schön und reichlich (Br.).
1315. **Dicranella Schreberi (Hdw.) Sch.** Auf feuchter Erde, an
Weg- und Grabenrändern: Bei Gaishorn (Br.), in der Waldregion
des Dürnschöberl (Str.), im Gesäuss (Erdinger teste Jur.).
1316. **D. squarrosa (Schrd.) Sch.** An quelligen Stellen der Vor-
alpen- und Alpenregion des Tauernzuges gemein, im Grauwackenzuge nur am Dürnschöberl (Str.); höchst selten mit Frucht.
1317. **D. cerviculata (Hdw.) Sch.** In den Gräben der Torfstiche
bei Selzthal und Admont stellenweise massenhaft, z. B. im Hofmoore (Br., Str.), auch auf Walderde am Fusse des Rottenmannertauern bei Lorenzen (Str.).
1318. **D. varia (Hdw.) Sch.** Auf lehmiger, sandiger Erde, an
Weglehnen, Grabenrändern etc. bis 4000' allgemein verbreitet.
1319. **D. rufescens (Turn.) Sch.** An ähnlichen Standorten in
der Tauernkette selten: Von Trieben nach Hohentauern längs der
Fahrstrasse (Str.).
1320. **D. subulata (Hdw.) Sch.** Auf kalkfreier Erde an Waldweglehnen etc. in der Berg- und Voralpenregion des Tauernzuges
allgemein verbreitet.
1321. **D. heteromalla (Hdw.) Sch.** Mit der vorigen in Ober-
steiermark zerstreut, im Gebiete bisher nur im Selzthalermoore (Br.).

67

1322. **Dicranum Starkii W. M.** Auf feuchter, steiniger Erde und auf felsigem Boden des Schiefer- und Urgebirges von den höchsten Gipfeln bis herab in die Voralpenregion (7700—5500'), z. B. Leobnerberg, Flitzengraben, Laargang ob der Wagenbänkalm (Schiefer, Br.), Griesstein (Br.), Bösenstein, Hochhaide etc. (Gneiss, Str.).

1323. **D. falcatum Hdw.** Auf feuchtem, steinigem und felsigem Boden der Alpen- bis Hochalpenregion ziemlich selten: Nordabhang des Leobnerberges (Schiefer, 6000', Br.), Bösenstein (Gneiss, 6000 bis 7700', Str.).

1324. **D. Blyttii Br. eur.** An steinigen, felsigen Abhängen in der Alpenregion des Rottenmannertauern (Str. teste Jur.).

1325. **D. montanum Hdw.** An alten Stämmen, faulen Strünken, auf Waldboden, seltener auf kalkfreien Felsen (2—5500') sehr verbreitet, besonders in Wäldern des Schiefer- und Gneisszuges, doch auch im Gesäuss, am Pyrn, im Hofmoore etc.

1326. **D. flagellare Hdw.** An ähnlichen Standorten von den höheren Thälern bis zur Voralpenregion Obersteiermarks nicht selten; im Gebiete bisher übersehen, aber nach Br. gewiss vorhanden.

1327. **D. longifolium Hdw.** Auf kalkfreiem Gestein und dessen Detritus, seltener an alten Stämmen (25—6000') im Schiefer- und Gneisszuge gemein, oft steril.

1328. **D. albicans Br. eur.** Auf kalkfreiem, steinigem Boden der Tauernkette (6—7000') nicht selten, bisher nur steril: Am Steinamandl (Str.), Griesstein, Bösenstein (Br., Str.); Wurzenalm ob Liezen (Kalk, Str.).

1329. **D. elongatum Schwg.** An Felsen, steinigen, moosigen Abhängen und auf Triften (5—7600') nicht selten, aber meist steril: Natterriegel, Krummholzregion des Kalbling (Kalk, Br.); vom Griesstein gegen die Seifriedalm (Br.) am Bösenstein (Br., Str.), Gneiss.

1330. **D. fuscescens Turn.** Auf faulen Stämmen, Waldboden und kalkfreiem Gesteine von 4—7000' allgemein verbreitet, auch nicht selten fruchtend: Dürnschöberl bis zur Spitze, Eigelsbrunnalm, Triebenthal gegen den Griesstein, von Hohentauern zum Scheiplsee (Br., Str.); var. flexicaule (Brd.) und form. integrifolia am Bösenstein (6—7000', Str.); gewiss auch in der Kalkkette, da ich es auf der Speikwiese des nahen Warschenegg sammelte.

1331. **D. neglectum Jur.** Auf felsigem und humosem Boden der Hochalpen (6—7700'): Bösenstein (Br., Str.), Nordseite des Griessteingipfels (Br.), nur steril; Kalkfelsen auf der Höhe des Pyrgas (Jur.).

1332. **D. Mühlenbeckii Br. eur.** Auf steinigen Triften der Kalkalpen: Am Pyrgas (Jur., Str.), vom Seeboden gegen den Natterriegel steril (5—6000', Br.).

1333. **D. scoparium (L.) Hdw.** In Wäldern, auf Moorgründen, Haideplätzen, Baumstrünken, Erde und Felsen bis 7700' äusserst gemein, häufig fruchtend; var. alpestre Milde auf der Spitze des Dürnschöberl (Str.).

6*

1334. D. palustre Lap. Auf dem Stücklermoore bei Wald mit Früchten, auf dem Moore bei Trieben steril (Br.).

1335. D. Schraderi Schwgr. Auf Moorgründen ziemlich gemein, oft steril: Krumauermoor (Str.), Selzthaler- und Triebnermoor (Br.); seltener auf humosem Boden der Alpenregion, z. B. auf der Kuppe des Leobnerberges steril (6300', Br.).

1336. D. undulatum Voit. Auf Moorgründen, Berg- und Waldwiesen, auf Erde in Wäldern bis zur Voralpenregion verbreitet, häufig fruchtend: Hof-, Krumauer-, Selzthalermoor, Lichtmessberg, bei Trieben, Gaishorn, Wald etc.

1337. Dicranodontium longirostre (W. M.) Br. eur. Auf Wald- und Moorboden, faulen Stämmen, beschatteten, humusbedeckten Felsen bis in die Voralpen sehr verbreitet, meist steril: In Wäldern bei Wald, Gaishorn, Trieben, Hohentauern, im Strechengraben, am Lichtmessberg, Saalberg, in Mooren bei Selzthal, Admont etc.; var. alpinum (Sch. als Camp.) Milde: Auf nassem Humus der Wagenbänkalm (5000', Br.), Spitze des Dürnschöberl (5430', Str.).

1338. Campylopus flexuosus (L.) Brid. Auf Waldboden am Lichtmessberg ob Dittmannsdorf steril (3160', Br.).

1339. C. fragilis (Dcks.) Sch. In Ritzen und Spalten der Schieferfelsen im Flitzengraben selten, steril (3160', Br.).

1340. C. Schimperi Milde. An steinigen Abhängen in Vertiefungen zwischen Gräsern und Kräutern des Bösensteins von der Gamsgrube gegen den Scheiplsee zu selten (Br.).

1341. Leucobryum glaucum (L.) Sch. Sehr häufig in Torfmooren, z. B. Hofmoor (Str.), Selzthalermoor (Br.); seltener in Wäldern, wie am Schafferweg, Lichtmessberg (Str., Br.), bei Wald an der Nordseite des Schober (Br.); nur steril.

1342. Fissidens bryoides Hdw. An Erdabhängen, Grabenrändern, besonders in Wäldern bis zur Voralpenregion: Lichtmessberg, am Fusse des Fötleck längs des Gaishornsee's (Br.), an der Tauernstrasse ob Trieben (Str.).

1343. F. incurvus (W. M.) Schwg. An gleichen Standorten, aber etwas seltener in Obersteier; nach Br. gewiss auch im Gebiete.

1344. F. osmundoides (Sw.) Hdw. In Schluchten und auf feuchten Abhängen bis in die Alpenregion der Kalk- und Tauernkette zerstreut: Strechengraben, Bösenstein (Str.), Höhe des Pyrgas (Jur.).

1345. F. taxifolius (L.) Hdw. In Hochwäldern unterhalb der Scheibleggerhochalpe und im Strechengraben (Str.), sonst im Gebiete nicht beobachtet.

1346. F. decipiens Not. Auf humoser Erde an Felsen, steinigen und buschigen Abhängen bis gegen die Voralpenregion, besonders des Kalkzuges, verbreitet, meist fruchtend: An vielen Stellen im Gesäuss, am Lärcheck; selten höher, z. B. vom Seeboden gegen den Natterriegel (5—6300', Br.), am Pyrgas (Str.).

1347. F. adiantoides (Dill.) Hdw. Auf feuchten Stellen der Wiesen und Wälder, in Moorgründen, besonders aber an nassen

Felsen bis 4500': im Strechengraben, an der Tauernstrasse (Str. Schiefer), am Alpsteig im Gesäuss (Angelis i. litt., wenn nicht voriger).

1348. **Anodus Donianus** (Engl. Bot.) Br. eur. und **Seligeria tristicha** (Brid.) Br. eur. Beide teste Br. in Obersteier ziemlich verbreitet und höchst wahrscheinlich auch im Gebiete.

1349. **Sel. pusilla** (Hdw.) Br. eur. In Höhlungen und an schattigen Stellen von Kalkfelsen: Im Gesäuss gegen Gstatterboden hinab an einigen Punkten spärlich (19—2200', Br.).

1350. **Blindia acuta** (Dicks.) Br. eur. An feuchten, steinigen Stellen und auf Felsen des Schiefer- und Tauernzuges, in letzterem von der Berg- bis in die Alpenregion allgemein verbreitet, von ersterem nur aus dem Flitzengraben (31—4000') bekannt (Br.); oft steril.

1351. **Ceratodon purpureus** (L.) Brid. Auf den verschiedensten Substraten von der Tief- bis in die Hochregion gemein. z. B. am Pyrgas und Kalbling (Kalk) bis 6800', am Bösenstein (Gneiss) bis 7780': häufig fruchtend.

1352. **Leptotrichum homomallum** (Hdw.) Hmp. An Erdbrüchen und Waldweglehnen des Schiefer- und Urgebirges bis in die Voralpenregion verbreitet, meist fruchtend: Saalberg bei Liezen, Dürnschöberl bis 5400', unterhalb Eigelsbrunn bei Wald; im Tauernzuge gemein, am Bösenstein steril sogar noch bei 6800'.

1353. **L. flexicaule** (Schwg.) Hmp. Auf steiniger Erde, an Felsen, buschigen und moosigen Abhängen bis in die Hochregion, zumal des Kalkzuges, gemein, aber meist steril; im Tauernzuge bis auf den Gipfel des Bösenstein (7780').

1354. **L. tortile** (Schrd.) Hmpe und glaucescens (Hdw.) Hmpe wurden zwar noch nicht im Gebiete, wohl aber nahe den Grenzen desselben von Br. mehrfach beobachtet und sind gewiss auch einheimisch.

1355. **Distichium capillaceum** (L.) Br. eur. Auf Humus, steinigen, moosigen Abhängen und an Felsen des Kalk-, Schiefer- und Urgebirges (3—7000') gemein, meist fruchtend; var. brevifolia Sch. auf der Höhe des Pyrgas (Jur.).

1356. **D. inclinatum** (Hdw.) Sw. Auf humoser Erde an Felsen und steinigen Abhängen der Alpenregion ziemlich selten: Natterriegel (6300', Br.), Pyrn (Niessl teste Jur.), Dürnschöberl (5430', Str.), Leobnerberg (6 - 6300' Br.); überall fruchtend.

1357. **Pottia lanceolata** (Dcks) C. Müll. Auf Erde an einem Raine bei Dittmannsdorf spärlich (Br.); an anderen Punkten wohl nur übersehen.

1358. **P. intermedia** (Turn.) Fürnr. = truncata β major Br. eur. Auf Lehmboden eines Ackers in der Sautratte bei Admont im April 1871 häufig gesammelt (Str.); wahrscheinlich nebst P. truncata (L.) Fürnr. in der ganzen Tiefregion verbreitet.

1359. **Didymodon rubellus** (Roth) Br. eur. Auf Erde, Humus, steinigen, moosigen Abhängen, an Mauern und Felsen bis in die

Hochregion des Kalk-, Schiefer- und Tauernzuges gemein, meist reichlich fruchtend.

1360. D. ruber Jur. (rubellus var. cavernarum Mldo.). Auf steiniger und humoser Erde zwischen Kalkblöcken an der Nordseite des Leobnerberges (55—6000') selten, steril, ♀ (Br.).

1361. D. cylindricus (Bruch) Br. eur. Auf feuchten Schieferfelsen im Strechengraben mit Encal. ciliata steril (Str.).

1362. Trichostomum crispulum Bruch. An Kalkfelsen im Gesäuss (19—2200') und vom Seeboden gegen den Grabnerstein und Natterriegel (5—5500') steril (Br.).

1363. Desmatodon latifolius (Hdw.) Br. eur. Auf humoser Erde, steinigen Triften, erdbedeckten Felsen des Kalk-, Schiefer- und Urgebirges (6—7780'): Natterriegel, Leobnerberg, Griesstein, Bösenstein bis zum Gipfel (Br.).

1364. Barbula muralis (L.) Hdw. An alten Mauern, sonnigen Kalkfelsen der Tief- und unteren Bergregion gemein.

1365. B. unguiculata (Dill.) Hdw. Auf feuchter Erde, an steinigen, buschigen Abhängen, Weglehnen, Mauern, erdbedeckten Felsen der Tief- und Bergregion im ganzen Gebiete gemein.

1366. B. fallax Hdw. An denselben Standorten und noch gemeiner.

1367. B. recurvifolia Sch. Auf feuchtem, sandigem und steinigem Boden, an Weglehnen, Kalk- und Schieferfelsen bis 4500' nicht selten, fast immer steril: Gesäuss, von Admont gegen Weng (Br.), bei Aigen und am Pyrn (Niessl teste Jur.), um Wald (Br.), an der Tauernstrasse (Str.), auf einem alten Bretterdache in Hohentauern (Br.).

1368. B. rigidula (Dcks.) Sch. (Trichostomum ed. I.) Auf alten Mauern, steinigen Abhängen, beschatteten Kalk- und Schieferfelsen bis in die Voralpen sehr häufig, z. B. Gesäuss, Stiftsgartenmauern, Aigen, Saalkogel und Pyrn, Wolfs-, Strechen-, Flitzengraben. Tauernstrasse, um Wald.

1369. B. paludosa Schwg. Auf feuchtem sandigem, und steinigem Kalkboden, sowie an kalkhältigen Felsen (16—4000') ziemlich häufig: Von Wald gegen Eigelsbrunn, im Flitzengraben (Br.), häufig im Gesäuss (Br., Str.), am Pyrn (Str.): oft steril.

1370. B. convoluta Hdw. Auf kalkiger und sandiger Erde, Humus und Torf: im alten Ennsbette bei Admont, im Torfstiche bei Selzthal (Br.).

1371. B. flavipes Br. eur. Auf humosem Kalkboden im Gesäuss (Erdinger Herb. Jur.).

1372. B. inclinata Schwg. Auf Kalkboden im Gesäuss und an der Strasse von Admont gegen Weng (Br.).

1373. B. tortuosa (L.) W. M. Auf steiniger und humoser Erde, alten Bretterdächern, in Wäldern, an Felsen und buschigen, moosigen Abhängen bis 6500' im ganzen Gebiete gemein, vorzüglich auf Kalk; oft steril.

1374. **B. fragilis Wils.** Auf nassen, steinigen, felsigen und erdigen Alpenhöhen selten: Am Griesstein (Gneiss, c. 6300', Br.), Höhe des Pyrgas (Kalk, Jur.).

1375. **B. subulata (L.)** Brid. Auf Schieferfelsen und steinigen, humosen Abhängen im Strechengraben und Oppenbergerthale nicht selten (Str.); wohl weiter verbreitet.

1376. **B. aciphylla Br. eur.** Auf Dachsteinkalk und blosser Erde (5—6300'): Leobnerberg, vom Seeboden gegen den Natterriegel c. fr. (Br.), am Pyrgas häufig (Str.).

1377. **B. ruralis (L.)** Hdw. Auf steinigen, buschigen Grasplätzen und Abhängen, an Felsen, Mauern, alten Stämmen, auf Dächern bis in die Alpenregion gemein, meist steril; mit Früchten an Lindenstämmen im Stiftsgarten (Str.), an Kalkfelsen im Sunk (Br.) etc.

1378. **B. intermedia (Brid.)** Sch. An Mauern und trockenen, sonnigen Kalkfelsen im oberen Ennsthale, höchst wahrscheinlich auch im Gesäuss oder am Fusse der Hallermauern (Br.).

1379. **Geheebia cataractarum** Sch. Syn. ed. II. (Grimmia gigantea ed. I.) An feuchten, beschatteten Felsen, besonders kalkhältigen : Wolfsgraben, Sunk (2500—3500', (Str.).

1380—82. **Cinclidotus fontinaloides** (Hdw.) P. B. und riparius (W. M.) Br. eur., in der Enns bei Steyr von Sauter gesammelt, finden sich gewiss auch innerhalb des Gebietes, ebenso dürfte aquaticus (Dill.) Br. eur. in der Enns oder ihren Zuflüssen vorkommen ; Br. fand f. und aq. im Pass Stein (ob. Ennsthal).

1383. **Grimmia apocarpa (L.)** Hdw. Auf Kalk-, Schiefer- und Gneissgestein bis in die Alpenregion gemein; var. gracilis N. et Hrnsch. bei Admont und am Pyrn (Niessl teste Jur.), am Dürnschöberl c. 5430' mit der Normalform (Str.); var. rivularis N. et H. an Steinen im kleinen Bache unterhalb der Gamsgrube des Bösenstein (6000', Br.); v. alpicola (Sw.) N. Im Dachsteinzuge von 6000' aufwärts, z. B. Spitze des Hexenthurm (Str.).

1384. **Gr. pulvinata (L.)** Sm. Auf einem Grauwackenblocke neben dem Heustadl der Schulteringwiese bei Admont mit Doniana (Str.).

1385. **Gr. contorta (Whlb.)** Sch. In Felsklüften und an Felstrümmern des Schiefer- und Urgebirges (6—7780'), meist steril: Leobnerberg (6000', Br.), sehr verbreitet im Tauernzuge, z. B. Griesstein (Br.) Bösentein bis zur Spitze (Br., Str.).

1386. **Gr. torquata Grev.** Auf feuchten Gneissfelsen an der Nordseite des Griessteingipfels (7300', Br.).

1387. **Gr. funalis (Schwg.)** Sch. An Felsen und Blöcken der Gneissalpen: Abhänge und Gipfel des Griesstein, Bösenstein (6300 bis 7780', Br.); nur steril.

1388. **Gr. Hartmani** Sch. An beschatteten Felsen und Blöcken der Berg- bis Voralpenregion des Schiefer- und Gneisszuges zerstreut: Am Fusse des Schober bei Wald, im Triebenthal (Br.), Wolfsgraben (Str.).

1389. **Gr. Doniana Sm.** An Schiefer- und Gneissblöcken der Berg- bis Alpenregion ziemlich häufig, z. B. Bösenstein, Steinamandl (Str.); auch auf der Kirchhofmauer bei Rottenmann und an Feldmarken bei Admont (Str.).

1390. **Gr. ovata W. M.** In der Schiefer- und Gneisszone von der Tief- bis in die Alpenregion allgemein verbreitet, z. B. bei Dittmannsdorf, im Strechengraben, am Aufstiege zum Steinamandl, Bösenstein, zur Bacheralpe.

1391. **Gr. alpestris Schlch.** An Gneissfelsen und Felstrümmern des Tauernzuges nicht selten, gewöhnlich steril: Griesstein (6300 bis 7300', Br.) Bösenstein (6—7780', Br., Str.).

1392. **Gr. sulcata Saut.** An feuchten, erdbedeckten Gneissfelsen und Felsblöcken des Bösenstein mit Früchten (6—7600', Str.).

1393. **Gr. elongata Klf.** An Gneissfelsen und Felsblöcken der Tauernkette: Griesstein (63—7300' Br.), am Bösenstein häufig (6—7700', Str., Br.); bisher nur steril.

1394. **Rhacomitrium patens (Dcks.) Sch.** Auf nassem, steinigem Boden und an Felsen der Tauernkette in der Voralpen- bis Alpenregion zerstreut: Am Rott. Tauern (Str. teste Jur.), von der Gamsgrube des Bösenstein gegen den Scheiplsee herab steril (6000', Br.).

1395. **Rh. aciculare (L.) Brid.** Auf nassem, steinigem Boden und an überrieselten Felsen der Berg- bis Alpenregion des Tauernzuges zerstreut: Im Strechengraben mit Früchten, in Bächen ob dem Scheiplsee (6400') steril (Str.).

1396. **Rh. protensum A. Br.** An feuchten Schieferfelsen der Berg- bis Voralpenregion zerstreut: Im Strechen- und Wolfsgraben mit Früchten (Str.).

1397. **Rh. sudeticum (Funk) Br. eur.** An Gneiss- und Schieferfelsen der Tauernkette von den Voralpen bis auf die höchsten Gipfel sehr gemein (Str., Br.), seltener im Grauwackenzuge, z. B. Nordseite des Leobnerberges (6000', Br.); var. validior Jur. an nassen Stellen des Bösenstein (5—6000', Str.).

1398. **Rh. heterostichum (Hdw.) Brid.** An Felsen und Felsblöcken der Tauernkette von der Tief- bis zur Voralpenregion häufig; Calvarienberg bei Rottenmann, Wolfs-, Strechengraben (Str.), Triebenthal (Br.); nicht selten auch auf Alpenhöhen: Oberhalb der Bacheralpe, der „Kothhütten", am Bösenstein bis über 7000' (Str.).

1399. **Rh. fasciculare (Schrad.) Brid.** An feuchten Felsen und Felsblöcken der Tauernkette: Abhang des Griesstein gegen das Triebenthal (5—5900', Br.) steril; Bösenstein (5—6000', Str.) steril.

1400. **Rh. microcarpum (Hdw.) Brid.** An Gneissblöcken der Tauernkette (4—6500'): Aufstieg zur Bacheralpe, Bösenstein (Str.).

1401. **Rh. lanuginosum (Hdw.) Brid.** An Gneiss- und Schieferblöcken der Tauernkette (5—7500') häufig, besonders am Griesstein und Bösenstein (Br., Str.); seltener im Grauwackenzuge, wie am Leobnerberge (59—6300', Br.), noch seltener auf humusbedecktem Kalke: vom Seeboden gegen den Grabnerstein (5—5900', Br.); stets steril.

1402. Rh. canescens (Hdw.) Brid. Auf Sand- und Haideboden, Schotterplätzen, verwittertem Gestein bis in die Hochalpen des Schiefer- und Gneisszuges sehr häufig: seltener im Kalkzuge: in der Alpenregion des Sparafeld, Bösenstein etc.; meist γ cricoides (Dcks.); oft steril.

1403. Hedwigia ciliata (Dcks.) Ehrh. An trockenen Felsen und Felsblöcken des Schiefer- und Urgebirges bis auf die Voralpen sehr gemein. selten höher; nie auf Kalk.

1404. Coscinodon pulvinatus Spreng. An Schiefer- und Gneisssteinen auf Mauern um Rottenmann (Str.).

1405. Amphoridium lapponicum (Hdw.) Sch. In Felsspalten der Nordostseite des Bösenstein (68—7600') fruchtend (Br.).

1406. A. Mougeotii (Br. cur.) Sch. An beschatteten, kalkfreien Felsen des Schiefer- und Urgebirges von den Thälern bis in die Alpenregion gemein, besonders in Bachschluchten; nur steril.

1407. Ulota Ludwigii Brid. An Buchen, Erlen, Fichten und Tannen von den höheren Thälern bis zur Voralpenregion nicht selten: Klosterkogel, Lichtmessberg, Fuss des Schober bei Wald (Br.), beim alten Kalkofen ob Admont (Angelis i. litt.).

1408. U. Bruchii Hrnsch. An Laub- und Nadelholzstämmen in Bergwäldern ziemlich selten: Vom Schlosse Röthelstein gegen den Klosterkogel c. 3150' (Br.).

1409. U. crispa (Hdw.) Brid. An Laub- und Nadelholzstämmen in Wäldern bis auf die Voralpen sehr häufig, z. B. am Rande des Krumauermoores, am Aufstieg zur Scheibleggerhochalpe, zum Pyrgas, Bösenstein (Str.), im Gesäuss (Niessl), am Lichtmessberg, Klosterkogel, Schober bei Wald (Br.).

1410. U. intermedia Sch. An Laub- und Nadelholz in Wäldern: Lichtmessberg ob Dittmannsdorf (3150'), Fuss des Schober bei Wald (Br.).

1411. U. crispula Bruch. Wie crispa und ebenso häufig: Klosterkogel, Lichtmessberg (Br., Str.), Schober (Br.), Birken des Hofmoores, Gesäuss, Wälder des Pyrgas, Steinamandl etc. (Str.).

1412. U. Rehmanni Jur. An jungen Fichten und Tannen am Lichtmessberge ob Dittmannsdorf und am Klosterkogel sehr selten (c. 3150'. Br.).

1413. U. Hutchinsiae (Sm.) Sch. An kalkfreien Schiefer- und Urgebirgsfelsen der Berg- bis Voralpenregion zerstreut: Im Flitzengraben. gewiss auch im Tauernzuge (Br.).

1414. Orthotrichum anomalum Hdw. An sonnigen Kalkblöcken und Kalkfelsen der Tief- bis Bergregion gemein.

1415. O. cupulatum Hffm. Auf Kalksteinen am Aufstieg zum Pyrgas (Str.).

1416. O. rupestre Schlch. An beschatteten, kalkfreien Felsen und Felsblöcken der Berg- bis Voralpenregion des Tauernzuges: Im Triebenthale und am Wege von Hohentauern gegen den Griesstein (38—5000', Br.); gewiss noch weiter verbreitet im Tauernzuge.

1417. **O. obtusifolium Schrad.** An Pyramidenpappeln bei Liezen, an Eschen bei Gaishorn (Br.), an Baumstämmen um Rottenmann (Str.).

1418. **O. affine Schrad.** An Laubholzstämmen bei Liezen und Gaishorn (Br.), an Kastanien und Waldbäumen um Rottenmann nicht selten, auch noch auf dürren Aesten bei der Bacheralpe (Str.).

1419. **O. fastigiatum Bruch.** An Laubholzstämmen am Nordabhang des Klosterkogels (2850—3160') und im Sunk (3160 bis 4000', Br.).

1420. **O. speciosum Nees.** Auf Feld- und Waldbäumen verschiedener Art bis in die Voralpenregion gemein.

1421. **O. patens Brch.** Auf Feld- und Waldbäumen am Nordabhang des Klosterkogels ob Röthelstein (2850', Br.).

1422. **O. stramineum Hrnsch.** An Laubholzstämmen der Thal- und Bergregion in Obersteier nicht selten, gewiss auch im Gebiete.

1423. **O. pumilum Sw.** An Pappelstämmen bei Liezen (Br.), an Laubhölzern in einer Waldschlucht ob dem Frauenfelde und an Pappeln des Stiftsgartens (Str.).

1424. **O. pallens Bruch.** An Eschen bei Gaishorn (Br. in z. b. G. 1871 irrig als Rogeri).

1425. **O. leiocarpum Br. eur.** An Feld- und Waldbäumen bis auf die Voralpen im ganzen Gebiete gemein.

1426. **Encalypta commutata H. N.** Auf Humus in Kalkfelsspalten (6—6500') zerstreut: Pyrgas (Str.), Natterriegel (Br.); auch am Leobnerberg (Br.).

1427. **E. vulgaris Hdw.** Auf steiniger, kalkiger Erde, an erdbedeckten Felsen und Mauern der Tiefregion; bisher nur im Gesäuss beobachtet (Str.).

1428. **E. rhabdocarpa Schw.** Auf Humus in Felsspalten und an steinigen Abhängen (5—7780') im ganzen Gebiete: Häufig am Pyrgas (Kalk, Str.), auf der Spitze des Dürnschöberl (Grauwacke, Str.), noch häufiger im Tauernzuge, z. B. Griesstein und Bösenstein bis zur Spitze (Br.).

1429. **E. ciliata Hdw.** Auf Erde und Humus, an beschatteten Felsen, steinigen Abhängen der Tief- bis Alpenregion im Schiefer- und Tauernzuge allgemein verbreitet.

1430. **E. streptocarpa Hdw.** Auf Humus, an Mauern, Felsen, steinigen Abhängen der Tief- und Bergregion des Kalkzuges gemein, oft reichlich fruchtend, z. B. Gesäuss, Pyrgas, von Admont gegen Weng, Sunk (Str., Br.); seltener im Tauernzuge: Strechengraben, Tauernstrasse (Str.), auf einem alten Bretterdache in Hohentauern (Br.).

1431. **Tetraphis pellucida (L.) Hdw.** An schattigen Stellen, auf Humus, Torf, faulem Holze, kalkfreier Erde bis in die Voralpenregion sehr gemein, meist reichlich fruchtend.

1432. **Schistostega osmundacea (Dcks.) W. M.** In Erdhöhlungen, unter überhängenden Rasendecken, an Waldwegrändern der Tief- und Bergregion zerstreut: von Röthelstein gegen den Klosterkogel, von Wald gegen Eigelsbrunn (3150—3800', Br.).

1433. **Dissodon Froelichianus** (Hdw.) Grev. Auf Humus an steinigen, moosigen Abhängen und auf Triften der Alpenregion: Natterriegel (6330'), Nordseite des Griesstein und Bösenstein (68—7600', Br.).

1434. **Tayloria serrata (Hdw.) Sch.** Auf Humus und verwitterten Excrementen der Wiederkäuer in der Alpenregion ziemlich selten: Burgstalleralm ob Liezen (Kalk, Str.), Griesstein gegen das Seifriedthörl (68—7200', Br., Gneiss).

1435. **T. tenuis (Dicks.) Sch.** ed. II. Am Uebergang von Wald nach Johnsbach auf einer sumpfigen Stelle nahe dem Antonikreuz (c. 5900', Br.).

1436. **Tetraplodon mnioides** (L. fil.) Br. cur. Am Gipfel des Bösenstein (Gneiss, 7780', Br.).

1437. **Splachnum sphaericum L. fil.** Auf halbverwitterten Excrementen der Wiederkäuer, an feuchten Abhängen, in Moorgründen der Voralpen und Alpen zerstreut: Leobnerberg (57—6000', Br.), in der Plinten hinter Oppenberg und am Hochschwung herrlich fruchtend (Str.).

1438. **Sp. ampullaceum L.** Auf halbverwitterten Excrementen der Rinder in den Moorgründen der Thäler selten: Bei Trieben (Br.), beim Mühlauerwasserfalle (Angelis i. litt.).

1439. **Physcomitrium pyriforme** (L.) Brid. Auf einer Moorwiese bei Trieben (Br.), auf feuchten Grasplätzen im unteren Stiftsgarten ziemlich häufig (Str.).

1440. **Funaria hygrometrica (L.) Hdw.** Auf nackter Erde, an Brandstellen, erdbedeckten Felsen, im Sand der Bäche bis zur Alpenregion überall gemein, von Jur. sogar noch auf der Höhe des Pyrgas gesammelt.

1441. **F. calcarea Whlb.** Im Hofmoore (Angelis i. litt.); unwahrscheinlicher Standort.

1442. **Mielichhoferia nitida Hrnsch.** Am Speikboden des Kalbling (tiefer Humus, 6500', Ang. i. litt.).

1443. **Leptobryum pyriforme** (L.) Sch. An Mauern, erdbedeckten Felsen, auf Torfmooren, schattigen und feuchten Erdabhängen bis zur Voralpenregion nicht selten: Gesäuss, Johnsbacherthal, Sunk, Selzthalermoor (Br.), Mauern um Rottenmann, Admont, Kohlstätte am Westrande des Hofmoores (Str.).

1444. **Webera polymorpha** (Hpp.) Sch. Auf humoser Erde, an steinigen, moosigen Abhängen, in Felsspalten des Griesstein und Bösenstein (57—7600', Br.).

1445. **W. elongata (Dcks.) Schwg.** An beschatteten Erdabhängen, Weglehnen und erdbedeckten Felsen von der Tief- bis Hochregion des Tauernzuges allgemein verbreitet, seltener in der Grauwackenzone.

1446. **W. longicollis** (Sm.) Hdw. Auf Erde, Humus, an steinigen, moosigen Abhängen, erdbedeckten Felsen der Vor- bis Hochalpenregion des Tauernzuges ziemlich selten: Abhang des Griesstein gegen das Seifriedthörl (Br.), an der Tauernstrasse, auf der Höhe des Steinamandl zwischen Cladon. grac. und Cetrar. cuc. (Str.).

1447. **W. nutans (Schreb.) Hdw.** Auf Humus, Mooren, faulen Strünken, in Wäldern etc. bis hoch auf die Alpen allgemein verbreitet; var. longiseta und sphagnetorum Sch. in Torfgruben bei Selzthal (Br.), Uebergänge zu v. long. auch im Krumauermoore häufig (Str.).

1448. **W. cruda (Schreb.) Sch.** An steinigen und moosigen Abhängen, auf erd- und humusbedeckten Felsen von der Tief- bis in die Hochregion des Kalk-, Schiefer- und Tauernzuges allgemein verbreitet.

1449. **W. annotina (Hdw.)** Schwg. Wegränder am Fusse des Fötleck längs des Gaishornsee's, steril (Br.).

1450. **W. Breidleri Jur.** (= Ludwigii Sch. Syn. ed. II.). Auf feuchter Gneiss- und Glimmererde der Urgebirgsalpen: Am Rottenmannertauern c. 6500', Bösenstein (6—7000', Str.), nur steril.

1451. **W. Ludwigii (Spreng.)** Br. cur. (= commutata Sch. ed. II.) Auf feuchter Gneiss- und Glimmererde der Urgebirgsalpen allgemein verbreitet, z. B. an den Abhängen des Griesstein und Bösenstein (54—7200', Br., Str.); meist steril.

1452. **W. albicans (Whlb.) Sch.** An schattigen, feuchten Stellen, an Quellen, auf Erde und erdbedeckten Felsen von der Tief- bis Alpenregion im ganzen Gebiete verbreitet, aber meist steril; mit Frucht an quelligen Stellen im Walde ob Kaiserau gegen Laargang und den Uebergang in die Flitzenalm (c. 4800', Br.).

1453. **Bryum pendulum (Hrnsch.) Sch.** Auf Humus, feuchter Erde, sandigen Ufern bis in die Hochalpenregion zerstreut: Leobnerberg, Abhänge des Griesstein, Bösenstein (57—7600') und sonst noch in der Tauernkette (Br.); auch im Dachsteinzuge, z. B. Pyrgas (Str.).

1454. **Br. inclinatum (Sw.) Br. cur.** Wie voriges, aber seltener: Düruschöberl (5430', Str.), Bösenstein (57—6300', Br.).

1455. **Br. cirrhatum Hpp.** und Hrnsch. An ähnlichen Standorten, doch auch auf Torf, an Felsen und Mauern von der Tief- bis in die Alpenregion ziemlich häufig: Torfgruben bei Selzthal (Br.), Hofalpe am Pyrgas (Jur.), Strechengraben, Aufstieg zur Bacheralpe, längs der Tauernstrasse (Str.), im Kar an der Nordseite des Leobner (c. 5700', Br.).

1456. **Br. bimum Schreb.** Im Selzthaler Moore (Br.).

1457. **Br. pallescens Schlch.** An gleichen Standorten, wie cirrh. (doch nicht auf Torf), bis in Alpenregion ziemlich häufig, besonders im Strechengraben und längs der Tauernstrasse (Str.), an der Nordseite des Leobnerberges (5700', Br.), auf der Höhe des Steinamandl (6200', Str.), am Griesstein (6800', Br.).

1458. **Br. Santeri Br. cur.** Auf einer mit Ennsschlamm bedeckten Stelle des Selzthaler Moores selten. (Br.).

1459. **Br. erythrocarpum (Schwgr.)** Mit vorigem, aber minder selten (Br.).

1460. Br. versicolor (A. Br.) Br. eur. Auf schlammigem und sandigem Boden im alten Ennsbette unterhalb Admont selten (Br.).

1461. Br. Mildeanum Jur. An Steinen und auf nasser Erde längs des Baches im Triebenthale (35—3800') steril (Br.).

1462. Br. alpinum L. An nassen Felsen, auf steiniger Erde des Schiefer- und Urgebirges von den Thälern bis in die Voralpen in Obersteier nicht selten, gewiss auch im Gebiete (Br.).

1463. Br. caespiticium L. Auf Erde, an Felsen, Mauern, alten Dächern, auf Torfmooren, Brandstellen, Schotterplätzen etc. bis in die Alpenregion im ganzen Gebiete sehr gemein.

1464. Br. badium Bruch. Auf schlammigem und sandigem Boden im alten Ennsbette unterhalb Admont (Br.).

1465. Br. Funkii Schwg. Auf Kalksand im Gesäuss am Rande der Strasse unweit der Johnsbachbrücke steril (Br.).

1466. Br. argenteum L. Auf feuchter, sandiger Erde, in Gräben, an Felsen, Mauern, alten Dächern etc. bis in die Alpenregion gemein, oft steril.

1467. Br. capillare L. Auf Humus, an faulen Strünken, steinigen, buschigen Abhängen, an Mauern, Felsen, in Wäldern bis in die Alpenregion gemein und formenreich; oft steril.

1468. Br. elegans Nees. Im Kar an der Nordseite des Leobuerberges (5700') mit Frucht, am Natterriegel (57—6300') steril (Br.).

1469. Br. pallens Sw. Auf denselben Substraten, wie cirrhat., im ganzen Gebiete bis 5000' ausserordentlich häufig, besonders im Gesäuss und an der Tauernstrasse.

1470. Br. triste De Not. Im Bürgerwalde bei Rottenmann sehr selten (Str. Herb. Jur.).

1471. Br. Duvalii Voit. An einer Quelle an der Nordseite des Leobnerberges (57—6000') steril (Br.).

1472. Br. pseudotriquetrum (Hdw.) Schwg. Auf nasser Erde, an Quellen, Waldbächen, überrieselten Felsen, in Sümpfen bis zur Alpenregion (—6500') sehr verbreitet, auch häufig fruchtend.

1473. Br. turbinatum (Hdw.) Schwg. Wie voriges, aber viel seltener: Sumpfwiesen bei Trieben c. fr., Gesäuss, Natterriegel (c. 6000') steril (Br.), quellige Stellen am Aufstiege zur Scheibleggerhochalpe (Str.).

1474. Br. Schleicheri Schwg. An gleichen Standorten, noch seltener: Aufstieg zur Scheibleggerhochalpe, steril (Str.).

1475. Br. roseum Schreb. An schattigen, buschigen Grasplätzen, in Wäldern und Bachschluchten: Zwar im Gebiete noch nicht, wohl aber nahe der Ost- und Westgränze beobachtet, daher gewiss nur übersehen.

1476. Br. concinnatum R. Spr. Auf feuchten, verwitterten Glimmerschieferfelsen im Strechengraben mit Didym. rubellus steril (c. 3000', Str.).

1477. Zieria julacea (Dcks.) Sch. Auf feuchten, modernden Brückenbrettern und nassen Glimmerschieferfelsen im Strechengraben c. fr. (3000', Str.), an Schieferfelsen im Flitzengraben (2850—3160',

Br.), an Grauwackefelsen der Spitze des Dürnschöberl reichlich fruchtend (5430', Str.).

1478. **Mnium cuspidatum Hdw.** Auf Walderde, an Baumstämmen, schattigen Grasplätzen und quelligen Stellen der Tiefregion: Im Gesäuss häufig, bei der Schiessstätte von Rottenmann (Str.), im Hofmoore (Angelis i. litt.).

1479. **Mn. affine Bland.** Wie voriges, bis in die Voralpen allgemein verbreitet, z. B. Krumauer-Moor, Wälder ob Röthelstein, bei Trieben, Gaishorn, Wald, um Kaiserau, Hohentauern; oft steril.

1480. **Mn. undulatum (L.) Hdw.** An gleichen Standorten der Tief- und Bergregion gemein und oft reichlich fruchtend.

1481. **Mn. rostratum (Schrd.) Schwg.** An feuchten, schattigen Stellen, steinigen, buschigen Abhängen, in Wäldern und an Bächen bis 4000' verbreitet, meist fruchtend.

1482. **Mn. serratum (Schrd.) Brid.** An buschigen, steinigen und moosigen Abhängen, erdbedeckten Felsen und in Felsspalten von 1600' (z. B. Gesäuss Br., Str.) bis auf die Voralpen — zumal des Kalkzuges — allgemein verbreitet, selten höher (Leobnerberg, 57—6000', Br.).

1483. **Mn. orthorrhynchum Br. eur.** Wie voriges, doch mehr in der Berg- und Alpenregion (38—6800') und meist steril: Vom Lärcheck bis auf den Natterriegel, am Fusse des Kalbling ob Kaiserau, von der Eigelbrunner-Alm gegen den Leobner, im Sunk, am Griesstein (Br.), Wolfsgraben, Spitze des Dürnschöberl (Str.), Pyrn (Niessl Herb. Jur.), Fuss des Pyrgas (Jur.).

1484. **Mn. spinosum (Voit.) Schwgr.** In Berg- und Voralpenwäldern auf humoser Erde zerstreut: Von Hohentauern gegen den Scheiplsee fruchtend (Str.), im Triebenthale, am Nordabhang des Schober bei Wald (Br.).

1485. **Mn. stellare Hdw.** An schattigen, feuchten, steinigen Abhängen, erdbedeckten Felsen, Bachrändern, besonders in Bergwäldern (16—5000') allgemein verbreitet, seltener in der Alpenregion, z. B. am Bösenstein (c. 6000', Str.).

1486. **Mn. punctatum Hdw.** Auf Erde, Humus und Steinen an feuchten, schattigen Stellen, besonders an Quellen und Waldbächen bis auf die Voralpen des Schiefer- und Urgebirges gemein, meist fruchtend; var. β elatum Sch. am Bösenstein ob dem Scheiplsee an quelligen Stellen steril (63—6800', Br.).

1487. **Mn. hymenophylloides Hbn.** In Höhlungen und Spalten von Kalkfelsen im Kar an der Nordseite des Leobnerberges sehr selten (5700', Br.).

1488. **Amblyodon dealbatus (Dcks.) P. Bv.** Vom Seeboden gegen Grabnerthörl und Natterriegel (5—5700') spärlich, gewiss noch an vielen Stellen im Kalkzuge (Br.).

1489. **Catoscopium nigritum (Hdw.) Brid.** Auf feuchtem, humosem und kalkhältigem Boden, sowie auf Kalkfelsen an der Nordseite des Leobnerberges und beim Antonikreuz am Uebergange von Wald nach Johnsbach (57—6000', Br.).

1490. **Meesia uliginosa** Hdw. Auf Torf, Humus, an feuchten und steinigen Stellen der Tief- bis Hochalpenregion sehr verbreitet, auf allen Gesteinen, meist als v. β alpina Sch. z. B. Moore bei Triebeu, Selzthal, im Gesäuss, am Leobner, Natterriegel, Hexenthurm, Pyrgas, Dürnschöberl, Griesstein, Bösenstein bis 7000'.

1491. **M. tristicha** (Funk) Br. eur. Auf Sumpfwiesen und Moorgründen Obersteier's ziemlich verbreitet, fehlt sicher auch im Gebiete nicht (Br.).

1492. **Paludella squarrosa** (L.) Ehrh. In Sümpfen am Gaishornsee ziemlich häufig steril (Br.).

1493. **Aulacomnium palustre** (L.) Schwg. Auf Sumpfwiesen und Moorgründen des Enns- und Paltenthales gemein, seltener auf Voralpen und Alpen z. B. Brunnsteineralm ob Liezen (Str.), von Hohentauern gegen die Scheiplseeen (Br.): mit Früchten im Krumauer Moore (Str.).

1494. **Aul. turgidum** (Whlb.) Schwg. Auf feuchten, steinigen und felsigen, moosreichen Abhängen des Hochschwung ziemlich häufig (6000', Str.), wahrscheinlich noch anderwärts im Tauernzuge.

1495. **Bartramia ithyphylla** Brid. Auf Erde an steinigen, buschigen und moosigen Abhängen, in Felsritzen der Berg- bis Hochregion des Ur- und Schiefergebirges allgemein verbreitet, meist aber nur in kleinen Räs'chen; häufig und reichlich fruchtend am Bösenstein bis 7500'.

1496. **B. pomiformis** (L.) Hdw. An schattigen, steinigen Abhängen, in Wäldern und Felsklüften der Tief- bis Bergregion nicht selten: Strechengraben, Bürgerwald bei Rottenmann (Schiefer), Gesäuss (Kalk, Str.); β crispa Sw. Gesäuss (Str.).

1497. **B. Halleriana** Hdw. Wie vorige, aber sehr häufig, zumal im Tauernzuge, z. B. Gesäuss, Pyrgas, Strechen-, Wolfsgraben, Tauernstrasse, Triebenthal, Schober bei Wald; steigt bis in die untere Alpenregion und fruchtet meist reichlich.

1498. **B. Oederi** (Gunn.) Sw. Mit der vorigen im ganzen Gebiete bis auf die Alpen sehr verbreitet, im Kalkzuge sogar gemein, meist reichlich fruchtend: steigt am Griesstein und Bösenstein bis 7000'.

1499. **Philonotis fontana** (L.) Brid. An quelligen, sumpfigen Stellen, nassen Felsen und steinigen Abhängen von den Thälern bis gegen 7000' sehr häufig, vorzüglich im Schiefer- und Urgebirge, oft in ausgedehnten, reichfrüchtigen Rasen, z. B. am Lichtmessberg, Dürnschöberl, am Nordrande des Hoffeldes, um den Scheiplsee etc.: γ falcata Sch. im Tauernzuge (Str.).

1500. **Ph. calcarea** Br. eur. An gleichen Standorten bis 5000' häufig, aber vorwiegend im Dachsteinzuge: Gesäuss (Br., Str.), Sümpfe am Gaishornsee (Br.), Brucksattel, Aufstieg zur Scheibleggerhochalpe, Voralpenbäche des Pyrgas, hier oft in prachtvollen, reichfrüchtigen Rasen, Dürnschöberl (Str.), Pyrn (Niessl teste Jur.).

1501. **Timmia austriaca** Hdw. An beschatteten felsigen, steinigen Abhängen, in Felsklüften der Kalkalpen ziemlich selten: Natterriegel (57—6000', Br.): steril.

1502. **T. bavarica Hessl.** Auf beschattetem, humusbedecktem Kalkboden nnd in Höhlungen zwischen Felsblöcken: Im Kar an der Nordseite des Leobnerberges c. fr. (57—6000′, Br.).

1503. **T. norvegica Zett.** Auf humusbedecktem Kalkboden, an felsigen, steinigen Abhängen (57—6300′) zerstreut: Nordseite des Leobnerberges, Natterriegel, wohl im ganzen Kalkzuge (Br.).

1504. **Atrichum undulatum (L.) Bv.** In Wäldern, an Hohlweglehnen, Erdausstichen etc. bis 4000′ sehr gemein, selten höher.

1505. **A. tenellum (Röhl) Br.** eur. Auf lehmiger Erde an Waldweglehnen und Erdausstichen selten: Hochwaldregion des Dürnschöberl, fruchtend (Str.).

1506. **Oligotrichum hercynicum (Ehrh.) Lam.** Auf erdigen und steinigen Abhängen der Tauernkette (54—7780′) sehr häufig, überzieht zwischen dem grossen und kleinen Bösenstein weite Flächen; auch auf den höchsten Spitzen der Grauwackenkette: Dürnschöberl (5430′, Str.), Leobnerberg (54—6000′, Br.); häufig fruchtend.

1507. **Pogonatum aloides (Hdw.) Bv.** Auf thoniger, steiniger Erde an Weglehnen, Erdbrüchen des Schiefer- und Urgebirges bis fast in die Alpenregion überall gemein.

1508. **P. urnigerum (L.) Bv.** An denselben Standorten und noch gemeiner; seltener im Kalkzuge.

1509. **P. alpinum (L.) Rhl.** An buschigen, steinigen Abhängen, in Wäldern und auf Felsblöcken der Berg- bis Hochalpenregion des Tauernzuges sehr häufig (3—7780′), z. B. Strechengraben, Hochschwung, Bacheralpe, Steinamandl, Bösenstein (Str.), Griesstein (Br.); im Grauwackenzuge am Leobnerberg (Br.).

1510. **Polytrichum sexangulare Fl.** Auf feuchtem, kalkarmen, steinigem Boden in der Alpenregion: Nordseite des Leobnerberges (6000′, Br.), Bösenstein (6—6800′, Br., Str.), beidesmal fruchtend.

1511. **P. gracile Menz.** Im Torfmoore bei Selzthal häufig (Br.).

1512. **P. formosum Hdw.** Auf Mooren, in Wäldern und an humosen Abhängen bis 7000′ allgemein verbreitet, besonders in Bergwäldern.

1513. **P. piliferum Schreb.** Auf lehmigem, sandigem und steinigem Boden, auf Haideplätzen und in Waldlichtungen vom Thale bis in die Hochalpen, besonders des Schiefer- und Urgebirges, verbreitet; steril noch am Gipfel des Bösenstein (7780′, Str.).

1514. **P. juniperinum Hdw.** In Torfgründen, Wäldern, auf Haideplätzen und buschigen Bergabhängen bis in die Alpenregion allgemein verbreitet; var. strictum (Banks.) gemein im Selzthaler- und Krumauermoore (Br., Str.).

1515. **P. commune L.** Wie voriges, bis auf die Voralpen gemein.

1516. **Diphyscium foliosum (L.) Mohr.** Auf trockenem, festem Boden in, lichten Wäldern, an steinigen, buschigen Abhängen bis 4500′ zerstreut: Wald unterhalb Eigelsbrunn, Lichtmessberg, längs der Tauernstrasse (Br.), Bürgerwald bei Rottenmann (Str.).

1517. **Buxbaumia indusiata Brid.** An faulen Strünken in Berg-
und Voralpenwäldern zerstreut: Am Lichtmessberg gegen den Klee-
riedel (3150—3800', Br.).
1518. **B. aphylla Hall.** Auf Walderde des Tauernzuges zerstreut:
Hohlwegränder am Aufstiege zur Bacheralm, am Aufstiege in die
Globuke des Steinamandl (Str.).

b. Pleurocarpae.

1519. **Fontinalis antipyretica L.** In Quellen, Wassergräben und
Bächen bis 4000' allgemein verbreitet: Bei Wald, Gaishorn, im
Triebenthale (Br.), sehr häufig in den Fischteichen bei Hohentauern (Str.).
1520. **Neckera pennata Hdw.** An Linden- und Buchenstämmen
des Stiftsgartens neben der Kegelstätte nicht selten (Str.).
1521. **N. pumila Hdw.** An Tannen im Walde zwischen Röthelstein und dem Klosterkogel selten, steril (c. 3150', Br.).
1522. **N. crispa (L.) Hdw.** An alten Baumstämmen, beschatteten
Kalk- und Schieferfelsen bis auf die Voralpen allgemein verbreitet,
sogar noch auf der Spitze des Dürnschöberl (5430', Str.).
1523. **N. complanata (L.) Hüb.** Wie vorige und ebenfalls sehr
häufig, besonders im Kalkzuge; nur steril; steigt nicht bis auf die
Voralpen.
1524. **Homalia trichomanoides (Schreb.) Sch.** An ähnlichen
Standorten selten; bisher nur im Bürgerwalde bei Rottenmann
zwischen Metzg. pub. (Str.).
1525. **Leucodon sciuroides (L.) Schwg.** An alten Bäumstämmen,
kalkfreien Felsen, steinigen, buschigen Abhängen der Tief- bis Voralpenregion gemein, meist steril; seltener in höheren Lagen, z. B.
Spitze des Dürnschöberl (5430', Str.).
1526. **Antitrichia curtipendula (L.) Brid.** An beschatteten, kalkfreien Felsen und alten Baumstämmen bis in die Voralpenregion:
Eichen in der Sautratte, Fichten in der höheren Waldregion des
Pyrgas (Str.), häufiger auf Waldfelsen des Tauernzuges; meist steril.
1527. **Myurella julacea (Vill.) Br. eur.** An steinigen, moosigen
und buschigen Abhängen, in Felsspalten von 5—7200' des Kalk-,
Schiefer- und Tauernzuges allgemein verbreitet, meist andere Moose
durchwachsend: Seeboden, Natterriegel, Kalbling, Leobnerberg (Br.),
Dürnschöberl (Str.), besonders häufig am Griesstein und Bösenstein;
überall steril.
1528. **Leskea polycarpa Ehrh.** An Eichenstämmen in der Sautratte bei Admont (Str.).
1529. **L. nervosa (Schwg.) Myr.** Auf Brettern in der Sautratte
(Str.), bei Admont (Niessl), an Baumstämmen bei Wald und Trieben,
an Steinen unter Gebüsch im Triebenthal (Br.), längs der Tauernstrasse an Rainen, in den Hochwäldern unterhalb des Scheiplsee's
an Fichten (c. 5000', Str.); überall steril.

1530. **Anomodon longifolius** (Schlch.) Hrtm. An alten Stämmen, beschatteten Felsen, buschig-steinigen Abhängen bis 3000': Gesäuss, Weg von Wald gegen Eigelsbrunn (Br.); nur steril.

1531. **An. attenuatus** (Schreb.) Hrtm. An ähnlichen Standorten der Tief- und Bergregion im ganzen Gebiete gemein, aber meist steril.

1532. **An. viticulosus** (L.) Hk. et Tl. An beschatteten Felsen und alten Stämmen in der Tief- und Bergregion, vorzüglich des Kalkzuges, gemein, meist steril.

1533. **Pseudoleskea atrovirens** (Dicks.) Br. eur. An Felsen, Felsblöcken, steinigen, buschigen Abhängen (4—7700') im Kalk-, Schiefer- und Urgebirge gemein, selten in der Tiefregion; häufig steril.

1534. **Ps. catenulata** (Brid.) Br. eur. An gleichen Standorten (2—5700') nicht selten, zumal auf Kalk: Gesäuss, Pyrgas, Sunk, Dürnschöberl (5430'), von der Eigelsbrunneralm auf den Leobner (4700—5700') etc.

1535. **Heterocladium dimorphum** (Brid.) Br. eur. Auf Walderde, an alten Stämmen und beschatteten Felsblöcken des Schiefer- und Urgebirges bis auf die Voralpen: Unterhalb der Eigelsbrunneralm, an der Nordseite des Schober, am Fusse des Fötleck, im Triebenthal, bei Hohentauern (Br.), am Aufstieg zur Bacheralpe (Str.); meist mit Früchten.

1536. **Het. heteropterum** (Bruch) Br. eur. An beschatteten Schieferfelsen im Strechengraben steril (3000', Str.).

1537. **Thuidium tamariscinum** (Hdw.) Br. eur. Am Grunde alter Stämme, auf Erde in Wäldern bis zur Voralpenregion im ganzen Gebiete sehr häufig; meist steril.

1538. **Th. delicatulum** (Hdw.) Sch. ed. II. Auf Mooren, Grasplätzen, Baumstrünken, feuchter Walderde bis in die Alpenregion ziemlich häufig, z. B. Gesäuss, Krumauermoor, längs der Tauernstrasse, am Kalbling bei 6000' (Str.).

1539. **Th. recognitum** (Hdw.) Sch. ed. II. Auf Humus und am Grunde alter Stämme in Wäldern, auf Waldwiesen und buschigen, steinigen Grasplätzen bis in die Voralpen des ganzen Gebietes verbreitet; meist steril.

1540. **Th. abietinum** (L.) Br. eur. Auf sonnigen Abhängen und in lichten Wäldern der Tief- bis Voralpenregion gemein, sehr selten fruchtend.

1541. **Pterigynandrum filiforme** (Timm.) Hdw. An Baumstämmen (besonders Buchen und Ahornen), kalkarmen Felsen etc. bis in die Voralpenregion überall gemein, oft steril; β heteropterum (Brid.) Sch. An Steinen, Felsen der Voralpen- und Alpenregion des Tauernzuges allgemein verbreitet, seltener im Schieferzuge; meist steril.

1542. **Lescuraea striata** (Schwg.) Br. eur. An Baumstämmen, Krummholz und Wachboldergesträuch der Kalkkette wahrscheinlich ziemlich verbreitet, bisher nur von der Hochalpe am Pyrgas (Jur.) bekannt.

1543. **L. saxicola Milde** (striata β saxicola Sch.) An Gneiss-und Schieferblöcken des Griesstein und Bösenstein (57—7100') steril (Br.).

1544. **Platygyrium repens** (Brid.) Br. eur. An Fichtenstämmen in einem Wäldchen (Viehweide) nordwestlich von Admont steril (Br.).

1545. **Pylaisia polyantha** (Schreb.) Br. eur. An Baumstämmen und Strünken der Tief- und Bergregion gemein, stets fruchtend; seltener auf Steinen und Felsen, z. B. bei Aigen (Niessl), in der Klamm (Str.).

1546. **Cylindrothecium concinnum** (Not.) Sch. Auf sonnigen Abhängen, steinigen Grasplätzen bis in die Alpenregion zerstreut: Gesäuss, Lärcheck, von Hall gegen das Grabnerthörl (32—3800', Br.), Spitze des Dürnschöberl (5430', Str.); überall steril.

1547. **Climacium dendroides** (L.) W. M. Auf nassen Wiesen, in Wäldern, Mooren und Sümpfen bis 4000' überall verbreitet, selten fruchtend.

1548. **Isothecium myurum** (Poll.) Brid. An Steinen, Felsen, alten Stämmen der Berg- und Voralpenwälder gemein, häufig fruchtend.

1549. **Orthothecium intricatum** (Hrt.) Br. eur. An beschatteten, steinigen Abhängen und auf Felsen der Berg- bis Alpenregion zerstreut: Gesäuss, Sunk (Br.), Düruschöberl (5430', Str.), Nordseite des Leobner (6000', Br.).

1550. **O. rufescens** (Dcks.) Br. eur. An beschatteten, steinigen Abhängen und auf Felsen der Kalkkette (2—4000') nicht selten, seltener in der Alpenregion und im Grauwackenzuge: Im Gesäuss häufig (Br., Str.), Sunk, Flitzengraben (Br.), Düruschöberl (5430', Str.), Natterriegel (6300', Br.): meist steril.

1551. **O. chryseum** (Schwg.) Br. eur. An feuchten, steinigen und felsigen Abhängen der Kalkalpen (63—7000'): Auf Humus an der Nordseite des Natterriegel spärlich (Br.), auf der Höhe des Pyrgas (Jur.).

1552. **Homalothecium sericeum** (L.) Br. eur. An Felsen, Mauern, Laubholzstämmen der Tief- und Bergregion überall häufig, meist steril.

1553. **H. Philippeanum** (R. Spr.) Br. eur. An beschatteten Kalkfelstrümmern und am Grunde alter Buchen: Ostabhang des Lärcheck bei Admont (3150—3500'), fruchtend (Br.).

1554. **Camptothecium lutescens** (Hds.) Br. eur. An steinigen, buschigen Abhängen, an Waldrändern der Tief- und Bergregion verbreitet, häufig steril.

1555. **C. nitens** (Schreb.) Br. eur. Auf Sumpfwiesen und Moorgründen des Enns- und Paltenthales gemein, meist steril.

1556. **Ptychodium plicatum** (Schl.) Sch. Auf steinigem Boden, an Felsen, Felsblöcken der Voralpen und Alpen sehr verbreitet, besonders im Kalkzuge: Pyrgas, Natterriegel, Dürnschöberl, Leobner, Griesstein bis 6300' etc.; meist steril.

1557. **Brachythccium salebrosum** (Hffm.) Br. eur. Auf Waldboden, an Baumstämmen, Mauern, alten Brettern, steinigen, buschigen
Abhängen bis in die Voralpen sehr häufig, oft reichlich fruchtend.
1558. **Br. Mildeanum** (Sch.) = salebr. γ palustre Sch. ed. II.
An Grabenrändern gegen Krumau und an waldigen Rändern des
Krumauermoores (Str.).
1559. **Br. glareosum** (Bruch) Br. eur. An Mauern, Felsen,
trockenen, steinigen Abhängen, auf Grasplätzen und in lichten
Wäldern bis in die Alpenregion allgemein verbreitet, meist steril.
1560. **Br. velutinum** (L.) Br. eur. Auf Erde, Steinen, Bäumen,
faulen Strünken etc., besonders aber in Wäldern, bis 5000' gemein.
β sericeum Funk am Pyrgas (Str.).
1561. **Br. reflexum** (W. M.) Br. eur. In der Voralpen- und
Alpenregion nahe den Grenzen von Br. mehrmals gesammelt, gewiss
auch einheimisch.
1562. **Br. Starkii** (Brid.) Br. eur. In Wäldern der oberen Berg-
und Voralpenregion an Erde, Steinen, Baumstämmen und faulen
Strünken zerstreut, am häufigsten im Tauernzuge: Wolfsgraben, um
den Scheiplsee (Str.), Triebeuthal, von Hohentauern gegen den Griesstein, Nordabhang des Schober (Br.); meist fruchtend.
1563. **Br. glaciale Br. eur.** Auf feuchter, steiniger Erde, an
Felsen und Bachrändern des Tauernzuges zerstreut: Vom Scheiplsee
auf den Bösenstein (6—7000', Br., Str.), am Griesstein (63—7300',
Br.); meist steril.
1564. **Br. rutabulum** (L.) Br. eur. Auf Erde, an Steinen,
Brettern, Baumstämmen, faulen Strünken etc. bis in die obere Bergregion sehr häufig, oft reichlich fruchtend.
1565. **Br. rivulare Br. eur.** Auf feuchtem Waldboden, in Quellen,
an Bächen, überflutheten Felsen, auf nassen Wiesen etc. bis in die
Voralpenregion gemein; meist steril.
1566. **Br. populeum (Hdw.) Br. eur.** Bis in die Voralpenregion, besonders des Schiefer- und Urgebirges gemein, meist reichlich fruchtend; am Dürnschöberl noch bei 5430'.
1567. **Br. plumosum** (Sw.) Br. eur. Auf feuchter Erde, an
nassen Steinen und Felsen, besonders längs der Bäche des Schiefer-
und Urgebirges (25—6000') nicht selten, z. B. Triebenthal (Br.),
Wolfs-, Strechengraben, Alpenregion des Hochschwung (Str.).
1568. **Eurhynchium strigosum** (Hffm.) Br. eur. Auf Erde, an
Felsen, alten Stämmen, steinigen, buschigen Abhängen, in Wäldern
etc. bis in die obere Bergregion allgemein verbreitet, seltener in
der Alpenregion, z. B. am Bösenstein bei 6000' fruchtend (Str.).
1569. **E. striatum** (Schreb.) Sch. In Wäldern der Tief- und
unteren Bergregion nicht selten: Wald am Krumauermoore, Bürgerwald bei Rottenmann, im Wolfsgraben häufig (Str.).
1570. **E. crassinervium** (Tayl.) Br. eur. Dürfte nach Br. an
beschatteten Felsen und buschigen, steinigen Abhängen der Kalkkette vorkommen; nächster Standort Pürgg im oberen Ennsthale (Br.).

1571. **E. Tommasinii** (Sendtn.) — Vaucheri Sch. An ähnlichen Standorten der Kalkkette (2—4000') nicht selten: Im Gesäuss an mehreren Stellen, am Lärcheck ob Hall (Br.); sehr selten fruchtend.

1572. **E. histrio Mldo.** (Vauch. v. julaceum Sch., Vauch. v. cirrhosum Jur. ex pte). Auf Humus, an steinigen Abhängen, in Felsklüften der Voralpen und Alpen zerstreut: Alpenregion des Kalbling (Str.), Spitze des Dürnschöberl (5430', Str.), Leobnerberg (6300', Br.).

1573. **E. piliferum** (Schreb.) Br eur. Auf Waldwiesen, feuchten, grasigen Abhängen und in Wäldern bis zur Voralpenregion zerstreut: Nordrand des Hoffeldes, Strechengraben, an der Tauernstrasse (Str.), Wald unterhalb Eigelsbrunn, Fuss des Fötleck bei Gaishorn, von Kaiserau gegen den Kalbling —4800' (Br.).

1574. **E. praelongum (L.)** Br. eur. Auf Erde, Steinen, Rainen, in Wäldern etc. der Tief- und Bergregion gemein; auch noch oberhalb der Krummholzregion des Pyrgas (Poetsch Crypt.).

1575. **Rhynchostegium depressum** (Bruch.) Br. eur. Im Liesing-und oberen Enusthale von Br. gesammelt, fehlt wohl auch im Gebiete nicht.

1576. **Rh. murale** (Hdw.) Br. eur. Auf feuchten Steinen, Felsblöcken, Mauern, an Bächen und in Schluchten bis in die Bergregion: Bachsteine in der Krumau, Eichenwurzeln in der Sautratte (Str.), Kalkblöcke gegen Weng, im Gesäuss (Br.), am Pyrn (Niessl teste Jur.).

1577. **Rh. rusciforme** (Weis) Br. eur. An überflutheten Steinen und Felsen bis in die Voralpenregion gemein, oft steril.

1578. **Thamnium alopecurum (L.)** Br. eur. An beschatteten Felsen und in Bachschluchten, vorzüglich auf Kalk: Feuchte Abhänge ob der alten Enns am Nordrande des Hoffeldes, im Bürgerwalde bei Rottenmann (Str., bloss notirt).

1579. **Plagiothecium pulchellum** (Hdw.) Br. eur. Auf humoser Erde, an steinigen und felsigen Abhängen der Vor- bis Hochalpen im Kalk-, Schiefer- und Urgebirge zerstreut: Flitzengraben (3500' Br.), Dürnschöberl (5430', Str.), Griesstein und Bösenstein (57—7300', Br.); gewöhnlich fruchtend.

1580. **Pl. elegans (Hook)** Sch. ed. II (Schimperi Jur.) Auf trockenem, festem Boden der Bergregion: Lichtmessberg ob Dittmannsdorf, von Röthelstein gegen den Klosterkogel (2850—3150', Br.).

1581. **Pl. denticulatum (L.)** Br. eur. Auf Erde, Baumwurzeln, faulen Stämmen, erdbedeckten Felsen, an steinigen, buschigen Abhängen bis in die Voralpen allgemein verbreitet, meist fruchtend.

1582. **Pl. sylvaticum (L.)** Br. eur. Wie voriges, bis in die Alpenregion gemein, häufig steril: β cavifolium Jur. (= Pl. Roeseanum (Hmp.) Sch. im Bürgerwalde bei Rottenmann (Str.).

1583. **Pl. undulatum (L.)** Br. eur. Auf Erde in feuchten Wäldern der Berg- und Voralpenregion: Von Röthelstein gegen den Klosterkogel, von Kaiserau gegen Laargang und die Flitzenalm üppig (Br.) von Röthelstein auf den Dürnschöberl gemein und reichlich fruchtend, am Lichtmessberg, Steinamandl (Str.), Schober bei Wald (Br.), Saalkogel bei Liezen (Niessl teste Jur.); fruchtet meist spärlich.

1584. Pl. silesiacum (Scl.) Br. eur. An faulen Strünken in Wäldern bis auf die Voralpen des Kalk-, Schiefer- und Urgebirges allgemein verbreitet, meist reichlich fruchtend.

1585. Amblystegium subtile (Hdw.) Br. eur. An Laubholzstämmen der Tief- und Bergregion nicht selten: Von Hall gegen das Lärcheck (Br.), im Gesäuss und Stiftsgarten (Str.).

1586. A. serpens (L.) Br. Auf Erde, Steinen, Mauern, Baumstämmen, Brettern etc. bis in die obere Bergregion überall gemein und meist fruchtend. NB. Auch radicale, irrigium, Kochii und riparium dürften im Gebiete vorkommen.

1587. Hypnum Halleri L. f. Auf Kalkfelsen und Kalksteinen bis in die Voralpen gemein, viel seltener im Schiefer- und Tauernzuge, z. B. Spitze des Dürnschöberl (5430'), längs der Tauernstrasse (Str.), im Flitzengraben, von Wald gegen den Leobner (—5700', Br.); meist reichlich fruchtend.

1588. H. Sommerfelti Myr. Auf Erde, Steinen, Holzwerk, an steinigen, grasigen Abhängen der Tief- und unteren Bergregion im ganzen Gebiete verbreitet, oft in Mischrasen; gewöhnlich fruchtend.

1589. H. chrysophyllum Brid. Auf Erde, feuchten, steinigen, buschigen Abhängen, erdbedeckten Felsen, Moorgründen, seltener an alten Stämmen bis auf die Alpen allgemein verbreitet, zumal im Kalkzuge; meist steril.

1590. H. stellatum Schreb. Wie voriges, bis in die Alpenregion aller Züge gemein, meist steril.

1591. H. aduncum Hdw. In Sümpfen, Wassergräben und Mooren: Bei Selzthal (Br.), im Hofmoore bei Admont (Str.); meist steril.

1592. H. intermedium Lndb. (Cossoni Sch.). In Sümpfen des Paltenthales bei Wald, Gaishorn, Trieben, auf dem Selzthaler Moore, von Hohentauern gegen den Scheiplsee in einer Versumpfung (41—4400', Br.), auf der Höhe des Pyrgas (Jur.); selten fruchtend.

1593. H. vernicosum Lindb. In Sümpfen bei Gaishorn steril (Br.).

1594. H. exannulatum Gümb. In Sümpfen, Wassergräben, an quelligen Stellen bis 5700' nicht selten: Umgebung der Scheiplseeen, Wagenbänkalm, Uebergangsböhe von Wald nach Johnsbach und Radmer (Br.); selten fruchtend.

1595. H. fluitans L. Ebenso, bis in die Voralpenregion: Sümpfe bei Gaishorn, um die Scheiplseeen, auf der Wagenbänkalm (47—5000' Br.), am Dürnschöberl (5000', Str.): oft reichlich fruchtend.

1596. H. uncinatum Hdw. Auf Erde, Felsblöcken, faulen Stämmen, steinigen Abhängen, in Wäldern des Schiefer- und Urgebirges bis auf die höchsten Gipfel gemein, z. B. Spitze des Bösenstein (7780', Str.); seltener und nur auf Humus oder faulem Holze im Kalkzuge; var. plumosum Sch. an faulen Stämmen im Walde unterhalb Eigelsbrunn (38—4400', Br.).

1597. H. curvicaule Jur. Auf humosen und felsigen Triften der Kalkkette (5—6000'): Pyrgas (Jur.), Kalbling (Str.), vom Seeboden gegen den Grabnerstein (Br.); nur steril.

1598. H. filicinum L. An Quellen, Bächen, auf feuchter Erde, an Holzwerk, Steinen und Felsen bis in die Alpenregion in vielen Formen gemein, oft reichlich fruchtend.

1599. H. decipiens (De Not. als Thuid.) Limp. An quelligen Stellen des Grauwackenzuges: Wagenbänkalm (47—5000'), zwischen Kaiserau und Flitzenalm im Walde (4700', Br.); meist steril.

1600. H. commutatum Hdw. In Quellen, Sümpfen, Bächen bis auf die Voralpen überall gemein, zumal im Kalkzuge; oft reichlich fruchtend.

1601. H. falcatum Brid. Mit vorigem, bis in die Alpenregion allgemein verbreitet, oft fruchtend: var. gracilescens Sch. an trockneren Stellen: Kalkboden im Gesäuss (19—2200' Br.), Spitze des Dürnschöberl. häufig (Grauwacke, 5430', Str.).

1602. H. sulcatum Sch. Auf erdigen, steinigen und felsigen Alpenhöhen der Kalkzone ziemlich selten: Wurzenalm ob Liezen (Str.), Höhe des Pyrgas (Jur.), vom Seeboden gegen den Natterriegel (5—5700' Br.); steril.

1603. H. rugosum Ehrh. An trockenen buschigen und steinigen Abhängen, sonnigen Waldsäumen der Tief- und Bergregion sehr häufig, etwas seltener auf Alpenhöhen, z. B. Dürnschöberl (5430'), Kalbling (6000'), Bösenstein bis 7780' (Str.); nur steril.

1604. H. incurvatum Schrad. Auf Baumstämmen in der Eichelau, an Baumstrünken um die Bacheralm (Str.), häufiger auf Steintrümmern in Wäldern: Sunk (Str.), Lichtmessberg, Fuss des Lärcheck bei Hall (Br.): meist reichlich fruchtend.

1605. H. reptile Rich. An Fichten in einem Wäldchen am rechten Ennsufer westlich von Admont und in Wäldern von Hall gegen das Lärcheck (c. 3160'. Br.); meist fruchtend.

1606. H. fastigiatum Brid. An Steinen und Felsblöcken der Berg- bis Alpenregion des Kalkzuges gemein, z. B. Gesäuss, Grabnerthörl, Kalbling (Br.). Pyrgas bis zur Spitze (Jur., Str.), Scheibleggerhochalpe, Sunk (Str.); häufig auch am Dürnschöberl (5430', Str.), von Eigelsbrunn gegen den Leobner (47—6000', Br.), Sil. Schiefer; meist fruchtend.

1607. H. Sauteri Br. eur. An beschatteten Steinen und Felsen vom Seeboden gegen den Natterriegel (c. 5400', Kalk) spärlich (Br.).

1608. H. hamulosum Br. eur. An feuchten, steinigen Abhängen und auf Felsen des Bösenstein (68—7600', Br.): steril.

1609. H. callichroum Brid. In Wäldern, an feuchten Stellen, auf steinigen, felsigen Triften (47—6000') zerstreut: Wald ob der Kaiserau gegen den Kalbling, Leobnerberg, Seifriedalm am Griesstein, Abhänge des Bösenstein (Br.), Steinamandl (Str.); meist steril.

1610. H. cupressiforme L. Auf Erde, Holz, Gestein etc. bis in die Alpenregion höchst gemein und formenreich; var. filiforme Brid. z. B. häufig im Wolfs-, Strechengraben, Bürgerwalde bei Rottenmann (Str.): v. orthophyllum in der Alpenregion des Kalbling, Dürnschöberl, Bösenstein bis 7780' (Str.); oft steril.

1611. H. Vaucheri Lesq. Auf der Höhe des Pyrgas (Jur.); wahrscheinlich auch in der Tief- und Bergregion der Kalkkette.

1612. H. Bambergeri Sch. Auf erdbedeckten Felsen des Dürnschöberl (5430', Grauwacke, Str.); wahrscheinlich auch im Kalk- und Tauernzuge.

1613. H. arcuatum Ldb. Auf nassen Wiesen. buschigen Abhängen, feuchter Erde und in Wäldern bis zur Voralpenregion: Eichenwurzeln in der Sautratte, am Dürnschöberl, längs der Tauernstrasse (Str.), Selzthaler Moor, Wiesen bei Gaishorn (Br.).

1614. H. Henfleri Jur. An steinigen und felsigen Abhängen der Alpenregion: Nordseite des Griesstein (7200', Br.), Höhe des Pyrgas (Jur.).

1615. H. procerrimum Mld. Am benachbarten Zeiritzkampl und Hochwart (Br.); gewiss auch im Gebiete.

1616. H. molluscum Hdw. Auf Erde, Humus, Steinen etc. bis in die Alpenregion überall gemein. vorzüglich im Kalkzuge: meist steril.

1617. H. Crista-castrensis L. In feuchten Wäldern auf Erde und Felsblöcken: in den Thälern ziemlich selten (z. B. an Waldrändern des Krumauermoores häufig, Str.): häufiger in der Berg- und Voralpenregion: von Röthelstein auf den Dürnschöberl gemein und fruchtend, im Strechengraben, am Hochschwung bis 6000', unterhalb der Bacheralpe (Str.), am Schober, Klosterkogel, um Hohentauern (Br.): selten fruchtend.

1618. H. palustre L. Auf Erde, Steinen, an Bächen, Quellen etc. bis in die Voralpen sehr verbreitet. z. B. im Gesäuss und Johnsbachgraben häufig. bei Aigen, Trieben, Gaishorn, an der Tauernstrasse, im Triebenthale bis 4200': meist fruchtend; ɔ subsphaericarpon (Schl.) an Bachsteinen bei Admont (Str.).

1619. H. dilatatum Wils. An Bächen und nassen Felsen der Urgebirgsalpen nicht selten, besonders vom Scheiplsee gegen die Gamsgrube des Bösenstein (Br., Str.): meist steril.

1620. H. giganteum Sch. In Sümpfen und Wassergräben bei Trieben und Gaishorn steril (Br.).

1621. H. cuspidatum L. Auf nassen Wiesen, in Mooren, Sümpfen, an quelligen Waldstellen etc. der Tief- und Bergregion gemein; meist steril.

1622. H. Schreberi W. In Wäldern, auf Bergwiesen, buschigen, steinigen und moosigen Abhängen bis 6000' gemein, besonders in Berg- und Voralpenwäldern: häufig steril.

1623. H. purum L. Auf Bergwiesen, buschigen Grasplätzen, an Waldsäumen und in Wäldern nicht gemein und meist steril: Gesäuss (Br.), Dürnschöberl (Str.); ich notirte es noch vom Nordabhange des Hoffeldes, vom Bürgerwalde bei Rottenmann und vom Aufstiege zum Steinamandl.

1624. H. stramineum Dcks. In Sümpfen und Mooren bis 5600', nicht selten: Moore bei Selzthal und Trieben, Wagenbänkalm, Uebergangshöhe zwischen Wald und Johnsbach, Umgebung der Scheiplseeen (Br.), Voralpensümpfe am Dürnschöberl (Str.); überall steril.

1625. H. trifarium W. M. Auf dem Selzthalermoore mit scorp. spärlich und steril, in einer Versumpfung am Nordabhang des Schober und im Stücklermoore bei Wald steril, in Sümpfen bei Trieben fruchtend (Br.).
1626. H. scorpioides L. In Sümpfen und Mooren bei Selzthal, Trieben. Gaishorn, Wald ziemlich gemein: hie und da auch fruchtend (Br.).
1627. Hylocomium splendens (Hdw.) Br. eur. In Wäldern, auf Triften, Haideplätzen etc. bis in die Hochalpenregion sehr gemein, nicht selten reichlich fruchtend: am Bösenstein steril noch bei 7780'.
1628. H. umbratum (Ehrh.) Sch. Im Liesing- und oberen Ennsgebiete nicht selten (Br.), gewiss auch in unserem Tauernzuge.
1629. H. Oakesii (Sull.) Sch. In Wäldern, auf steinigen, moosreichen Triften, unter Gebüsch und Krummholz (5 6000') zerstreut: Pyrgas (Jur.), vom Seeboden gegen den Grabnerstein, von Hohentauern gegen den Griesstein, vom Seifriedthörl gegen das Triebnerthal (Br.), auf der Spitze des Dürnschöberl (Str.): nur steril.
1630. H. squarrosum (L.) Sch. An feuchten, schattigen Grasplätzen, auf Bergwiesen, in feuchten Wäldern bis 5000' gemein, aber meist steril: var. subpinnatum (Lindb.) am Rande von Waldsümpfen hie und da mit der Normalform.
1631. H. triquetrum (L.) Sch. Wie voriges, bis 5000', zumal in Wäldern, höchst gemein; meist steril.
1632. H. loreum (L.) Sch. In Bergwäldern und unter Krummholz allgemein verbreitet, aber meist steril: selten in der Tiefregion, z. B. waldige Ränder des Krumauermoores (Str.).

c. Andreaeae.

1633. Andreaea petrophila Ehrh. An Felsen und Felsblöcken des Tauernzuges von den höchsten Gipfeln bis in die höheren Thäler herab gemein: im Schieferzuge nur am Leobnerberge (6000', Br.): var. homomalla Sch. am Bösenstein (Niessl teste Jur.).
1634. A. nivalis Hook. An feuchten Stellen des Bösenstein (Gamsgrube) auf Erde und Felsblöcken (6—7200', Br., Str.).

d. Sphagninae.

1635. Sphagnum acutifolium Ehrh. In Sümpfen, Mooren, feuchten Wäldern, an nassen Felsen bis 6000', sehr gemein und formenreich: var. deflexum, var. purpureum und fuscum Sch. in Mooren und Sümpfen des Enns- und Paltenthales: var. roseum Limp. am Nordabhang des Schober bei Wald (Br.): var. fallax Warnst. auf Alpenhöhen um den Scheiplsee (Str.).
1636. S. Girgensohnii Russ. Wie voriges, bis in die Voralpenregion des Schiefer- und Urgebirges allgemein verbreitet und oft massenhaft, aber fast immer steril: Wälder am Nordabhange des

Klosterkogel, des Schober bei Wald, am Fusse des Fötleck, bei Hohentauern (Br.), Alpenhöhen um den Scheiplsee, sich nähernd der var. strictum (Str.).

1637. S. recurvum Bv. In Sümpfen und Mooren bei Gaishorn, Trieben, Selzthal, Admont gemein.

1638. S. cuspidatum Ehrh. mit den var. submersum und plumosum Sch. In Sümpfen, Mooren, Wassergräben des Enns- und Paltenthales gemein; var. majus Russ in Torfgruben bei Selzthal (Br.).

1639. S. squarrosum Pers. In Sumpfwiesen, Moorgründen und feuchten Wäldern zerstreut: Nordabhang des Schober bei Wald, Fuss des Fötleck am Gaishornsee (Br.), Lichtmessberg, Bürgerwald bei Rottenmann (Str.).

1640. S. teres Angst. In der Berg- und Voralpenregion des Tauernzuges gewiss aufzufinden (Br.).

1641. S. rigidum Sch. Auf Mooren, Sumpfwiesen, in feuchten Wäldern bis 6000' zerstreut: Krumauermoor, Dürnschöberl (5000'), Umgebung des Scheiplsee's (Str.); β compactum Sch. In der Voralpen- und Alpenregion des Tauernzuges nicht selten: um den Scheiplsee (Str., Br.), vom Seifriedthörl gegen das Triebenthal (Br.), oberhalb der Kothhütten und im Ochsenkar am Bösenstein (Str.).

1642. S. subsecundum N. et H. In Sümpfen, Mooren, Wassergräben des Enns- und Paltenthales gemein, auch um den Scheiplsee bis 6000'; var. β contortum (Schulz) an denselben Standorten und ebenso häufig.

1643. S. cymbifolium Ehrh. In Sümpfen und Mooren der Tiefregion sehr gemein, auch noch bis 5000' am Dürnschöberl und um die Scheiplseeen; var. β congestum Sch. Auf Torfmooren bei Selzthal (Br.) und Admont (Br., Str.).

Cl. Fam. Musci hepatici.

1644. Riccia glauca L. Auf Schlamm der Enns bei Selzthal und Admont, in Wiesengräben bei Trieben (Br.).

1645. R. Lindenbergiana Saut. Ueber kalkhältiger Modererde bei 6000' am Pyrgas (Sauter Flora 1845).

1646. Reboulia hemisphaerica (L.) Rdd. Auf humoser Erde bei Gstatterboden (c. 1900', Br.).

1647. Fegatella conica (L.) Rdd. An Baumwurzeln, feuchten, schattigen Abhängen und Felsen allgemein verbreitet, besonders in Wäldern der Tief- und Bergregion.

1648. Sauteria alpina Nees. Auf feuchtem Humus des Kalbling (c. 6000', Str.); wohl im ganzen Kalkzuge.

1649. Preissia commutata (Whlb.) Nees. Auf feuchter, humoser und steiniger Erde, an Felsen und Mauern bis in die Voralpen des Kalk-, Schiefer- und Urgebirges häufig; am Pyrgas und Kalbling bis 6500' (Str.).

1650. Marchantia polymorpha L. In Sümpfen, Aeckern, an Quellen, Felsen, auf feuchter Erde der Tief- und Bergregion gemein, seltener in höheren Lagen, z. B. Dürnschöberl (5300', Str.), Leobnerberg (6300', Br.).

1651. **Metzgeria furcata** (L.) Nees. An schattigen Abhängen, auf bemoosten Felsen und Baumstämmen, besonders in Wäldern bis zur Voralpenregion gemein; var. prolifera Nees. An der Tauernstrasse, im Wolfs- und Strechengraben (Str.).

1652. **M. pubescens (Schrk.) Rdd.** An denselben Standorten, besonders in Berg- und Voralpenwäldern, durch das ganze Gebiet verbreitet; seltener in der Alpenregion.

1653. **Aneura palmata (Hdw.) Dum.** Auf modernden Strünken in Wäldern bis zur Voralpenregion allgemein verbreitet

1654. **A. pinguis (L.) Dum.** Auf feuchten Erdabhängen, an nassen Felsen, in Quellen bis zur Voralpenregion zerstreut: Wegränder im Gesäuss auf nassem Kalkboden (Br.), Nordabhang des Holfeldes, bei der Brunnhütte im Bürgerwalde von Rottenmann (Str.).

1655. **Blasia pusilla (L.) Mich.** An feuchten, beschatteten Erdabhängen, Graben- und Wegrändern, besonders in Wäldern, bis auf die Voralpen des Schiefer- und Urgebirges allgemein verbreitet; seltener mit Frucht.

1656. **Pellia epiphylla (Dill.) Gtt.** An gleichen Standorten bis in die Alpenregion zerstreut; auch auf dem Selzthalermoore (Br.).

1657. **P. Neesiana (Gtt.) Limp.** An gleichen Standorten bis auf die Voralpen sehr verbreitet: Wälder des Tauernzuges bei Wald und Trieben (Br.), Strechengraben, Dürnschöberl (5430'), ob dem Scheiplsee (6300', Str.).

1658. **P. calycina (Tayl.) Nees.** An feuchten, schattigen Stellen, vorzüglich auf kalkhältigem Gestein, bis in die Alpenregion zerstreut: Lichtmessberg ob Dittmannsdorf (Br.), Strechengraben, Bürgerwald bei Rottenmann, Bösenstein (Str.).

1659. **Moerkia norvegica Gtt.** Auf feuchter, humoser Erde, zwischen Kräutern auf Alpentriften: Nordseite des Leobner (6—6300'), vom Scheiplsee gegen die Gamsgrube des Bösenstein (6300', Br.).

1660. **Lejeunia calcarea Lib.** Auf Humus und absterbenden Moosen an beschatteten Kalkfelsen bis in die Voralpen: Gesäuss, Ostabhang des Lärcheck, unterhalb der Eigelsbrunn-Alm, im Sunk (Br.), Dürnschöberl (Grauwacke, 5430', Str.).

1661. **L. serpyllifolia (Dcks.) Lib.** An feuchten, schattigen Abhängen, kalkarmen Felsen, auf Humus und Baumstämmen bis 5000' im Tauernzuge allgemein verbreitet, auch im Schieferzuge nicht selten, z. B. Dürnschöberl, Aufstieg zur Scheibleggerhochalpe (Str.); seltener im Kalkzuge: Auf Humus und Moosen im Gesäuss, auf dem Seeboden (5400') bei Admont (Br.).

1662. **Frullania dilatata (L.) Nees.** An Baumstämmen und Felsen der Tief- und Bergregion allgemein verbreitet.

1663. **F. Tamarisci (L.) Nees.** Wie vorige und noch häufiger; steigt bis 5430' am Dürnschöberl.

1664. **Madotheca platyphylla (L.) Nees.** An Laubholzstämmen und Felsen bis auf die Voralpen im ganzen Gebiete gemein.

1665. M. laevigata (Schrd.) Dum. An Felsen, steinigen Abhängen und Baumwurzeln wahrscheinlich im ganzen Gebiete zerstreut; in der Radmer (Br.).

1666. Radula germana Jack. An Felsen und absterbenden Laubmoosen am Ostabhang des Lärcheck (4100', Br.).

1667. R. complanata (L.) Dum. Auf Moosen und Baumstämmen der Tief- und Bergregion sehr gemein, seltener an feuchten, kalkfreien Felsen und in der Alpenregion, z. B. ob dem Scheiplsee (6000').

1668. Ptilidium ciliare (L.) Nees. Auf Mooren, Walderde, faulem Holze und humusbedeckten Felsen bis in die Alpenregion sehr häufig; ob dem Scheiplsee noch bei 6500'.

1669. Trichocolea Tomentella (Ehrh.) Nees. An nassen Stellen ob dem Frauenfelde unter Laubholz, am Fusse der Hallermauern und im Gesäuss (Str.).

1670. Mastigobryum deflexum (Mart.) Nees. An Bächen, feuchten Felsen, moosigen, steinigen Abhängen (5—7000') des Tauernzuges gemein, seltener im Granwackenzuge: Leobnerberg (Br.). Saalkogel bei Liezen (Niessl teste Jur.); im Kalkzuge nur auf Humus und Moosen: Seeboden bei Admont (5400', Br.).

1671. M. trilobatum (L.) Nees. Auf Humus, Mooren, faulen Strünken etc. der Tief- und Bergregion allgemein verbreitet, besonders in Wäldern und am Nordwestrande des Krumauermoores.

1672. Lepidozia reptans (L.) Nees. Wie voriges, bis in die Voralpenregion überall gemein.

1673. Calypogeia Trichomanis (Dill.) Cord. Wie vorige, bis in die Voralpenregion gemein; seltener bis 6000', z. B. oberhalb des Scheiplsee's am Bösenstein (Br.).

1674. Chiloscyphus polyanthus (L.) Auf Humus, faulen Strünken, feuchten, schattigen Erdabhängen der Tief- und Bergregion allgemein verbreitet, seltener in der Voralpenregion: var. pallescens (Schrad.) an mehr trockenen Standorten, z. B. am Dürnschöberl, an der Tauernstrasse, im Bürgerwalde von Rottenmann (Str.); var. rivularis Schrad. an Bächen und Tümpeln der Tauernkette, z. B. im Triebengraben (Br.).

1675. Harpanthus Flotovianus Nees. Auf moorigen, sumpfigen und quelligen Stellen (47—6500'): Im Walde zwischen Kaiserau und der Flitzenalm, auf der Wagenbänkalm, am Nordabhang des Schober, Umgebung des Scheiplsee's (Br.), von den Kothhütten zum Bösenstein c. 6500' (Str.).

1676. Lophocolea heterophylla Schrd. In Wäldern des Tauernzuges auf Erde und an faulen Stämmen (2—5000') allgemein verbreitet, auch im Grauwackenzuge nicht selten, z. B. Lichtmessberg, Dürnschöberl.

1677. L. bidentata (L.) Nees. An schattigen, feuchten Stellen, an Baumstrünken, auf Gras-, Wald- und Moorboden bis 5000' gemein. NB. Auch L. minor dürfte nach Br. einheimisch sein.

1678. Jungermannia curvifolia Dicks. Auf morschem Holze bis 5000', zumal in Wäldern, nicht selten: Gesäuss, ob dem Frauenfelde, am Pyrgas, Dürnschöberl, im Strechengraben (Str.), am Licht-messberg gegen Laargang und Wagenbänkalm (Br.).

1679. J. connivens Dicks. Auf Humus und faulen Stämmen in Wäldern und Mooren bis zur Voralpenregion verbreitet; selten höher, z. B. Seehoden (5400′, Br.).

1680. J. bicuspidata L. An ähnlichen Standorten bis in die Alpenregion gemein, am Bösenstein sogar bis 7700′.

1681. J. catenulata Hüb. Auf morschem Holze in Wäldern des Dürnschöberl (Str.).

1682. J. setacea Web. Auf Bergen des Liesing- und oberen Ennsthales (Br.), gewiss auch im Gebiete.

1683. J. trichophylla L. Auf faulen Stämmen, humoser Erde, in Wäldern, Mooren etc. bis in die Alpenregion sehr gemein.

1684. J. julacea Lightf. Auf feuchtem Humus und erdbedeckten Felsen (63—7700′): Griesstein und Bösenstein (Br., Str.), Höhe des Pyrgas (Jur.); letzterer Standort bezieht sich nach Br. wohl auf die folgende Art.

1685. J. Juratzkana Limp. (julacea v. clavuligera Nees.) Wie vorige, in der Alpen- und Hochalpenregion des Tauernzuges sehr verbreitet, im Kalkzuge seltener und nur auf festem Humus, z. B. am Natterriegel (6300′, Br.).

1686. J. Floerkei W. M. Auf Moorgründen, feuchten, steinigen und moosigen Abhängen der Voralpen und Alpen nicht selten: Dürnschöberl (Str.), Griesstein, Bösenstein (Br., Str.).

1687. J. quinquedentata Web. An feuchten, schattigen Ab-hängen, auf Felsblöcken, steiniger und humoser Erde der Voralpen-region gemein, seltener auf Hochalpen, z. B. am Bösenstein (7000 bis 7700′, Str.), von Br. f. minor alpina benannt.

1688. J. barbata Schmid. Auf Erde, Humus, faulen Strünken nicht selten, vorzüglich in Berg- und Voralpenwäldern: Von Röthel-stein zum Klosterkogel, am Weg in die Kaiserau, Nordabhang des Schobers, im Wolfsgraben, Triebenthal.

1689. J. polita Nees. Am Bache von der Gamsgrube des Bösenstein gegen den Scheiplsee herab (Br.).

1690. J. incisa Schrad. Auf Humus, Torf, faulen Stämmen, feuchter Erde etc. bis zur Alpenregion; in den Wäldern gemein und häufig fruchtend, auf Alpen seltener, z. B. am Griesstein und Bösen-stein bis 7700′ (Br., Str.).

1691. J. intermedia Nees. Bisher nur bei 7000′ am Bösen-stein (Str.), wahrscheinlich aber auch in der Tief- und Bergregion.

1692. J. ventricosa Dcks. An feuchten, schattigen Stellen, auf Erde, Humus und morschem Holze bis zur Voralpenregion nicht selten, z. B. am Dürnschöberl, im Strechengraben (Str.); var. por-phyroleuca (Nees.) häufiger, als die Normalform, zumal in Wäldern, bis zur Alpenregion.

1693. J. alpestris Schlch. Auf Erde, Felsen, steinigen, moosigen Abhängen des Tauernzuges (5—7780′) z. häufig, besonders am Gries-stein (Br.) und Bösenstein (Br. Str.); seltener im Grauwackenzuge: Wagenbänkalm (Br.).

1694. J. orcadensis Hook. Wie vorige, aber selten: Nordseite der Spitze des Griesstein (c. 7200', Br.).
1695. J. inflata Hds. In einer Versumpfung auf der Wagenbänkalm (47—5000'), am Scheiplsee (5—5700', Br.).
1696. J. albescens Hook. Wie alpestris, an den Abhängen des Bösenstein (6—7700', Br., Str.).
1697. J. acuta Lind. Auf Erde an der Tauernstrasse (Str.), an anderen Stellen wohl nur übersehen.
1698. J. Mülleri Nees. Auf feuchter Erde, steinigen Abhängen, verwitterten Kalk- und Schieferfelsen bis in die Voralpen z. häufig: Gesäuss (Br., Str.), vor Weng, im Sunk (Br.), Strechengraben, Hochschwung, Dürnschöberl (5400') Str.
1699. J. obovata Nees. Auf Erde, Steinen, Felsen am Rande der Quellen, Seeen und Bäche des Tauernzuges (5—7000') nicht selten: Am kleinen Scheiplsee, am Bache unterhalb der Gamsgrube des Bösenstein (Br.), am Hochschwung (Str.).
1700. J. hyalina Hook. Auf feuchter Erde, an Hohlwegrändern der Tief- und Bergregion zerstreut: Tauernstrasse, Wolfsgraben (Str.), längs des Gaishornsee's am Fusse des Fötleck (Br.).
1701. J. tersa Nees. Wie obov., im Tauernzuge (57—7700') z. häufig: Abhang vom Seifriedthörl gegen das Triebenthal (Br.), vom Scheiplsee über die Gamsgrube auf den Bösenstein (Br., Str.); selten im Grauwackenzuge: Nordseite des Leobner (6300', Br.).
1702. J. confertissima Nees. Auf feuchter Erde an der Tauernstrasse (Str. teste Limpricht), an Kalkfelsen auf der Höhe des Pyrgas (Jur.).
1703. J. crenulata Sm. Bei Kalwang und im oberen Ennsthale nicht selten (Br.): gewiss auch in der Tief- und Bergregion des Schiefer- und Urgebirges.
1704. J. pumila With. An feuchten, beschatteten Kalkfelsen im Gesäuss (1900') und am Ostabhange des Lärcheck (4300', Br.).
1705. J. riparia Tayl. Im Gebiete noch nicht gesammelt, kommt aber gewiss im Gesäuss, Johnsbachgraben, höchst wahrscheinlich auch in Bergschluchten des Tauernzuges vor (Br.); auch lanceolata Nees. ist fast gewiss einheimisch.
1706. J. subapicalis Nees. Von Röthelstein gegen den Klosterkogel (25—2850') auf humoser Walderde und an Steinen selten (Br.).
1707. J. Taylori Hook. An feuchten, kalkfreien oder humusbedeckten Felsen, auf Walderde, faulen Stämmen und Mooren (32—6300') nicht selten: Nordabhang des Schober bei Wald, vom Seifriedthörl gegen das Triebenthal, vom Scheiplsee gegen die Gamsgrube des Bösenstein (Br.); var. β anomala (Hook.) Nees: Auf Mooren bei Selzthal und Admont nicht selten (Br., Str.).
1708. J. minuta Crantz (mit v. protracta Nees.) Auf Humus, Felsen, steinigen Abhängen und faulen Stämmen bis 7700' im ganzen Gebiete verbreitet, am häufigsten in der Berg- bis Voralpenregion des Schiefer- und Urgebirges.
1709. J. Reichardti Gtt. u. Jur. An feuchten, steinigen Abhängen und in Felsklüften des Tauernzuges: Vom Gipfel des Bösen-

stein herab gegen den Scheiplsee (7780—6300', Br., Str.), an der
Nordseite des Griesstein (7200', Br.).

1710. J. Michauxi Web. An faulen Stämmen der Berg- und
Voralpenregion sehr wahrscheinlich einheimisch (Br.); ebenso dürfte
obtusifolia Hook. im Schiefer- und Urgebirge gewiss vorkommen (Br.).

1711. J. exsecta Schmid. Auf Erdblössen, faulen Stämmen,
Weglehnen, humusbedeckten Felsen bis in die Alpenregion sehr ver-
breitet, z. B. ob Röthelstein, am Lichtmessberg, Dürnschöberl, hinter
Kaiserau, im Wolfsgraben, am Schober bei Wald, unterhalb der
Eigelsbrunnalm.

1712. J. albicans L. Auf Erde, feuchten Felsen, steinigen Abhängen. in Wäldern der Berg- bis Alpenregion des Schiefer- und
Urgebirges gemein; var. taxifolia (Whlb.) ebenso gemein, vorzüglich
in der Alpen- und Hochalpenregion.

1713. Scapania umbrosa (Schrd.) Nees. Auf feuchter, kalk-
armer Erde, an Steinen und morschen Strünken (3—4400') nicht
selten: Nordabhang des Schober, Triebenthal, Dürnschöberl, vom
Lichtmessberg gegen die Wagenbänkalm.

1714. Sc. curta (Mart.) Nees. Auf lehmiger und steiniger
Erde, an Felsen, in lichten Wäldern bis zur Voralpenregion zerstreut, seltener auf Alpenhöhen: Von Wald gegen Eigelsbrunn, am
Lichtmessberg (Br.), Spitze des Dürnschöberl, Bösenstein (7000 bis
7700', Str.).

1715. Sc. aequiloba (Schwg.) Nees. Wie vorige (2—5400'),
stellenweise häufig, besonders im Kalkzuge: Wolfsgraben, Dürnschöberl bis zur Spitze, Pyrgas (Str.), unterhalb Eigelsbrunn, Ostabhang des Lärcheck, Seeboden, Gesäuss an vielen Stellen (Br.);
var. dentata major Gottsch. Gesäuss, Wald unter Eigelsbrunn (Br.),
Strechengraben (Str.).

1716. Sc. uliginosa (Sw.) Nees. Wahrscheinlich im Tauernzuge (Br.).

1717. Sc. undulata (L.) Mnt. u. Ness. In Quellen, Bächen,
Sümpfen, auf überrieselten Steinen und Felsen, auf Holz und nasser
Erde von der Berg- bis in die Alpenregion des Schiefer- und be-
sonders des Tauernzuges gemein und formenreich.

1718. Sc. nemorosa (L.) Nees. Auf feuchter Erde, steinigen,
moosigen Abhängen, an Felsen des Schiefer- und Urgebirges bis in
die Alpenregion häufig; selten im Kalkzuge: am Pyrn (Poetsch.).

1719. Plagiochila interrupta Nees. Auf Felsen, steinigen und
buschigen Abhängen des Kalkzuges: Im Gesäuss an einigen Stellen,
Abhänge des Lärcheck (38—4100', Br.).

1720. Pl. asplenioides (L.) Nees. Auf Erde, Felsblöcken,
steinigen Abhängen, in Wäldern bis zur Voralpenregion höchst gemein, seltener in der Alpenregion, z. B. Spitze des Dürnschöberl
(mit v. humilis Nees.), Bösenstein bis 7000'.

1721. Alicularia scalaris (Schrd.) Cord. Wie vorige, bis in die
Hochalpenregion im ganzen Gebiete gemein, am Bösenstein noch
bei 7700'.

1722. **Al. compressa (Hook).** An nassen Stellen und in Quell-
bächen am Rande des kleinen Scheiplsee's (5000') in grossen
Polstern (Br.). 1723. **Sarcoscyphus Funkii (W. M.) Nees.** Auf lehmiger und
steiniger Erde, an Felsen der Schiefer- und Tauernkette: Lichtmessberg ob Dittmannsdorf (25—3100', Br.), unterhalb der Eigelsbrunn-Alm (3—3800'), im Triebenthale (3800', Br.), vom Scheipl-
see auf den Bösenstein (6—7000', Br., Str.). 1724. **S. sparsifolius Lindb.** Auf Felsen und Erdflächen des
Bösenstein (6—7600', Str.). 1725. **S. commutatus Limpr.** Mit vorigem am Bösenstein (7—
7700', Str.); Blattrand nicht immer umgeschlagen. 1726. **S. revolutus Nees.** An feuchten Gneissfelsen und deren
Detritus am Bösenstein (7780', Br.). 1727. **S. Ehrharti Corda.** Auf feuchter Erde, Steinen, Felsen
der Voralpen- und Alpenregion des Tauernzuges gemein, selten in
tiefen Lagen (Bürgerwald bei Rottenmann, Str.) und im Grauwackenzuge (Wagenbänkalm, Br.); β aquaticus Nees. am Rande des kleinen
Scheiplsee's und im Bache unterhalb der Gamsgrube des Bösen-
stein (5—6000', Br.). 1728. **S. sphacelatus (Giesk.) Nees.** Auf nasser Erde, in Quellen
und Bächen des Tauernzuges: An einer Quelle nahe dem Scheipl-
see (c. 5000'), in Bächen des Bösenstein (65—7000', Str.), vom
Seifriedthörl gegen das Triebenthal (5—5700', Br.). 1729. **Gymnomitrium corallioides Nees.** Auf steiniger, humoser
Erde und an Felsen der Tauernkette: Nordseite des Griesstein-
gipfels (7370', Br.), am Bösenstein von 6800' bis zum Gipfel
(Br., Str.). 1730. **G. concinnatum (Ligtf.) Cord.** Wie voriges, aber viel
häufiger, z. B. am Griesstein und Bösenstein von 5400' bis auf die
Gipfeln (Br., Str.); seltener im Schieferzuge: Leobnerberg bei Wald
(6 – 6300', Br.).

(Schluss folgt im nächsten Jahre).